DESCRIPTIONS

DES ARTS

ET MÉTIERS.

DESCRIPTIONS
DES ARTS
ET MÉTIERS,

FAITES OU APPROUVÉES

PAR MESSIEURS

DE L'ACADÉMIE ROYALE
DES SCIENCES.

AVEC FIGURES EN TAILLE-DOUCE.

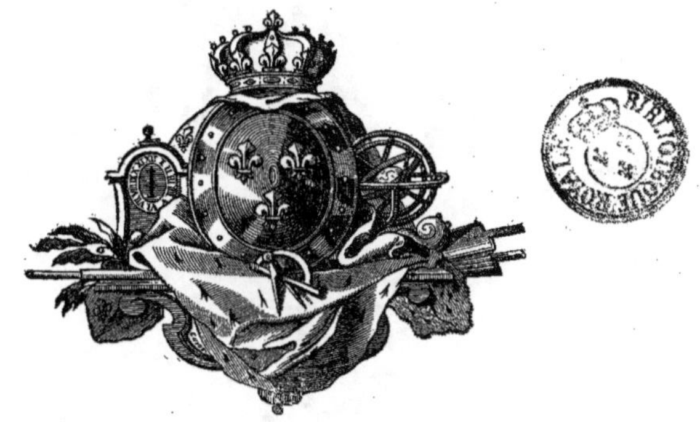

A PARIS,

Chez { SAILLANT & NYON, rue S. Jean de Beauvais;
     { DESAINT, rue du Foin Saint Jacques.

M. DCC. LXI.

Avec Approbation & Privilége du Roi.

L'ART

DU

FACTEUR D'ORGUES.

Par D. BEDOS DE CELLES, Bénédictin.

M. DCC. LXVI.

AVERTISSEMENT.

Il y a certains Arts très-difficiles à décrire non-seulement parce qu'ils tiennent à beaucoup d'autres, mais encore parce qu'ils ne se présente pas fréquemment des occasions de les pratiquer. Le Facteur d'Orgues est de ce genre ; pour le bien traiter, il faut avoir des principes de Mathématiques, il faut être harmoniste, il faut connoître beaucoup d'Arts qui tous concourent à faire ce bel & grand instrument. Il importoit à la perfection de l'Histoire des Arts dont l'Académie s'occupe que celui-ci fût bien décrit : heureusement tous les talents nécessaires se sont trouvés réunis dans la personne de Dom Bedos, Religieux Bénédictin de la Congrégation de S. Maur ; & plus heureusement encore ce savant Religieux charmé de concourir à la perfection de l'entreprise de l'Académie, a sur le champ acquiescé à l'invitation que l'Académie lui a faite d'entreprendre la description de l'Art du Facteur d'Orgues. Il a bien voulu en restraindre la théorie à ce qui étoit absolument nécessaire pour rendre clairement les opérations pratiques ; & sachant qu'on doit traiter à part les différents Arts dont le Facteur d'Orgues emprunte des secours, il n'a pris de ces Arts que ce dont il avoit un besoin absolu. Notre célebre Auteur a jugé à propos de diviser son Ouvrage en trois Parties qui paroîtront successivement ; elles mériteront d'autant plus l'attention du Public que nous n'avons aucun Ouvrage qui ait traité de la facture de l'Orgue.

Signés, Duhamel du Monceau,
& Grandjean de Fouchy,
Commissaires de l'Académie.

a

PRÉFACE.

SECTION PREMIERE.

Histoire abrégée de l'Orgue.

A PRENDRE le mot *Orgue* dans sa signification primitive, son origine remonte jusqu'à l'époque de la premiere invention des Arts. Dans les temps les plus reculés, on donnoit le nom d'*Orgue* à toutes sortes d'outils ou instruments dont on se servoit pour quelque ouvrage que ce fût. Par la suite, il fut plus particuliérement affecté aux Instruments de musique en général. Dans des temps moins éloignés, on l'employa pour désigner tous les Instruments à vent; & enfin, on n'entendoit plus par le terme *Orgue*, qu'un assemblage de tuyaux réunis, dont la composition & le mélange plus ou moins variés, produisoient un concert plus ou moins agréable, selon le génie des différents Artistes.

Quelques Auteurs ont donné le nom d'*Orgue* à tout concert de personnes qui chantent ensemble, & d'autres à un nombre de Joueurs de flûtes. Les Commentateurs de l'Ecriture Sainte le restraignent aux seuls Instruments à vent. Lorsqu'il est dit dans la Genèse que Jubal, l'un des enfants de Lamech, fut le pere ou l'instituteur des Joueurs de Cythare & des Joueurs d'Orgue ; ils pensent que le terme de Cythare comprend tous les Instruments à corde, & celui d'Orgue tous les Instruments à vent (*a*). Le mot Hébreu que la Vulgate rend par *Organum*, est rendu par *Abuba* (*b*) dans la version Chaldaïque ; & l'on voit que ce dernier terme répond assez à *Ambubajarum Collegia* dont se sert Horace en parlant des Joueurs de flûte ou d'orgues antiques venues de Syrie.

Le terme latin *Organum* se rencontre très-souvent dans l'Ecriture Sainte. Le saint homme Job décrivant la prospérité des Impies, dit qu'ils jouent du tambour (*c*) & de la harpe, & qu'ils se réjouissent au son de l'Orgue. Venant ensuite à la description

---

I.
Signification du mot *Orgue* dans les premiers temps.

(*a*) *Synops. Crit. in Genes.* c. IV. ỳ. 21.
(*b*) Dom Calmet. Dissert. sur les Instrum. de

Musiq. dans le 2ᵉ. vol. du Com. Litt. des Ps. p. 87.
(*c*) Job. 21. ỳ. 13.

ORGUES. *IV. Part.*   *a*

de ses malheurs, il dit que son Orgue (*a*) s'est changé en une voix plaintive. L'Orgue est aussi nommé dans le Pseaume 150 (*b*), & mis au rang des Instruments qui servoient à la louange de Dieu; mais c'étoient des Instruments bien différents de nos Orgues. L'expression dont se sert l'Auteur du Pseaume 136, pour marquer la tristesse où les Enfants d'Israël étoient réduits durant la captivité de Babylone, prouve que leurs Orgues étoient des Instruments portatifs & fort légers. *Nous* (*c*) *avons*, dit-il, *suspendu nos Orgues aux saules qui sont au milieu de Babylone.*

Dom Calmet, dans la Dissertation qu'il a faite sur cette matière, pense que l'Orgue dont il est parlé dans l'Ecriture, étoit un composé de plusieurs tuyaux, bouchés par le bout inférieur, & comme collés ensemble, dont on jouoit en les faisant passer successivement sur la levre inférieure. C'est le même dont parle Lucréce (*d*), quand il dit, *unco sæpe labro calamos percurrit hiantes :* il passe & repasse sa levre sur des tuyaux ouverts. L'Orgue, pris en ce sens, étoit fort connu des Auteurs profanes & des Poëtes, sur-tout. Virgile en attribue l'invention au Dieu Pan; d'autres lui donnent une origine différente. Ces variétés d'opinions, dit le même Dom Calmet, ne viennent que de l'ignorance où étoient ces Auteurs, de la véritable histoire & de l'antiquité de ces Instruments, que les Grecs avoient apparemment reçus des Orientaux. Le nombre des tuyaux dont cette espece d'Orgue étoit composée, n'étoit pas toujours le même. Un Pasteur, dans Virgile (*e*), dit que le sien en avoit sept de grandeur inégale, faits de tiges de ciguë. Un autre dans Théocrite, se vante que le sien en avoit neuf (*f*). Un Ecrivain (*g*) cité par Dom Calmet, assure que les Turcs s'en servent encore à présent, & qu'on en voit qui ont jusqu'à quatorze ou quinze tuyaux. Dans les commencements, on croyoit que la variété des tons dépendoit uniquement de la diverse longueur des tuyaux. Depuis, on y ajouta des trous. On a varié de même sur la matiere. Ces premieres Orgues étoient composées de roseaux, & les roseaux du lac Orchomenien, en Gréce, étoient célebres

---

(*a*) Job. 30. 31.
(*b*) *Psal.* 150. ℣. 4.
(*c*) *In salicibus in medio ejus suspendimus organa nostra. Ps.* 136. 2.
(*d*) *Lucret. lib.* 4.
(*e*) *Est mihi disparibus septem compacta cicutis, fistula. Eclog.* II. ℣. 37.
(*f*) Σύριγγ᾽ ἄν ἐποίησα καλὰν ἐγὼ ἐννεάφωνον. *Fistulam egregiam ego feci quæ novem sonos emittit.* Théocrite, Idille 8e. ℣. 18.
(*g*) Pietro della valle, *Epist.* 61.

pour cet ufage. Le métal ayant paru plus propre à conferver long-temps la juftefle de l'accord , on s'en eft fervi préférablement à toute autre matiere. On joue un grand nombre d'airs fur cet inftrument. Il y a encore à préfent certains ouvriers, comme les Chaudronniers , &c. qui, dans certaines Provinces, en jouent par les rues, pour faire connoître leur profeffion au public.

On voit depuis quelques années à Paris , près le Pont-neuf, un Particulier qui vend de ces inftruments faits de morceaux de rofeau, & qui en joue lui-même de façon à attirer l'attention des perfonnes les plus graves. Je l'ai vu même s'accompagner d'une maniere fort agréable avec une mandoline.

La fimple Flûte que nous connoiffons, & qui eft en ufage aujourd'hui, eft un inftrument fort ancien. Les Hébreux en ont eu de diverfes fortes ; les unes fimples , les autres compofées. Saumaife , fur Solin, remarque que les anciennes Flûtes n'avoient qu'un ou deux trous, d'où vient qu'on en avoit ordinairement deux enfemble ; l'une au côté droit de la bouche , & l'autre au côté gauche. Enfin, la Flûte fimple percée de plufieurs trous, faifant le même effet & avec plus de facilité que tous ces divers tuyaux, on négligea ces derniers, & on s'en tint à la Flûte. Ces anciennes Flûtes & celles de Pan, dont on vient de parler, ont donné les premieres idées de l'Orgue , qui eft devenu par la fucceffion des temps, le plus grand, le plus eftimé & le plus harmonieux de tous les inftruments de mufique. On l'appelle le Roi des Inftruments, parce qu'il les réunit & les imite tous , même ceux à corde : auffi a - t - il été choifi & préféré à tous les autres pour être placé dans nos Eglifes, à caufe de fa nobleffe & de fa fupériorité, comme plus conforme à la majefté du culte Divin (a).

Le mot *Orgue* , fi long-temps équivoque , ayant anciennement fignifié tous les Inftruments de mufique, & même le concert de plufieurs perfonnes qui chantent enfemble ; il eft difficile de difcerner le fens de quelques paffages épars dans différents Auteurs. On a d'autant plus de difficulté à les entendre, que la plupart, ou peut-être tous ont écrit fur une matiere qui leur étoit inconnue ou peu s'en falloit : auffi s'en trouve-t-il plufieurs qui ont dit des chofes abfurdes & ont donné évidemment dans des erreurs groffieres. Je crois que

II.
Ancienneté de la Flûte fimple

III.
Origine du grand Orgue.

____

(a) Jérôme Diruta, Italien.

c'eſt l'Art ſur lequel on a le moins écrit, & vraiſemblablement le plus mal.

IV.
Deux eſpeces d'Orgues; les hydrauliques & les pneumatiques.

On ſait que les anciens ont diviſés les Orgues en deux eſpeces principales, en hydrauliques & en pneumatiques. Les unes & les autres n'ont jamais pu jouer que par le vent, excité dans les hydrauliques ou par une chûte d'eau, comme à nos grandes forges à fer, ou par un courant d'eau, qui, faiſant tourner une roue à aubes, comme dans pluſieurs de nos *Uſines*, donnoient le mouvement à des manivelles, à des pompes ſemblables à celles de nos machines pneumatiques, ou par la vapeur de l'eau bouillante, comme à l'Eolipile & à nos pompes à feu; ou enfin, par des ſoufflets que l'eau faiſoit mouvoir, par le moyen de manivelles adhérentes à leurs axes, comme à nos moulins à ſcier le bois, ou par quantité d'autres machines que chacun imaginoit, & où l'eau étoit la cauſe du mouvement qui procuroit le vent. Les Orgues pneumatiques ſont celles d'aujourd'hui, où l'eau n'eſt point néceſſaire.

V.
Le premier Inventeur de l'Orgue hydrolique.

L'Orgue hydraulique eſt le plus ancien. L'invention en eſt communément attribuée à Ctéſibius, Mathématicien célebre d'Alexandrie, ſous le regne de Ptolomée Phyſcon, environ 120 ans avant J. C., du moins c'eſt lui qui avoit imaginé un arbre ſur lequel on faiſoit chanter un grand nombre d'oiſeaux, & dont le ſilence des Auteurs nous laiſſe ignorer la mécanique. Tertulien parle d'un Orgue (*a*) dont il fait honneur à Archimède; mais M. l'Abbé de Saint-Blaiſe obſerve (*b*) que l'Inſtrument dont parle Tertulien, étoit différent de celui qu'on attribue à Ctéſibius.

VI.
La description que fait Vitruve d'un Orgue eſt inintelligible.

L'Orgue hydraulique le plus célebre & dont un plus grand nombre d'Auteurs ayent parlé, eſt celui dont Vitruve a donné la deſcription (*c*); comme il a paru le plus merveilleux, on s'eſt plus exercé à découvrir & à concevoir ſa compoſition & ſa mécanique, d'après l'obſcure & inintelligible deſcription qu'en fait Vitruve. Je ne nommerai que deux Ecrivains également recommandables par leur ſcience & leur habileté, le Pere Kircher, Jéſuite, & M. Perraut: le premier en parle aſſez au long dans l'ouvrage qui a pour titre, *Magia Phonocamptica*, où il donne des figures gravées, pour expliquer la Deſcription de Vitruve; mais il paroît qu'il donne plutôt l'idée d'un

---

(*a*) Dans le Traité de l'Ame, ch. 14.
(*b*) *De Cantu & Muſica Sacra.* tom. 2. pag. 138.   (*c*) *De Architect. libr.* 10. *cap.* 13.

Orgue

Orgue de fa propre compofition, que de celui dont parle Vitruve, auquel il n'a aucun rapport. M. Perrault a voulu éclaircir la Defcription de Vitruve, il a même fait conftruire un Orgue en petit, d'après l'idée qu'il s'étoit faite de celui de Vitruve: cette machine fut mife dans la Bibliothéque du Roi, avec plufieurs autres, tant anciennes que modernes; mais on ne voit pas que ce grand Architecte ait été plus heureux que le favant Pere Kircher. Au refte, Vitruve dit expreffément (*a*) que pour bien l'entendre, il faudroit avoir vu la machine qu'il décrit, & avoir des connoiffances dans ces matieres : ainfi puifqu'il eft impoffible de voir cette machine, on ne peut en porter aucun jugement : il eft même remarquable que Vitruve ne dit pas avoir jamais vu cet Orgue; s'il n'en a parlé que fur le rapport d'autrui, ou fur une tradition populaire, y auroit-il de la témérité à avoir quelque doute fur fon exiftence?

L'Auteur d'une lettre, qu'on a long-temps attribuée à S. Jérôme, & qu'on a reconnu n'être pas de lui, parle d'un Orgue qu'il dit avoir été en ufage chez les Hébreux, & qui s'entendoit de mille pas, comme de la ville de Jérufalem au Mont des Oliviers. Cette machine confiftoit en deux peaux d'éléphant, qui formoient la *laye*, contenant peut-être les foupapes, (ce qu'il eft difficile de concevoir); il y avoit douze grands foufflets & quinze tuyaux d'airain. L'Auteur, quel qu'il foit, ne donne pas une grande idée de fes lumieres dans ce genre, lorfqu'il parle de cet Inftrument. Il veut trouver les deux Teftaments dans les deux peaux d'éléphant; il imagine la figure des Patriarches & des Prophêtes dans les quinze tuyaux, & celle des Apôtres dans les douze foufflets. Ce n'eft pas la peine de tranfcrire ce paffage. Dans les anciennes additions de Saint Jérôme, cette lettre eft la 28ᵉ. (*b*). Les derniers Editeurs de S. Jérôme l'ont rejettée parmi les ouvrages apocriphes où elle fe trouve avec ce titre: *Ad Dardanum, de Inftrumentis Muficis*, tome v. pag. 191.

M. l'Abbé de Saint-Blaife donne deux figures de cet Orgue, telles qu'il les a trouvées; l'une dans un manufcrit du dixieme fiécle, de l'Abbaye de Saint Emmerand de Ratifbonne, & l'autre de fa propre Abbaye, du treizieme fiécle. Ces deux figures font totalement différentes, & paroiffent d'une compofition arbitraire. On n'eft donc

(*a*) *De Architectura, lib. 10. cap. 13.*
(*b*) *Epift. 28. ad Dardanum.*

Orgues. IV. Part.　　　　　　　　　　*b*

pas mieux fondé à croire que cet Orgue ait jamais exifté, du moins felon l'idée que plufieurs Auteurs ont tâché de nous en donner.

VIII.
Nouvel Orgue hydraulique à Rome , fous l'Empire de Néron.

Sous l'Empire de Néron qui régna depuis l'an 54, jufqu'à l'an 68, on vit paroître à Rome un Orgue hydraulique d'une conftruction inconnue jufqu'alors. Suétone rapporte (*a*) que ce Prince employa partie d'une journée à l'examiner avec la plus finguliere fatisfaction. En quoi cette machine étoit-elle différente de celles qui avoient précédé ? C'eft ce que nous ignorons.

IX.
Orgues hydrauliques en France dans le neuvieme fiecle, & en Angleterre dans le douzieme.

On a prétendu que la décadence des beaux Arts entraîna la perte des Orgues hydrauliques, lorfque les nations barbares eurent ravagé l'Empire & inondé toute l'Europe : auffi S. Auguftin (*b*) ne paroît-il avoir connu que l'Orgue à foufflets. En admettant cette opinion, l'invention de l'Orgue hydraulique auroit été renouvellée dans le neuviéme fiécle. En effet, l'hiftoire fait mention d'un Orgue hydraulique que l'Empereur Louis le Débonnaire fit conftruire dans fon palais à Aix-la-Chapelle, par un Prêtre Vénitien nommé George (*c*). Il eft dit ailleurs qu'il fut conftruit à la maniere des Grecs (*d*). Ainfi l'on peut croire que l'ufage s'en étoit perdu en Occident; mais que s'étant confervé dans l'Empire Grec, il reparut dans nos contrées fous les Empereurs François. Nous ignorons, & le temps où l'on a commencé à introduire cette efpèce d'Orgue dans les Eglifes, & celui où l'on a ceffé de s'en fervir. Ce qui eft certain, c'eft que du temps de Guilhaume de Malbefburi (*e*) Ecrivain du douziéme fiécle; on s'en fervoit encore dans une Eglife d'Angleterre.

Il refte à favoir comment on pouvoit conftruire un Orgue hydraulique dans les Eglifes, où il n'eft certainement pas ordinaire d'avoir la commodité des rivieres ou des ruiffeaux, pour fe procurer des courants & des chûtes d'eau. Les Auteurs ne nous apprennent rien fur cet objet. Il nous ont laiffé ignorer de même tout le détail de la conftruction de ces Inftruments.

(*a*) *Reliquam diei partem, per Organa hydraulica , novi ignotique operis circumduxit.* Suet. in Nerone.

(*b*) *Organa dicuntur omnia Inftrumenta muficorum. Non folum illud Organum dicitur quod gracile eft , & inflatur follibus , fed etiam quidquid aptatur ad cantilenam & corporeum eft. Quo Inftrumento utitur qui cantat, Organum dicitur.* S. Aug. in Pf. 56.

(*c*) *Hic eft Georgius veneticus , qui de Patria fua ad imperatorem venit , & in Aquenfi Palatio , Organum , quod Græcè hydraula vocatur , mirifica arte compofuit.* Eghinard , de tranflatione SS. Martyr. Petri & Marcellini. cap. 16.

(*d*) *Prefbyter quidam de Venetia , qui diceret Organum more Grecorum poffe componere.* Autor vitæ Ludovici Pii.

(*e*) *Extant etiam apud illam Ecclefiam Organa hydraulica , ubi mirum in modum aquæ calefaktæ violentia , ventus emergens implet concavitatem barbiti, & per multiforatiles tranfitus Æneæ fiftulæ modulatos clamores emittunt.* Villel. Malbefb. apud Ducange , ad vocem Organum.

Nous ne connoissons pas mieux le premier Inventeur de l'Orgue pneumatique ou sans eau, ni le nombre & la quantité de jeux dont il étoit composé dans les premiers temps, non plus que leur étendue. Il est à présumer qu'il n'y eut d'abord d'autre différence entre ces deux espèces d'Orgues, qu'en ce qu'au lieu de l'eau dont on se servoit pour pousser le vent dans les tuyaux, quelqu'un imagina de faire mouvoir les soufflets sans le secours de l'eau, afin d'éviter les grands inconvéniens qui devoient en résulter, comme beaucoup d'humidité, & par conséquent le prompt dépérissement de toute la machine. Au reste, nous ne savons rien de plus certain sur la construction de cette seconde espèce d'Orgue dans son commencement que sur celle des hydrauliques.

> **X.**
> Le premier Inventeur de l'Orgue à soufflets sans le secours de l'eau, inconnu.

C'est contre toute vraisemblance que quelques-uns ont attribué l'invention de l'Orgue sans eau à l'Empereur Théophile. Il y eut des Orgues de cette espèce au moins dans le cinquième siécle, où S. Augustin en parle, & cet Empereur n'a vécu que dans le neuvieme. Ce qui a trompé les Auteurs de cette opinion, c'est qu'ils ont mal entendu deux passages de Constantin Manassés & de Michel Glycas. Selon le Grammairien Léon, cité par Ducange, l'Orgue de Théophile, dont parlent ces Historiens, étoit un arbre avec des oiseaux dont il imitoit le chant.

> **XI.**
> L'Orgue de Théophile, Empereur, différent des nôtres.

Dans les recherches qu'on peut faire sur l'antiquité de l'Orgue sans eau, & sur le temps où l'on a commencé de s'en servir dans les Eglises, il faut se souvenir que le nom d'*Orgue* se donnoit, comme nous l'avons déja dit, non-seulement à tous les Instruments de musique, mais quelquefois encore à ce qui n'étoit qu'un concert de plusieurs voix réunies. On ne peut donc pas l'appliquer à l'Orgue à soufflets, à moins que celui dont on parle ne soit bien distingué & caractérisé par les Auteurs. Le passage de S. Augustin, rapporté ci-dessus, prouve qu'il étoit connu en Occident au moins dans le cinquieme siecle. Mais étoit-il en usage dans les Eglises ou seulement dans les concerts particuliers ; c'est sur quoi l'on n'a rien de positif.

> **XII.**
> Difficulté de trouver l'époque de l'introduction de l'Orgue dans les Eglises.

L'illustre Duranti, Premier Président du Parlement de Toulouse, examine cette question dans son excellent Traité des Rits de l'Eglise Catholique (*a*). Il croit qu'il y a long-temps qu'on a commencé à

> **XIII.**
> Opinions incertaines sur l'introduction des Orgues dans les Eglises.

(*a*) *Lib.* 1. *cap.* 13. *de Organis.*

introduire les Orgues dans les Eglifes. Son opinion eft fondée fur ce qu'un Commentateur de l'Ecriture Sainte, plus ancien, dit-il, que Saint Grégoire le Grand, dit en expliquant un verfet de Job, que *l'ufage des Orgues n'étoit point défendu* (a), *puifqu'on peut s'en fervir par un fentiment de piété, & qu'on s'en fert même dans les Églifes.* Nous ne connoiffons point cet Auteur; mais plus il eft ancien, plus on doit préfumer qu'il a pris l'Orgue dans un fens général pour tout Inftrument de mufique, ou même pour un accord de plufieurs voix réunies. S'il avoit voulu parler de l'Orgue dont il s'agit ici, & que S. Auguftin appelle grand Orgue & à foufflets, il fe feroit fans doute expliqué d'une maniere plus pofitive. La même équivoque peut avoir trompé les Auteurs des Pontificaux ou des Vies des Papes, qui difent en parlant du Pape Vitalien, élu en 657, & mort en 672, qu'*il régla le chant Ecclefiaftique* (b), *& qu'il y employa des Inftruments communément appellés* ORGUES. Bullée, cité par M. l'Abbé de Saint-Blaife, rapporte deux vers d'un Poëte Mantouan, dont le fens eft, que le Pape Vitalien, natif de Ségni (c), établit des Orgues compofées de métal qui jouoient aux grandes Fêtes, pendant le fervice divin. Quelle que foit l'autorité de ce Poëte, les Orgues dont il parle n'étoient pas celles que Saint Auguftin appelle les grandes Orgues.

XIV. L'Orgue inconnu en Occident depuis l'invafion des Barbares jufqu'au huitieme fiecle.

    Il paroît que depuis l'invafion des Barbares, l'ufage en fut inconnu en Occident jufqu'à l'époque célebre où l'Empereur Conftantin Copronyme envoya, vers l'an 757, un Orgue au Roi Pépin. La maniere dont les Auteurs ont parlé de cet Orgue, & même d'un autre que Charlemagne reçut vers l'an 812 de l'Empereur Conftantin Curopalate, prouve qu'on les regardoit comme des Inftruments de mufique nouvellement inventés, ou du moins inconnus jufqu'alors dans toute l'étendue de l'Empire François; & de-là il s'en fuit que ces Orgues étoient d'une efpece bien différente de celles qu'on veut que le Pape Vitalien ait employées à Rome dans les grandes folemnités. Celles-ci devoient confifter en des Inftruments de mufique, à vent, propres à foutenir & à faire mieux paroître les voix, mais dont la forme nous eft d'ailleurs inconnue. Après tout, l'autorité du Poëte de Mantoue, n'eft pas d'un affez grand poids pour qu'il foit

---

(a) *Neque enim Organorum ufus prohibitus erat, quando quidem hoc ipfum cum pietate fieri poteft. In templis enim funt illis ipfi ufi.* Ibid. pag. 92 & 93.
(b) *Inftituit cantum, adhibitis Inftrumentis, quæ vulgari nomine Organa dicuntur.* Vit. Pontific.
(c) *Signius adjunxit molli conflata metallo, Organa quæ feftis refonant ad facra diebus.* De Cantu & Mufica Sacra. tom. 2. p. 141.

néceffaire

néceffaire de l'expliquer. Le filence de Baronius & de M. Fleuri fur cet établiffement du Pape Vitalien, forme un grand préjugé contre ce qu'en ont dit les Pontificaux. Ces deux Auteurs ne manquent jamais d'obferver les établiffements qui ont été faits fous le Gouvernement de chaque Pape. Le filence qu'ils gardent fur cet objet eft donc une preuve qu'ils ne fe font pas crus affez fondés pour en faire honneur au Pape Vitalien.

Tous nos Auteurs ont parlé de l'Orgue dont l'Empereur Conftantin Copronyme fit préfent au Roi Pepin, vers l'an 757; mais aucun n'a dit à quel ufage il fut employé, ni où il fut placé; fi ce fut à l'Eglife ou dans le Palais de Compiégne où le Roi tenoit alors une affemblée de la Nation. Même filence de la part des Hiftoriens, fur l'ufage que fit Charlemagne d'un autre Orgue qui lui fut envoyé de Conftantinople, vers l'an 812, par l'Empereur Conftantin Curopalate.

XV.
Orgues de Pepin & de Charlemagne.

Ducange a cru voir dans deux Chartres rapportées par Ughelli (*a*), que fous le regne de Charlemagne, il y avoit un Orgue dans l'Eglife de Véronne. Le favant Muratori n'eft pas de ce fentiment. Ce qui le porte à le rejetter, c'eft qu'il ne s'agit dans ces deux Chartres, que d'une partie de la ville de Véronne, appellée *la Porte de l'Orgue*; car de cette dénomination, & de ce qu'auprès de cette porte on aura conftruit un Monaftere nommé *Sainte-Marie de l'Orgue*, il ne s'enfuit pas, dit-il, qu'il y eût dans l'Eglife un Orgue de l'efpece dont nous parlons.

XVI.
Orgue de Véronne fous Charlemagne, contefté.

Le premier Orgue à foufflets, fans le fecours de l'eau, qui paroiffe certainement avoir été en ufage dans les Eglifes, eft celui que l'Empereur Louis le Débonnaire fit placer dans celle d'Aix-la-Chapelle. Celui-ci étoit différent de l'Orgue hydraulique dont on fe fervoit dans le Palais Impérial, & que le même Prince avoit fait conftruire par le Prêtre Vénitien dont nous avons déja parlé. Walafride Strabon (*b*) obfervant que cet ouvrage étoit un de ceux dont la Grece fe vantoit d'être en poffeffion, donne à entendre 1°. que c'étoit un Orgue de la même efpece que celui que Charlemagne avoit reçu en préfent de l'Empereur de Conftantinople, & qui étoit certainement à foufflets, comme on le verra dans la fuite. 2°. Que ni l'Eglife

XVII.
Premier Orgue dans les Eglifes fous Louis le Débonnaire à Aix-la-Chapelle.

(*a*) *Ital. Sacr. tom.* V. *pag.* 604. & 610.
(*b*) *In queis præcipuè Jactabat Græcia fefe Organa Rex magnus non inter maxima ponit.*

Walafrid. Strabo, carmina de apparatu Templi Aquifgran.

ORGUES. *IV. Part.*

Romaine ni aucune autre de l'Empire d'Occident, ne s'étoit vantée jufqu'alors d'avoir à fon ufage un Orgue de la même efpece.

L'habile Facteur qui avoit préfidé à fa conftruction, forma des Eleves qui en firent bientôt de femblables dans les autres Eglifes d'Allemagne ; de forte que 30 ou 40 ans après la mort de Louis le Débonnaire, l'Allemagne fe trouva en état de fournir à Rome des Orgues & des Facteurs ; c'eft ce qu'on voit par une Lettre du Pape Jean VIII à Annon, Evêque de Frifingue, dans la haute Baviere. Ce Pape fut élu en 872, & mourut en 882. *Nous vous prions,* dit-il (a), *de nous envoyer le meilleur Orgue, avec un Artifte capable de le bien gouverner, & de le mettre fur tous les tons néceffaires pour la perfection de notre mufique:* C'eft probablement le premier Inftrument de cette nature qui ait été en ufage dans les Eglifes de Rome ; du moins n'a-t-on pas de preuves certaines qu'il y en eût auparavant.

De Rome, l'Art de faire des Orgues paffa bien-tôt au refte de l'Italie, & il paroît que les Moines devinrent habiles en cette partie. On peut l'affurer en particulier de Bobio, Abbaye fondée par Saint Colomban, dans le Milanois. Gerbert, Abbé de ce Monaftere, & depuis Pape fous le nom de Sylveftre fecond, étoit le plus grand Mathématicien de fon temps. Gérard, Abbé d'Aurillac, dans la haute Auvergne, qui avoit eu foin de fon éducation, lui écrivit vers l'an 986 pour lui demander un Orgue. Sa réponfe fut que les guerres d'Italie ne le lui permettoient pas. L'année fuivante, Gérard étant mort, Gerbert écrivit à fon fucceffeur, que fe voyant obligé de fuivre en Allemagne l'Impératrice Théophanie, il ne pouvoit lui rien dire de pofitif, ni au fujet de l'Orgue d'Italie qu'il demandoit, ni au fujet du Religieux qu'il pouvoit charger de la conduite de cet ouvrage. Ces deux Lettres de Gerbert fe trouvent dans le 4e. tom. des Annales de Dom Mabillon, p. 34 & 40. Elles prouvent que dans le dixieme fiecle les Orgues d'Italie avoient de la réputation ; qu'elles étoient connues en France, & que le Monaftere d'Aurillac vouloit en avoir auffi dans fon Eglife. Mais ni ces Lettres, ni aucun autre monument de l'Hiftoire, ne nous apprennent fi cet Abbé parvint à fe procurer cette fatisfaction.

En lifant une piece de vers en l'honneur de Sigon, Abbé de Saint

XVIII.
Orgue à
Frifingue.

XIX.
A Rome.

XX.
En Italie.

XXI.
Orgues d'I-
talie connues
en France.

XXII.
Orgue de
S. Florent de
Saumur dou-
teux.

(a) *Precamur autem ut optimum Organum cum artifice, qui hoc moderari, & facere ad omnem modulationis efficaciam poffit, ad inftructionem muficæ difciplinæ, nobis aut deferas, aut mittas.* Epift. Joan. Pap. VIII.

Florent de Saumur en Anjou, on fe fent porté à croire, qu'au moins à cette époque, il y avoit un Orgue dans fon Eglife, car on loue fon habileté dans la mufique organique (a). Le texte n'eft pas affez clair pour convaincre qu'il s'agiffe ici de l'Orgue dont nous parlons. M. l'Abbé de Saint-Blaife penfe même (b) qu'on peut l'entendre d'un concert de plufieurs voix, qu'on appelloit vulgairement *Concerts organiques.*

Le premier Orgue de France dont ont ait une connoiffance bien affurée, ne remonte pas au-delà du douzieme fiecle : alors il y en avoit un dans l'Eglife de l'Abbaye de Fécamp. Baudri, Archevêque de Dol, écrivant aux Religieux de cette Abbaye, témoigne la fatis-faction qu'il a eue de l'entendre. Une courte defcription qu'il en donne, fait voir que c'étoit un Orgue à foufflets comme les nôtres : de plus, il en prend la défenfe contre certaines gens qui, n'étant pas en état de s'en procurer de femblables, trouvoient à redire qu'on en eut introduit l'ufage dans les Eglifes.

XXIII.
Premier Or-
gue de France
bien connu
dans l'Abbaye
de Fécamp, au
douzieme fie-
cle.

Il paroît que cet ufage a commencé bien plutôt en Angleterre qu'en France. On voit par quelques vers de Wolftan, Moine de Weftminfter, en l'honneur d'Elfage, Evêque du lieu, au milieu du dixieme fiecle, un Orgue confidérable dans l'Eglife même de Weft-minfter, qui étoit Cathédrale & Abbatiale. C'eft tout ce que nous pouvons dire de plus certain fur l'époque de l'introduction de l'Orgue dans les Eglifes. Les vers latins de Wolftan feront rapportés plus bas, N°. XXXII.

XXIV.
Orgues
dans les Egli-
fes, plutôt en
Angleterre
qu'en France.

Nous voudrions préfentement pouvoir nous étendre fur toutes les parties dont l'Orgue à foufflets étoit compofé dans les commen-cements; dire par quels degrés il eft parvenu au point de perfec-tion où nous le voyons, & nommer les Artiftes qui ont eu quelque part à fes accroiffements; mais les anciens nous ont laiffé fur tous ces objets, dans une ignorance qu'il n'eft pas poffible de diffiper.

XXV.
Combien
eft peu connue
la conftruction
de ces ancien-
nes Orgues.

On a déja vu que les premieres Orgues, c'eft-à-dire, les Flûtes à plufieurs tuyaux, dont les divers affemblages ont fait naître les pre-mieres idées des grandes Orgues, étoient de rofeaux, & que dans la fuite on y employa le métal comme étant plus propre à conferver long-temps l'accord; mais on a fait auffi des Orgues avec d'autres matieres. Il s'eft trouvé des Artiftes curieux qui ont voulu fignaler

XXVI.
Matieres
dont on a fait
des tuyaux
d'Orgues.

(a) *Singularis Organali regnabat in mufica.* Apud Mabill. Annal. tom. IV. pag. 551. | (b) Page 143.

leur adreffe & leur induftrie en y employant le verre, & l'on étoit parvenu à lui donner beaucoup de fon. On parle d'un Ouvrier Napolitain, qui en avoit fait un dont les tuyaux, & même le clavier, étoient d'albâtre. Cet ouvrage avoit également bien réuffi, & fon auteur en fit préfent à Frédéric, Duc de Mantoue. Léandre, felon le rapport de Majolus (a), affure avoir vu cet Orgue à Venife. D'autres en ont fait avec du carton. Il y a maintenant à Paris un Particulier, rue des Cifeaux, qui s'eft fait un Orgue dont tous les tuyaux, tant à bouche qu'à anches, font faits avec des cartes à jouer. Il paroît qu'on ne s'eft fervi de ces matieres que pour la curiofité & la fingularité, fans être perfuadé qu'elles fuffent les plus propres à ces fortes d'ouvrages. On en a fait avec l'or, l'argent & le cuivre, mais les métaux qu'on a trouvés les plus commodes à faire les tuyaux d'Orgue, c'eft le plomb & l'étain. Ils ne font pas chers comme l'or & l'argent; ils ne font pas difficiles à travailler comme les autres métaux, & ils rendent un fon doux & harmonieux. On employoit auffi beaucoup le bois, comme on le fait encore aujourd'hui.

XXVII. *Les tuyaux d'Orgues chez les Anciens, étoient d'airain ou de cuivre. Ce que c'étoit que cet airain.*   Les Anciens fe fervoient fouvent de l'airain ou du cuivre. Le terme *æs*, qu'on trouve dans tous les Auteurs Latins, fe rend en François par le mot *Cuivre*, qu'on entend le plus ordinairement du cuivre rouge. Cependant il paroît que le grand nombre des Anciens a voulu défigner par cette expreffion, un mélange de plufieurs métaux dont le cuivre rouge faifoit la bafe & la principale partie. On nomme encore quelquefois aujourd'hui airain, le bronze dont on fait les ftatues & les canons; c'eft un mélange de cuivre rouge, de laiton & d'un peu d'étain. Le bronze dont on fait les cloches, eft bien fouvent nommé airain; c'eft un mélange de cuivre rouge avec un peu d'étain. On ignore de quelle efpece de métal ou mélange étoit cet airain dont on faifoit les tuyaux d'Orgue. Etoient-ils faits d'un cuivre battu & réduit en lames affez minces pour être roulées & foudées? Ou bien, étoient-ils jettés en fonte? C'eft ce qu'aucun Auteur ne nous a expliqué.

XXVIII. *Quelques Orgues où les tuyaux étoient de cuivre.*   On voit encore quelques anciennes Orgues, fur-tout en Allemagne, où il y a des tuyaux de cuivre. Il y en avoit dans l'Orgue de Charlemagne (b), dans celui dont parle Guilhaume de Malbef-

(a) Colloq. 23.
(b) *Per fiftulas æneas.* Monach. San. Gal. apud Ducange.

buri

buri (*a*) ; & dans celui de Fécamp (*b*). Il y avoit auffi des tuyaux de cuivre dans celui de Ramefie en Angleterre (*c*), au dixieme fiecle.

Ces Orgues devoient rendre un fon bien aigre & bien perçant : il étoit néanmoins bien diverfifié. L'Orgue de Charlemagne (*d*) imitoit à la fois le bruit du tonnerre, le fon de la lyre & de la cymbale. Si l'enthoufiafme poétique n'entraîne pas Valafride Strabon au-delà du vrai, l'harmonie de l'Orgue que fit conftruire Louis le Débonnaire dans l'Eglife d'Aix-la-Chapelle, étoit fi raviffante, qu'une femme perdit la vie dans les tranfports qu'elle lui caufa (*e*).

XXIX.
Effets prodigieux des Orgues de Charlemagne & de Louis le Débonnaire.

Pour ce qui eft du nombre & de la qualité des jeux dont ces anciennes Orgues étoient compofées, nous les ignorons abfolument. Tout ce qu'on peut dire avec certitude, c'eft que l'Orgue de Charlemagne imitant le bruit du tonnerre, l'harmonie de la lyre qui étoit un inftrument à cordes, & le fon perçant de la cymbale, compofée de deux calottes d'airain, dont l'une frappoit contre l'autre (*f*), devoit avoir des jeux différents ; de même que celui de Weftminfter dans le dixieme fiecle, compofé de quatre cents tuyaux (*g*).

XXX.
Diftinction entre les différents jeux de l'Orgue, peu ou point connue avant le quinzieme fiecle.

Il faut néanmoins avouer que la diftinction & l'augmentation des jeux d'Orgue, n'ont été bien connues que dans le quinzieme fiecle. Ce fut alors qu'on entendit parler du 32 pieds, du 16 pieds, du 8 pieds, du 4 pieds ou preftant, du nafard ou quinte, avec la fourniture ; on connut auffi la trompette & la voix humaine. On inventa alors le tremblant qui n'eft qu'une modification du vent, & dont on s'eft fort dégoûté aujourd'hui. La régale eft le premier jeu d'anche qu'on a trouvé ; mais tous ces jeux étoient bien imparfaits dans les commencements, comme nous les voyons encore dans quelques anciennes Orgues. Il ne paroît pas qu'on ait fait de grands progrès en Allemagne pour la perfection des jeux d'anche. Ceux qu'ils ont actuellement n'approchent pas de la beauté de l'harmonie de ceux qu'on fait en France quoiqu'ils en foient les inventeurs, comme on le croit communément. Le cromorne eft venu peu après le même temps. Les Allemands font auffi les inventeurs du hautbois & du baffon ;

(*a*) *Æneæ fiftulæ.* Villelm. Malbefbur. *ibid.*
(*b*) *Fiftulis æneis compactum.* Epift. Baldric. ad Monach. Fifcan. apud Abbatem S. Blafii, tom. 2. pag. 144.
(*c*) *Martene, apud eundem, nota* a.
(*d*) *Rugitu quidem, tonitrui boatum, garrulitatem lyræ vel cymbali, dulcedine coæquabat.* Monach. San-Gall. *ibid.*

(*e*) *Dulce melos tantum vanas deludere mentes*
Cæpit, ut una fuis decedens fenfibus ipfam
Fæmina perdiderit vocum dulcedine vitam.
Walafrid. Strab. apud Abb. S. Blafii. pag. 140.
(*f*) Calmet, *Differt. fur les Inftrum. de Mufique,* pag. 97.
(*g*) *Capfa* . . . .
Sola quadriagentas quæ fuftinet ordine mufas.
Volftanus, apud Ducange.

mais ils n'exécutent pas si bien les jeux d'anche en général qu'en France. Tous ces jeux se trouvoient réunis dans un Orgue de Gothingen, construit dans le quinzieme siecle, & qui subsistoit encore en 1615. On peut donc regarder ce siecle comme l'époque où l'on a commencé à augmenter & à perfectionner la connoissance de l'Orgue; en un mot, à y faire des progrès bien sensibles. On s'appliquoit sur-tout beaucoup à lui faire rendre un son mélodieux & fort doux. On ne comprend guere Prætorius, Auteur Allemand, lorsqu'il dit qu'il y avoit des Facteurs qui accordoient les différents jeux de l'Orgue en *ut fa*, *re sol*, *mi la*: apparemment il faut prendre ces tons pour des quintes; ce qui doit s'entendre principalement de la fourniture, & des quintes que nous appellons nasards : c'est aussi dans le quinzieme siecle que les Orgues se multiplierent; on en faisoit beaucoup de toutes les especes.

Il est difficile de concevoir qu'il fallût à l'Orgue de Westminster 26 soufflets pour quatre cents tuyaux qui composoient tout cet Orgue au dixieme siecle; tandis qu'aujourd'hui nous faisons jouer un Orgue de deux ou trois mille tuyaux, avec 4, 5 ou 6 soufflets. Ces souffleries devoient être bien grossieres & bien imparfaites, puisque soixante-dix hommes vigoureux employés pour la mettre en mouvement, n'en venoient à bout qu'avec beaucoup de peine. Le vent (*a*) étoit reçu dans une grande caisse (*b*) d'où il se distribuoit aux quatre cents tuyaux par autant de trous.

En 1615, la soufflerie de l'Orgue d'Halberstat étoit composée de vingt soufflets: il falloit 10 hommes pour la faire jouer. Les soufflets se tenoient comme suspendus à une perche horisontale. D'un pied, ils fouloient un soufflet, & avec l'autre pied ils en relevoient un autre, à peu près comme on sonne les grosses cloches en les foulant. Ces soufflets n'étoient point chargés comme les nôtres. On attachoit bien fortement un sabot de bois sur l'extrémité de la table supérieure de chaque soufflet. Le Souffleur mettoit un pied dans le sabot d'un soufflet, & l'autre pied dans le sabot du soufflet voisin. C'est ainsi qu'il relevoit l'un & fouloit l'autre en s'y appuyant de tout le poids de son corps. De cette manœuvre, qui devoit être bien fati-

XXXI.
C'est dans le quinzieme siecle qu'on a commencé à faire des progrès bien sensibles dans la perfection de l'Orgue; qu'on a inventé des jeux, &c.

XXXII.
Soufflerie des Orgues bien imparfaite & très-fatigante jusqu'au dix-septieme siecle.

(*a*) *Bisseni supra sociantur in ordine folles,*
Inferiusque jacent quatuor atque decem
Quas agitant validi septuaginta viri ;
Brachia versantes, multo & sudore madentes,
Certatimque suos quisque movet socios,

Viribus ut totis impellant flamina sursum.
(*b*) *Et rugiat pleno capsa referta sinu,*
Sola quadragintas quæ sustinet ordine musas.
Volstan. apud Ducange.

gante, il réfultoit néceffairement un vent fort inégal, à raifon de l'inégalité du poids de chaque homme, dont la différence pouvoit aller à plus de cinquante livres. On conçoit de-là, qu'il n'étoit pas poffible de bien accorder un Orgue. Il eft même étonnant qu'on n'eût pas encore trouvé le moyen de rendre cette opération moins difficile.

Les Anciens n'ont parlé de leurs fommiers que d'une maniere fort vague. Guilhaume de Malbefburi parle d'une grande concavité ou caiffe, d'où le vent, diftribué dans les tuyaux par un grand nombre de trous (a), leur faifoit rendre un fon mélodieux. L'Orgue de Weft-minfter, que le Moine Wolftan exalte fi fort dans fes vers (b), avoit une grande caiffe, où l'air réuni de 26 foufflets fe trouvoit fort comprimé. Il paroît que les quatre cents tuyaux qui compofoient cet Orgue étoient implantés fur cette caiffe.

XXXIII.
Sommiers
dans les ancien-
nes Orgues.

On ne voit pas que dans les anciennes Orgues il foit fait mention de foupapes ni de regiftres. Néanmoins, il eft difficile de croire que dans des Orgues confidérables, comme celui de Weftminfter, on ait laiffé parler tous les tuyaux à la fois. Quel bruit confus en au-roit-il dû réfulter ? Il falloit donc qu'il y eût des pieces au moyen defquelles l'embouchure des tuyaux fût ouverte ou fermée au vent, felon qu'il étoit néceffaire pour les airs qu'on vouloit jouer. Com-ment fe perfuadera-t-on que l'Orgue de Gothingen, qui avoit un fi grand nombre de jeux, n'eût point de regiftres pour donner le vent à chaque jeu en particulier, felon ceux qu'on vouloit faire parler ? Mais une preuve qu'il n'en avoit pas, c'eft que vers la fin du feizieme fiecle, un fommier qui n'avoit qu'un feul regiftre, fut regardé comme une merveille. Voici le fait tel qu'il eft rapporté par Prætorius, dont l'ouvrage fut imprimé en 1615.

XXXIV.
Soupapes
dans les ancien-
nes Orgues,
mais point de
regiftres.

Il y a peu d'années, dit-il, qu'on trouva dans un Monaftere de l'Evêché de Wurtzbourg un ancien fommier fait par un Moine. Un nommé Thimothée, Facteur d'Orgues, le raccommoda, & le fit fervir pour un Orgue qu'il étoit chargé de renouveller. Ce fommier avoit des *gravures* & des *foupapes*. Ce Facteur arrangea le tout pour que les tuyaux ne parlaffent pas tous à la fois. A cet effet, il y avoit un regiftre, & chaque tuyau avoit fa foupape particuliere. Ce fommier étant ainfi refait, fut admiré par des Hollandois, des gens

XXXV.
Epoque ré-
cente du pre-
mier regiftre.

(a) *Aquæ calefactæ violentia ventus emergens, im-plet concavitatem barbiti, & per multiforatiles tran-fitus, æneæ fiftulæ modulatos clamores emittunt.*

(b) *Et rugiat pleno capfa referta finu.*
Sola quadragintas quæ fuftinet ordine mufas.

des Pays-Bas & du Brabant qui vinrent le voir, & en prirent l'esprit & la méthode. Cette nouvelle invention ne fut connue que bien tard en France. Perrault, dont la traduction de Vitruve fut imprimée pour la seconde fois en 1684, témoigne dans son ouvrage (a) que les Orgues de Notre-Dame de Paris, & de Notre-Dame de Reims, n'avoient qu'un seul jeu de 20 tuyaux sur chaque marche, sans aucun registre. Perrault ne se seroit-il pas trompé en disant qu'il n'y avoit pas d'autres registres dans ces deux Orgues? Ces 20 tuyaux sur marche, qui étoient vraisemblablement ce qu'on nomme le *plein jeu*, étoient sur un seul registre; mais s'ensuit-il qu'il n'y eût pas d'autres jeux avec d'autres registres? Au reste, il ne s'explique pas plus clairement.

XXXVI.
Claviers d'Orgue : combien ils étoient imparfaits dans les commencements.

Les claviers d'Orgue étant destinés à faire ouvrir les soupapes, il faut qu'il y ait eu des claviers, aussi-tôt qu'on a imaginé de faire parler les tuyaux, non pas tous à la fois, comme auparavant, mais chacun en son rang, selon qu'il convenoit à la piece qu'on vouloit jouer. On peut donc croire que les claviers sont aussi anciens que les soupapes. Dans les commencements ils étoient fort grossiers. Tant qu'ils n'eurent qu'une octave d'étendue, on ne les touchoit qu'avec la main droite. Dans la suite, on les étendit du côté des basses, & alors on commença à toucher l'Orgue des deux mains. Les premiers claviers à la main, qui n'avoient que depuis 9 touches jusqu'à 13, étoient de cinq pieds six pouces de longueur, chaque touche ayant cinq à six pouces de largeur. Ils étoient si durs à baisser ou à enfoncer, qu'on ne touchoit l'Orgue qu'à coups de poing. L'ancien Orgue de la Cathédrale de Magdebourg, avoit un clavier de 16 touches, de 3 pouces de large chacune, ce qui faisoit pour tout le clavier 48 pouces de longueur. Cette espece d'Orgue a subsisté dans le même état pendant plus de 300 ans. Il n'y avoit qu'un seul clavier à la main avec celui de pédale, & on y jouoit un trio malgré son peu d'étendue.

XXXVII.
Premiere invention du clavier de pédale.

Un nommé Bernard, dit l'Allemand, très-habile Musicien à Venise, fut le premier qui augmenta les jeux de l'Orgue, & inventa les pédales qu'il faisoit jouer par des cordelettes (b).

Dans le nouvel Orgue d'Halberstat, on a mis trois claviers & celui de pédale; mais il n'ont guere plus d'étendue que le clavier de l'ancien Orgue construit dans cette Ville en 1361, & renouvellé en

(a) *Lib.* 10. *ch.* 13.
(b) *Sabellicus, Libr.* 8. *num.* 10, *en* 1470.

1425 : il a toujours fallu le toucher avec les poings. A mesure qu'on a augmenté le nombre des touches, on a diminué leur largeur ; en sorte que le même espace qu'il falloit pour une quinte, est devenu suffisant pour une octave. Quand on a commencé à toucher l'Orgue avec les doigts, il a fallu nécessairement rétrecir encore les touches.

C'est vers le commencement du 13e. siecle qu'on a commencé à faire la gamme chromatique. La premiere fut faite à Venise, dans l'Eglise de S. Sauveur ; & le premier clavier chromatique ne fut que de deux octaves.

XXXVIII.
Commencements de la gamme chromatique.

Il ne faut pas croire qu'un seul Artiste ait porté l'Orgue au degré de perfection où il est aujourd'hui. Une machine si compliquée, & dont les détails sont étonnants, doit nécessairement avoir un grand nombre d'Auteurs qui se sont succédés les uns aux autres. D'après la foible idée qu'on a pu donner de ses commencements, il est constant que cet Instrument, soit hydraulique, soit pneumatique, étoit informe & grossier, incapable de plaire ou de fixer l'attention. Est-il donc surprenant qu'on n'ait pas été plus exact à nous transmettre les noms des Inventeurs? Ses progrès ensuite ont été si lents & si peu sensibles, qu'à peine ils ont été apperçus : ce n'est qu'après une révolution de plusieurs siecles, qu'il est arrivé au point de perfection où nous le voyons présentement ; les uns y ayant réformé ou perfectionné certaines parties, d'autres en ayant ajouté ; & ainsi successivement en différents temps. Il ne faut donc pas être surpris qu'on nous ait laissé ignorer les noms de presque tous ceux qui ont contribué en quelque chose à la perfection de l'Orgue.

XXXIX.
Un grand nombre d'Artistes ont contribué successivement à porter les Orgues au point de perfection, où ils sont aujourd'hui.

Depuis le Prêtre George, Vénitien, qui fut appellé à la Cour de Louis le Débonnaire, pour le premier Orgue qui ait été introduit dans les Eglises, les noms de tous les autres Facteurs sont restés dans l'oubli jusqu'au quatorzieme & quinzieme siecles, où l'on eut soin de mettre dans l'Orgue d'Halberstat, deux inscriptions contenant le nom de celui qui avoit construit celui de cette Eglise en 1361, & de celui d'un autre Artiste qui le renouvella en 1495. Le premier qui étoit Prêtre, se nommoit Fabri, & le second, Grégoire Kleng. Nous avons dit que l'inventeur du premier registre, dont on ait connoissance, étoit un nommé Timothée : l'inventeur du clavier de pédale, étoit Bernard, dit l'Allemand. Henri Trendorf, Facteur d'Or-

XL.
Noms de quelques Artistes fameux.

gues, fit commencer le clavier de pédale par *A mi la*, en l'an 1475. Conrad Rotemburges, natif de Nuremberg, fils d'un Boulanger, étoit célebre dans l'Art de la Facture de l'Orgue. Il en fit un très-considérable pour le Chapitre de Bamberg, & un autre pour les Cordeliers de Nuremberg. Il les avoit fabriqués dans le même goût que les autres Orgues de ce temps-là: mais 18 ans après, c'est-à-dire, en 1493, ce même Facteur fit à celui du même Chapitre de Bamberg, un changement qui consistoit à faire commencer le clavier de pédale en *G re sol*: mais il l'augmenta très-peu dans les dessus. Il fit de même commencer le clavier à la main en *G re sol*, & il l'augmenta d'une octave; sur quoi il faut observer que cette augmentation de touches l'obligea de porter jusqu'à dix le nombre des soufflets, tandis qu'auparavant il n'y en avoit que huit. Ces soufflets avoient sept pieds six pouces de longueur, sur deux pieds trois pouces de largeur. Les Auteurs ne font aucune mention de leur construction. Nous ne connoissons guere la mesure de leur pied: apparemment il étoit assez approchant du nôtre.

XLI.
Imperfection des anciennes Orgues; cause de la répugnance qu'on a eue à les admettre dans les Eglises.

L'imperfection des Orgues pendant plusieurs siecles, le son aigre & bruyant que rendoient les tuyaux d'airain ou de cuivre, le bruit du tonnerre, le son perçant de la cymbale qu'ils imitoient, le saisissement qu'ils causoient, le recueillement & la piété qu'ils troubloient, voilà sans doute les principaux motifs des oppositions qui s'éleverent, lorsqu'il fut question d'introduire ces Instruments dans les Eglises. Cet usage essuya des contradictions dans le douzieme siecle, soit de la part des Catholiques, parmi lesquels on remarque le bienheureux Alrede, Abbé de Rhiéval, soit de la part des Hérétiques Pétrobrusiens, avant-coureurs des Albigeois. Baudry, Evêque

XLII.
L'usage des Orgues dans les Eglises, justifié par Baudry & par Pierre le Vénérable.

de Dol, prit la défense des Orgues contre les premiers, & Pierre le Vénérable contre les autres. Ils se fondoient l'un & l'autre sur l'exemple de David & d'Elisée, dont les Instruments de musique avoient produit des effets merveilleux; ceux de David sur Saül, & ceux du Prophête Elisée sur lui-même. Ils alléguoient aussi les passages des Pseaumes, où il est dit de louer Dieu avec des Instruments à cordes & avec l'Orgue. Saint Thomas (*a*) ne paroît pas touché de ces raisons, & il se montre peu favorable à l'usage de l'Orgue dans les Eglises. Il y en avoit néanmoins en Italie, en Allemagne, en Angleterre & en

(*a*) 2. 2. Q. 91. a. 2. ad 4.

France où l'ufage de l'Orgue étoit ancien. Dans le Monaftere de Cave en Italie (*a*), on avoit joué de l'Orgue à la dédicace de l'Eglife faite par Urbain II, qui a régné depuis 1088, jufqu'à 1099. Il y en avoit dans l'Eglife de Meaux (*b*) en 1221, comme nous le verrons bientôt.

Au quinzieme fiecle, Gerfon, cité par M. de Saint-Blaife, témoigne (*c*) que l'ufage de l'Orgue, tel qu'on étoit parvenu à le conftruire depuis peu de temps, c'eft-à-dire, avec des tuyaux de plomb & d'étain, & des claviers qui jouoient fans effort & par le feul mouvement des doigts, n'avoit rien que de raifonnable, & que c'étoit le feul Inftrument de mufique que l'Eglife eût retenu pour l'office divin.

XLIII. Sentiment de Gerfon.

L'efprit de l'Eglife a été de régler l'ufage de l'Orgue plutôt que de le bannir. Le Concile de Cologne (*d*) de l'an 1536, blâme l'ufage où l'on étoit dans certaines Eglifes, d'omettre en tout ou en partie, fous prétexte de l'Orgue, certains articles principaux de la Lyturgie, comme l'épître, le fymbole, la préface & l'oraifon dominicale : c'eft pourquoi il ordonne de retrancher cet abus. Dix ans auparavant, le Concile de la Province de Sens (*e*), tenu à Paris, après avoir déclaré que l'Eglife a reçu de fes Peres l'ufage des Orgues, pour fervir à l'office divin, défend d'y jouer des airs lafcifs, & rien qui ne foit digne de la divine pfalmodie. Enfin, le Concile de Trente (*f*) dans la 22e. Seffion tenue le 17 Septembre 1562, où fut rendu le Décret fur la célébration du S. Sacrifice de la Meffe, recommande aux Supérieurs Eccléfiaftiques, de bannir de l'Eglife, foit dans fes Orgues, foit dans le chant, toute mufique où il fe mêleroit quelque chofe contre la décence & la pureté des mœurs.

XLIV. Réglements des Conciles, fur l'ufage légitime de l'Orgue dans l'office divin.

Pour achever cette partie hiftorique, nous obferverons que l'interdit jetté fur une Eglife, tomboit également fur les Orgues (*g*). Une coutume plus finguliere encore, quoique fort ancienne, c'eft que l'ufage de l'Orgue étoit fufpendu, jufqu'à ce que le Clergé du lieu, où il y en avoit, eût fatisfaction des torts qu'il prétendoit avoir reçus. Cette difcipline fe prouve par une lettre d'Amaury, Evêque de Meaux, de l'an 1221, à fon Chapitre ; & par un acte capitulaire

XLV. Difcipline finguliere fur la fufpenfe de l'Orgue.

(*a*) *D. Martenne, apud Abb. S. Blafii. tom. 2.*
(*b*) *Gall. Chrift. in Amalricio Epifcop. Melden.*
(*c*) *Tom. 3. oper. 2. p. pag. 628.*
(*d*) *Concil. Colon. 1. part. 2. cap. 12. Labbe, tom. 14. pag. 506.*

(*e*) *Concil. Sen. ann. 1525. in Decretis morum. cap. 17. Labb. tom. 14. pag. 471.*
(*f*) *Conc. Trid. Seff. 22. Decretum de obfervandis & vitandis in celebratione Miffæ.*
(*g*) *Willelmus Neubregenfis, apud Ducange.*

du Chapitre de Lyon, de l'an 1374, qu'on peut voir dans Ducange.
Ce dernier acte prouve, contre l'opinion commune, que dans le quatorzieme fiecle, il y avoit des Orgues dans l'Eglife de Lyon.

SECTION SECONDE.

Analyfe de cet Ouvrage.

Tout cet Ouvrage eft divifé en quatre Parties. Dans la premiere,
on fait connoître l'Orgue à fond. Dans la feconde, on enfeigne à le
conftruire. Dans la troifieme, on inftruit les Organiftes de tout ce
qui peut être de leur compétence, par rapport à la Facture de l'Orgue : & dans la quatrieme, on traite des différentes efpèces de petites
Orgues. On va détailler un peu plus le contenu de ce Traité, pour
en donner une idée.

PREMIERE PARTIE.

La premiere Partie contient fix Chapitres. Le premier n'eft qu'un
petit Traité de Mécanique, tel qu'on l'a cru convenir à de fimples
Ouvriers apprentifs, qu'on a toujours eu en vue; les Maîtres n'en
ont pas befoin. On a fur-tout expliqué les trois genres de levier; les
leviers contigus, la direction des forces; & enfin, on y fait connoître
la nature des poulies : tout cela étant d'un ufage continuel dans la
mécanique de l'Orgue.

On trouvera dans le Chapitre fecond, quelques notions de la
Menuiferie ; on en indique fort fuccinctement les principaux affembla-
ges, & on donne la conftruction de plufieurs figures de Géométrie-
Pratique.

On décrit dans le Chapitre troifieme, les outils néceffaires au
Facteur d'Orgues, & on y apprendra à fabriquer foi-même ceux qu'il
n'eft pas facile de fe procurer chez les Marchands ou chez des Ouvriers.

Dans le Chapitre quatrieme, on fait connoître tous les jeux de
l'Orgue, tels qu'ils font en ufage en France : tous les jeux à bouche,
ouverts ; ceux qui font bouchés & à cheminée, à fufeau ; les jeux
de fond & de mutation ; les jeux fimples & les jeux compofés ; ceux

qui

qui ne font que pour les baffes, & d'autres qui font pour les deffus feulement. On décrit enfuite les jeux d'anche dans le plus grand détail.

Dans le Chapitre cinquieme, on donne les diapafons de tous les jeux de l'Orgue, c'eft-à-dire, les dimenfions de tous les tuyaux de chaque jeu en particulier, tant des jeux à bouche que des jeux d'anche. Celui de la trompette eft de M. Cliquot, Facteur d'Orgues du Roi, à Paris.

Le Chapitre fixieme, contient la defcription particuliere de chaque piece qui entre dans la compofition de l'Orgue; comme des buffets d'Orgue, des fommiers de différente efpece, des pieces gravées, des petits porte-vents pour les tuyaux poftés; des claviers, foit à la main, foit de pédales; des abrégés, de leurs tirages, avec ceux qui conviennent au pofitif; de tous les mouvements; des tirants de plufieurs efpeces; des balanciers, des enfourchements, des bafcules; des deux tremblants; de la foufflerie; des grands porte-vents; & enfin, de tout l'enfemble du mécanifme & des tuyaux, avec la difpofition de toutes ces pieces. On explique comment toutes ces pieces font difpofées, arrangées, pofées pour remplir comme il faut leurs différentes fonctions. Comment on difpofe le récit, l'écho, les pédales, le pofitif, &c. Là fe termine la premiere Partie.

SECONDE PARTIE.

Cette feconde Partie embraffe dans le plus grand détail, la fabrication de toutes les parties de l'Orgue dont on a donné la connoiffance dans la premiere Partie : elle eft divifée en onze Chapitres. Le premier contient des avis à ceux qui veulent faire conftruire des Orgues; aux Architectes & aux Menuifiers, relativement à un buffet d'Orgue. On y fait connoître les principales proportions des tourelles fuivant la grandeur de l'Orgue qu'on veut conftruire: comment il faut pofer & arrêter folidement le buffet.

Dans le fecond Chapitre, on enfeigne tous les procédés néceffaires pour conftruire un grand fommier: quelles proportions fur-tout on doit y obferver; quelles précautions il faut prendre pour qu'il ne s'y trouve aucun des défauts qui s'y rencontrent affez fouvent, comme des emprunts, des cornements, des altérations, &c. On y fait remarquer les regles pour les largeurs & la profondeur des gravures, les longueurs des foupapes, les largeurs des regiftres, les grandeurs de tous les trous ; on fait voir comment il faut conftruire le fommier du pofitif, du récit, de l'écho, des pédales. On y traite en particulier d'un fommier de pédale à 18 jeux. On fait enfuite fur tous ces fommiers des réflexions qui contribueront à une plus ample inftruction pour apprendre à travailler par principes. On y enfeigne auffi à conftruire d'autres fommiers pour différentes Orgues. Pour un 32 pieds, pour un grand & un petit 16 pieds, un grand & un petit 8 pieds, & enfin pour un 4 pieds. On donne les *regles* de fommier pour toutes ces Orgues.

On trouvera dans le Chapitre troifieme, la conftruction des claviers à la main, des abrégés, des tirants, des tournants & des balanciers. On y explique d'abord comment fe fait la divifion des touches d'un clavier à la main ; comment on en fait le panneau ; comment on l'ajufte dans fon chaffis ; comment on en fcie les touches. On donne des regles pour la conftruction du chaffis, & pour déterminer avec le plus d'avantage le point de fufpenfion. Lorfqu'il y a plufieurs claviers, le détail de la fabrication fe multiplie, non-feulement en raifon du nombre des claviers, mais encore par toutes les opérations qu'on eft obligé de faire de plus pour les faire jouer & convenir enfemble. On trouvera auffi dans ce Chapitre, la maniere de fabriquer tout ce qui concerne le clavier de pédale. On y décrit tout ce qu'il faut obferver pour faire les abrégés & leurs tirages ; & pour la conftruction des tirants, des tournants & des balanciers.

Dans le Chapitre quatrieme, on traite de la conftruction des foufflets, ce qui demande un grand nombre d'opérations. On donne un nombre de regles pour trouver les groffeurs des grands porte-vents, à proportion de la grandeur de l'Orgue, du nombre & de la qualité des jeux qui doivent y entrer. Un foufflet bien fait eft un ouvrage confidérable. La conftruction des tables ; la maniere de mettre les charnieres de cordes ; celle de couper la peau ou le cuir, le coller proprement & folidement ; coller le parchemin ; monter le foufflet ; y appliquer les brides & les rabats, les pieces, les coins, les aines ; donner les proportions convenables aux foupapes ; les garnir &c. voilà une partie du détail qu'il faut fuivre dans ce travail : on y trouvera le tout expliqué.

On décrit dans le Chapitre cinquieme , la conftruction des tuyaux de bois : la maniere d'en bien faire les joints , d'en faire les pieds , les bifeaux , de les emboucher , d'en faire les tampons.

Le Chapitre fixieme , contient la maniere de connoître le degré de fineffe de l'étain ; de le fondre auffi bien que le plomb , ou pour mieux dire , l'étoffe (dont on donne la compofition) pour en faire les tuyaux de l'intérieur de l'Orgue. On décrit la forme du fourneau ; quatre manieres de conftruire la table à fondre & de la garnir ; deux manieres de couler les tables d'étain & d'étoffe.

On trouvera dans le Chapitre feptieme , la maniere de faire les tuyaux d'une montre d'Orgue, ce qui exige un affez grand nombre d'opérations ; il faut faire le plan & la diftribution des tuyaux, felon la grandeur & la difpofition du buffet qu'on fe propofe de remplir. Il faut préparer les tables d'étain , & les forger : on donne deux manieres de faire cette opération, l'une à la main, & c'eft l'ancienne méthode ; l'autre au moyen d'une machine, avec laquelle un feul homme avance plus en un jour, que dans huit felon l'ancienne méthode, & même l'ouvrage fe trouve mieux fait : enfuite on dreffe les tables on les liffe, on les rabote, on les polit & on les brunit ; enfin, on fait les tuyaux, c'eft-à-dire, qu'on les taille, on les roule, on les foude , on releve les écuffons, on embouche les tuyaux & on leur donne le luftre. Telles font les opérations qui font amplement détaillées dans ce Chapitre.

Dans le huitieme , on enfeigne à conftruire tous les tuyaux d'étain & d'étoffe qui font deftinés à remplir l'intérieur de l'Orgue, & premierement les tuyaux à bouche. On explique comment il faut tailler les tuyaux avec leurs pieds : après cela vient la maniere de les ajufter enfemble, de leur marquer la bouche avec le *trace-bouche* ; de rouler les tuyaux, de les préparer pour les fouder : la compofition des différentes foudures ; enfin, de les fouder & de les emboucher : la maniere de tailler les tuyaux à fufeau, ceux à cheminée, & les coniques : les méthodes pour faire avec diligence , fans courir le rifque de fe tromper , les tuyaux de fourniture & de cymbale. On entre enfuite dans la defcription de tout ce qui concerne les jeux d'anche : leurs différentes formes ; la maniere de les tailler, de les rouler fur des moules qui leur font propres ; de faire les anches, les languettes, les rafettes, &c. de pofer le tout ; de faire les noyaux felon leurs différents numéros; les faux noyaux ou bagues; enfin, de faire leurs pieds conformes aux différents numéros des noyaux, &c.

Le neuvieme Chapitre renferme la maniere de monter, de pofer toutes les machines qu'on a enfeigné à fabriquer dans les Chapitres précédents, avec tous les tuyaux, c'eft-à-dire, de monter tout l'Inf-trument. Ce Chapitre, qui eft néceffairement le plus long de tous, eft divifé en fept fections. Dans la premiere, on fait voir comment il faut pofer une foufflerie, avec tout ce qui l'accompagne. Dans la feconde, on enfeigne à pofer le grand fommier avec tous les autres fommiers. Dans la troifieme, on verra la maniere de faire la diftribution du vent de la foufflerie à chaque fommier en particulier; dans quels cas on doit féparer les vents. Il s'agit dans la quatrieme de pofer les abrégés, les claviers, &c. de faire jouer le tout. Dans la cinquieme, comment on doit difpofer & faire tous les fupports & autres pieces néceffaires pour faire jouer facilement & avec jufteffe toutes les différentes efpèces des regiftres. Dans la fixieme, on enfeigne à pofer les tuyaux de la montre; les différentes manieres d'attacher & d'en foutenir les plus grands pour qu'ils foient folides dans leur place; les différentes proportions des porte-vents, pour y amener le vent; comment on pofte tous les tuyaux qui doivent être poftés. Dans la feptieme enfin, on explique comment il faut pofer tous les autres tuyaux dans l'intérieur de l'Orgue. Il eft aifé de fentir que tout le contenu de ce Chapitre, dont on vient de donner une légere idée, demande un immenfe détail dans lequel on a tâché de ne rien oublier d'effentiel.

Dans le Chapitre dixieme, on explique la maniere de faire parler les tuyaux à bouche, de les couper en ton; de faire la *partition*, de donner la qualité d'harmonie convenable, & d'en égalifer les fons. On explique auffi comment on fait les mêmes opérations fur les jeux d'anche, qui fe traitent tout différemment. Lorfqu'on travaille fur tous ces tuyaux, il furvient bien des défauts dans leur fon; les uns font tardifs à parler, les autres font trop prompts; ceux-ci piaulent, ceux-là octavient; d'autres font fourds & d'autres font criards: tantôt ils ont le fon trop foible, & tantôt ils l'ont trop fort. On a tâché de rendre fenfibles les moyens de pratique propres à remédier à tous ces inconvénients, comme de faire bien parler les tuyaux, de les égalifer d'harmonie & de force; enfin, la maniere d'accorder tout l'Inftrument comme il faut.

On

On enseigne dans le Chapitre onzieme, la maniere de relever un Orgue, de le réparer s'il est nécessaire, & d'y faire même des augmentations si on le désire. On y traite de l'entretien des Orgues. On donne le prix à peu près de chacune des différentes pieces, machines & jeux qui composent l'Orgue. Enfin, on termine cette seconde Partie, par la description du fameux Orgue de l'Abbaye de Wingarthen en Allemagne; après quoi viennent quelques réflexions sur les Orgues sans tuyaux apparents, dont on donne une idée dans la Planche 79.

T R O I S I E M E P A R T I E.

CETTE troisieme Partie ne regarde que les Organistes: elle contient des instructions pour tout ce qui peut être de leur compétence, par rapport à la facture de l'Orgue, contenues en quatre Chapitres. Dans le premier, on trouvera un nombre de Devis d'Orgue, dont un est mis en forme juridique, pour faire voir comment on fait un devis & marché avec un Facteur d'Orgue. Les Organistes sont le plus souvent consultés sur cet objet, principalement dans les Provinces.

Ils sont encore presque toujours chargés aussi dans les Provinces, de faire des vérifications d'Orgues : on trouvera dans le Chapitre second, la maniere de la faire, & un modele du procès-verbal qu'on doit dresser de cette vérification.

On trouvera dans le Chapitre troisieme, toutes les instructions néeessaires à un Organiste adroit & intelligent, pour le petit entretien de l'Orgue, qui demande beaucoup de prudence & de discrétion. On entre dans le détail des inconvénients & des défauts qui peuvent survenir à un Orgue; on y donne les moyens d'y remédier.

Le Chapitre quatrieme contient environ 50 mélanges des jeux, tels que les pratiquent les plus célebres Organistes de Paris, que j'ai consultés à cet effet. Je ne prétends pas avoir rapporté tous ceux qu'on peut faire : chaque Organiste habile & qui a du goût, en imagine un bon nombre d'autres, qui ne sont ni moins harmonieux ni moins réguliers. On ne fait qu'indiquer les plus ordinaires & ceux qui sont le plus en usage.

Q U A T R I E M E P A R T I E.

CETTE derniere Partie n'étoit pas entrée dans le plan de mon

ORGUES. IV. Part. g

ouvrage lorfque j'ai entrepris ce Traité. J'avois penfé jufqu'alors que l'Académie Royale des Sciences , qui m'avoit fait l'honneur de me charger de cet Ouvrage , ne demandoit de moi qu'un Traité fur les Orgues d'Eglife; mais des perfonnages illuftres de la même Académie, aux lumieres defquels je dois déférer , m'ont engagé à y ajouter cette quatrieme Partie, qui contient fept Chapitres. Il s'y agit des Orgues de concert & des petites Orgues de plufieurs efpeces, avec l'organifaion de quelques autres Inftruments. Voici une idée de l'ordre que j'y ai fuivi.

Le Chapitre premier contient la defcription & les devis des Orgues propres pour des grands & des petits concerts : on en donne de fix efpèces.

On décrit dans le Chapitre fecond, les Orgues en table, de deux efpèces ; l'une fimple à un feul jeu , & l'autre à deux jeux.

Dans le Chapitre troifieme, on traite des Orgues à cylindre. On y décrit d'abord la Serinette ordinaire ; enfuite celle qui joue d'elle même , par un rouage à reffort ou à poids ; d'autres Orgues plus confidérables à manivelle. On décrit un grand Orgue d'Eglife , jouant par un cylindre & une manivelle: à cet effet , on enfeigne la manière de conftruire un grand & gros cylindre, avec celle de le gouverner avec facilité. On explique comment on peut faire jouer par un cylindre , un grand Orgue d'Eglife déja conftruit à l'ordinaire, en lui confervant la faculté de pouvoir être joué avec les claviers par un Organifte.

On trouvera dans le quatrieme Chapitre, une ample explication fur le notage des cylindres d'Orgue. C'eft le Pere Engramelle, Religieux Auguftin de la Reine Marguerite, qui a bien voulu , par zele pour le bien public, & à ma follicitation , fe charger de compofer lui-même, tout ce que je donne fur cette matiere. Ayant reconnu qu'il poffede l'Art de noter le cylindre dans un degré fupérieur, je n'ai pas cru pouvoir y faire le moindre changement : il en a même dirigé toutes les gravures.

Le cinquieme Chapitre contient la defcription du *Forte-piano*, & celle de fon organifation.

On verra dans le Chapitre fixieme, l'organifation du Clavecin; & dans le feptieme, celle de la Vielle.

TABLE DES CHAPITRES
ET
DES SECTIONS
DE L'ART DU FACTEUR D'ORGUES.
PREMIERE PARTIE.

SECONDE PARTIE.

Pratique de la construction de l'Orgue.

TROISIEME PARTIE.

QUATRIEME PARTIE.

FIN DE LA TABLE DES CHAPITRES.

Corrections & Additions à la Préface.

PAGE v, ligne 27, additions; lisez : éditions.
Page vj, note b, lignes 2 & 3, gracile; lisez : grande.
Page ix, note b, premiere ligne, in queis; lisez : en queis.
Ibidem, ligne 20, d'une partie; lisez : d'une porte.
Page xj, ligne 19, Elsage; lisez : Élsege.

Page xiij, note 9, ligne 2, quadriagentas; lisez : quadringentas.
Page xiv, note a, ligne 3, quas; lisez : quos.
Ibid. note b, ligne 2, quadragintas; lisez : quadringentas.
Ibid. ligne 26, soufflets; lisez : souffleurs.
Page xv, note b, ligne 2, quadragintas; lisez : quadringentas.

Corrections & Additions à la Table des Chapitres & Sections.

PAGE xxvij, premiere col. entre les lignes 36 & 37, mettez : Diapason du Larigot, page 71.
Ibidem, entre les lignes 39 & 40, mettez : Diapason des tuyaux à bouche coniques, page 75.
Ibidem de suite, mettez : Diapason de la Basse de viole, ibidem.
Ibidem de suite, mettez : Diapason des tuyaux de bois pour les pédales de flûte, ibidem.
Ibidem, ligne antepénultieme, Diapason des jeux d'anche;

ajoutez : coniques, la Bombarde, la Trompette & le Clairon, page 78.
Ibidem, seconde col. entre les lignes 10 & 11, mettez : les Claviers, ibid.
Ibidem, entre les lignes 20 & 21, mettez : les Tirants relatifs au sommier du positif, page 120.
Page xxviij, seconde col. ligne 40; Sect. II, pour le sommier; lisez : poser le sommier.
Ibidem, ligne 46, page 393; lisez : 392.

Corrections & Additions dans le corps de la Quatrieme Partie.

PAGE 548, ligne 25, que l'on porte sur les côtés; lisez : que l'on poste sur les côtés.
Page 571, ligne 27, qui est toujours; lisez : qui y est toujours.
Page 581, ligne 18, d'olivier; lisez : d'alisier.
Page 582, ligne premiere, sur son tournant à pivot; lisez : sur son tourillon, ou pivot.
Ibidem, ligne 29, les pivots en tourillons; lisez : les pivots ou tourillons.
Ibidem, ligne pénultieme, bâtis; lisez : bâti.
Page 585, ligne 9, un pouce d'épaisseur; lisez : trois pouces d'épaisseur.
Ibidem, ligne 34, division l'ouverture; lisez : division de l'ouverture.
Page 587, ligne 2, FF; lisez : ED.
Ibidem, ligne 13, celle; lisez : celles.
Page 588, à la colonne des chiffres, ligne 12, 1 — 6; lisez : 11 — 6.

Page 589, ligne 24, voici la regle, &c. lisez : voyez à la page précédente la regle des barres & gravures du sommier propre à contenir & faire jouer ces jeux, avec celle-ci à côté des registres & faux registres.
Page 590, ligne 29, ne peuvent servir de rien; ajoutez : pour faire jouer l'Orgue par le cylindre.
Page 593, ligne 21, tactés; lisez : tactées.
Ibidem, ligne 27, connoîtra; lisez : connoître.
Page 594, ligne 6, après laminoir; ajoutez : fig. 5.
Page 636, ligne 10, RB, lisez : Rb.
Ibidem, ligne 13, ef; lisez : df, & df, fig. 4.
Ibidem, ligne 19, df, fig. 1.
Page 638 ligne 19; lisez : B, fig. 2, est.
Page 639, ligne derniere, E est; lisez : E, fig. 3, est.
Page 640, ligne premiere; lisez : ATHI; fig. 2, sont.
Page 643, ligne 5, plauces minces; lisez : planches minces.
Ibidem, ligne 24, on refermera; lisez : on renforcera.

Corrections & Additions à la Table des Matieres.

PAGE 647, seconde col. ligne 6, & quelquefois leurs pieds; lisez : & quelquefois leurs corps.
Page 648, premiere col. ligne 40., effacez ces mots : je conseille ici de le retrancher du vernis.
Ibidem, ligne 59, ne s'altérera; lisez : n'altérera.
Ibidem, seconde col. ligne pénultieme, après diligence, ajoutez : chez M. Cliquot, Facteur d'Orgues du Roi.
Page 649, ligne 16, rosette; lisez : rasette.
Ibid. seconde col. ligne 59, en deux coudes; lisez : en deux cônes.
Page 651, premiere col. ligne 43, page 433; lisez : page 453.
Ibidem, ligne 52, 63; lisez : 68.
Ibidem, ligne 58, n°. 590; lisez : n°. 598.
Page 652, seconde col. ligne 37, pour qu'il soit bien à l'équerre; lisez : pour bien scier à l'équerre.
Page 653, seconde col. ligne 50, n°. 1208; lisez : 1018.
Ibidem, ligne pénultieme, & les chapes; lisez : & des chapes.
Ibidem, seconde col. ligne 49, à bouche ouverte; lisez : à bouche ouverts.
Page 654, seconde col. ligne 48, vers dessus; lisez : vers son dessus.
Ibidem, ligne 57, n°. 998; lisez : n°. 988.
Page 655, ligne 28, le grand froid; ajoutez : un orage un peu considérable, &c
Ibidem, ligne 35, l'accord; lisez : l'écart.
Ibid. ligne 37, la rosette; lisez : la rasette.
Ibid. ligne 39, accord; lisez : écart.
Page 656. seconde col. ligne 17, au-dessus de chaque tirant respectif; lisez : au-dessus du trou quarré de chaque tirant respectif sur la planche percée.
Page 657, premiere col. ligne 63, aussi qu'à; lisez : aussi bien qu'à.
Page 658, premiere col. ligne 6, comme est en elle-même; lisez : comme elle est en elle-même.

Page 659, ligne 44, lingotier; lisez : lingotiere.
Ibidem, ligne 48, s'enlevent; lisez : s'entament.
Ibidem, ligne 59, page 194; lisez : page 198.
Ibidem, seconde col. ligne 16, n°. 1131; lisez : n°. 1133.
Page 661, premiere col. ligne 40, effacez tous ces mots : quels sont les jeux d'anche qu'on peut mettre à la pédale, pag. 44, n°. 158 — 171.
Page 662, seconde col. ligne 24, pointe; lisez : pointes.
Ibid. ligne 40, de n°. lisez : de ce n°.
Page 663, seconde col. ligne 31, jeux l'Orgue; lisez : jeux de l'Orgue.
Page 664, ligne 13, voyez Notes; lisez : voyez les Notes.
Ibid. ligne 49, a un angle; lisez : a un onglet.
Ibidem, seconde col. ligne 19, pour un 16 pieds; lisez : pour un grand 16 pieds.
Page 665, premiere col. ligne 7, le mot en est répété deux fois; retranchez-en un.
Page 666, premiere col. ligne 46, lorsqu'on veut souder, on on coupe; lisez : lorsqu'on veut souder, on gratte d'abord, & ensuite on coupe.
Ibid. seconde col. lig. 52, poële; lisez : poëlon.
Page 667, seconde col. ligne 22, il nécessaire; lisez : il est nécessaire.
Page 671, après la ligne 22, premiere col. effacez les cinq lignes suivantes.
Page 672, premiere col. ligne 2, & les Articles; lisez : ou les Articles.
Page 673, à la Table des Planches, Planche 44, fig. 5, n°. 471; lisez : n°. 371.

N. B. On n'a pas relevé ici un nombre d'autres fautes moins essentielles. Le Lecteur voudra bien les corriger lui-même. Il ne faut pas au reste être surpris de ce qu'il s'en est trouvé un nombre si considérable, l'impression s'étant faite en l'absence de l'Auteur.

AVIS AU RELIEUR.

L'Art du Facteur d'Orgues est fait pour être relié en un seul volume, auquel on donnera la disposition suivante : après le Titre, on mettra d'abord la Préface, la Table des Chapitres & Sections, & les Corrections & les Additions ; ensuite les premiere, seconde, troisieme & quatrieme Parties ; la Table des Matieres & celle des Planches.

Toutes les Planches se mettront à la fin de tout l'Ouvrage selon l'ordre de leurs numéros : mais on observera de coudre dans leur place respective, par le bout d'en bas opposé à leur numéro, celles qui doivent être pliées, ensorte qu'il n'y ait aucun pli qui couvre ce numéro, lequel doit toujours paroître en ouvrant le Livre dans la partie des Planches ; afin que le Lecteur ne soit jamais obligé de déployer une Planche pour voir son numéro, qui doit se trouver au haut, à droite.

A l'égard des Planches simples, qui ne doivent pas être pliées, on les coudra en leur place respective, toujours selon l'ordre de leur numéro, par le côté gauche opposé à ce même numéro ; ensorte que celui-ci se présente toujours découvert au haut, à droite de la Planche.

Il y a trois grandes Planches presque quarrées, qui sont numérotées, L ; LXXVII ; LXXVIII ; on les coudra dans leur place respective (également dans l'ordre de leur numéro, comme toutes les autres) par le côté gauche ; elles seront pliées, ensorte que leur numéro ne soit pas recouvert par aucun pli.

Il peut se trouver des Propriétaires de cet Ouvrage, qui seront dans le goût de faire relier séparément tout le Discours en un volume, & de mettre toutes les Planches séparément dans un autre. On se conformera à leur volonté.

On retranchera les pages 645, 646, & 669, 670, pour y substituer les deux cartons également numérotés.

L'ART

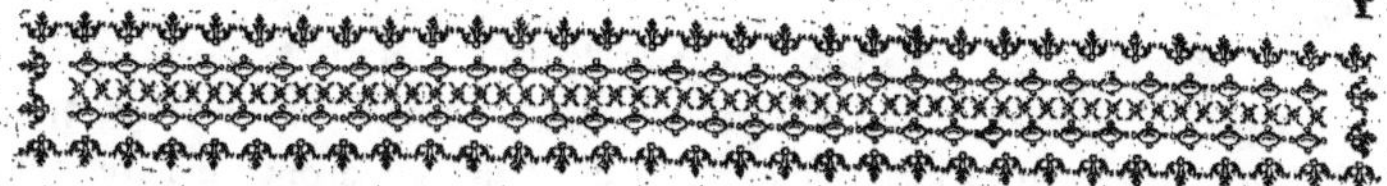

L'ART
DU
FACTEUR D'ORGUES.

Par D. FRANÇOIS BEDOS DE CELLES, Bénédictin de la Congrégation de Saint-Maur, dans l'Abbaye de Saint-Denys en France ; de l'Académie Royale des Sciences de Bordeaux.

L'ORGUE est un instrument de Musique à vent, le plus grand & le plus complet de tous par son étendue, le nombre de ses jeux & la variété de ses sons. Il est composé d'un grand nombre de tuyaux de différentes especes, les uns d'étain, les autres de plomb, d'autres de bois ; de quantité de machines nécessaires & propres à gouverner & à leur communiquer le vent qui leur donne le son, & d'un grand corps de menuiserie, où le tout est contenu, appellé le *Buffet*, accompagné pour l'ordinaire d'un autre plus petit sur le devant ; de grands soufflets, séparés du corps de la machine, fournissant le vent qui va s'y rendre dans la principale piece, appellée le *Sommier*, d'où il se distribue à chaque tuyau au moyen du *Clavier* que l'Organiste fait mouvoir avec ses doigts. Il est assez ordinaire d'entendre nommer spécialement *Montre de l'Orgue*, cette façade qu'on voit au-dehors, & qui consiste dans la partie du grand corps de menuiserie décorée d'ornements d'Architecture & de Sculpture, garnie dans ses vuides extérieurs de grands tuyaux d'étain poli, qu'on doit proprement nommer la *Montre de l'Orgue*.

L'art de construire cet instrument se nomme la *Facture de l'Orgue*, celui qui l'exerce, *Facteur d'Orgues*, & *Organiste* celui qui joue de l'Orgue.

Je me propose de traiter à fond ce qui concerne cet Art ; & pour le faire avec ordre, je divise ce Traité en trois Parties : la premiere, qui doit donner la connoissance exacte de l'Orgue dans toutes ses parties, exposera aussi les principes méchaniques qui sont le fondement de sa construction : la seconde, montrera en détail les opérations du Facteur construisant l'Orgue, & fera voir l'application des principes à son travail, & la nécessité

ORGUES.   A de les y appliquer. Ces deux premieres Parties ne feront pas moins intéreffantes pour les Amateurs & les Artiftes, qu'utiles aux Ouvriers qui se deftinent à la facture de l'Orgue, & à ceux qui voudront en faire conftruire. La troifieme Partie fera pour l'Organifte, qui y verra tout ce qui eft de fa compétence, foit pour l'entretien de l'Orgue, lorfqu'on ne peut avoir que difficilement un Facteur, foit pour donner des devis ou pour vérifier un Orgue, le mélange des jeux, &c.

PREMIERE PARTIE.

Connoiſſance de l'Orgue & des principes de ſa Méchanique.

IL n'y a point d'Art qui n'ait fes principes. Il n'eft point d'Artifte qui ne doive connoître ceux de fa compétence. La facture de l'Orgue a les fiens, comme tous les autres Arts. Il eft effentiel au Facteur d'Orgues d'en être inftruit, pour ne pas rifquer de travailler au hazard à la conftruction d'un inftrument de fi grande conféquence, & dont la dépenfe eft toujours fort confidérable. Entre les connoiffances qu'il doit avoir, il en eft de préliminaires qui, quoiqu'elles ne regardent pas fi directement fon Art que celles qui en font l'effence, ne lui en font pas moins néceffaires. Il eft indifpenfable qu'il fache au moins les principales regles de la *Méchanique*, de la *Statique* & de la Menuiferie ; qu'il connoiffe les outils propres à fon genre de travail. Un de fes principaux objets, c'eft de connoître tous les différents tuyaux & jeux de l'Orgue, & d'en favoir faire les *Diapafons* pour leur donner les mefures & les dimenfions convenables ; enfin il doit connoître les différentes pieces qui compofent l'Orgue & comment le tout joue. Voilà un précis des connoiffances que doit avoir le Facteur d'Orgues.

Je diviferai donc cette premiere Partie en fix Chapitres. Dans le premier, je donnerai les principales regles de la Méchanique & enfemble de la Statique, que je réduirai tout fimplement en forme d'*axiomes*. Dans le fecond, je traiterai briévement de ce qui eft le plus effentiel dans la Menuiferie, ou pour mieux dire je n'en ferai connoître que les principaux affemblages. Ces deux premiers Chapitres font ces connoiffances préliminaires dont j'ai fait mention ci-deffus. Dans le troifieme, je décrirai tous les outils propres à la facture de l'Orgue : Dans le quatrieme, je ferai connoître tous les différents jeux de l'Orgue : Dans le cinquiéme, j'enfeignerai à en faire tous les diapafons : Dans le fixieme, fera la defcription de toutes les pieces & machines qui compofent l'Orgue, & comment il joue dans toutes fes parties.

CHAPITRE PREMIER.

Principales notions de la Méchanique & de la Statique.

LA Méchanique est une science qui donne les regles pour augmenter les forces dans les machines, & pour en composer les mouvements : l'autre science qu'on appelle la Statique leur fournit les loix de *l'équilibre*. Je ne donnerai que les principes de ces deux sciences, dont j'ai pris seulement les principales regles le plus directement relatives à la composition des mouvements de l'Orgue, & sans lesquelles on y fait des fautes énormes.

La science de la Méchanique & de la Statique consiste principalement dans la connoissance du *Levier*. Les trois premieres Sections qui diviseront ce Chapitre, en feront connoître les trois genres ; la quatrieme Section les *Leviers contigus* ; dans la cinquieme, j'expliquerai ce que c'est que la *direction des forces* pour employer les leviers avec avantage : & dans la sixieme, je ferai connoître la *poulie*, avec le moyen de s'en servir utilement dans l'occasion.

SECTION PREMIERE.
Levier du premier genre.

1. ON appelle en général *Levier*, une verge de fer ou de bois, &c. qu'on suppose inflexible & sans pesanteur. L'on y remarque toujours trois points qui en constituent l'essence : l'un est appellé le point *d'appui* tel que *A fig.* 1, *Planche I*, sur lequel le levier est toujours soutenu. L'autre est le *fardeau*, comme *F*, & le troisieme est nommé la *puissance*, comme *P*, qui donne le mouvement au levier pour faire l'équilibre ou élever le fardeau *F* ; celui-ci s'appelle encore la *résistance*.

PLANCHE I.

2. Le levier du *premier genre*, (*fig.* 1) est celui dont le point d'appui *A* est entre la puissance *P* & le fardeau *F*. Celui du *second genre*, (*fig.* 2) est celui dont le fardeau *F* est entre le point d'appui *A* & la puissance *P* ; & celui du *troisieme genre*, (*fig.* 3) consiste en ce que la puissance *P* est entre le point d'appui *A* & le fardeau *F*.

3. Le levier du premier genre augmente d'autant plus la force ou l'avantage de la puissance *P*, que le point d'appui *A* en est plus éloigné & plus près du fardeau *F*. Il est bon de considérer ceci plus en détail.

Si le point d'appui *A* est au milieu de la longueur du levier *PB*, comme en *C*, il n'y aura point d'augmentation de force ; ce sera un parfait équilibre, en supposant que la puissance est égale au fardeau.

4. Si le point d'appui se trouve en *D*, que je suppose être au quart de la longueur du levier du côté de la puissance, ce sera alors un levier renversé, & il y aura une diminution de force, ensorte qu'il faudra que la puissance *P* fasse un effort de la valeur de trois livres, pour être égale à un far-

deau d'une livre ; parce que le levier du côté du fardeau *F*, est trois fois plus long que du côté de la puissance *P* ; c'est-à-dire, que la longueur de *P* à *D*, est contenue trois fois dans la distance de *D* à *B*.

5. Si le point d'appui se trouve aux trois quarts de la longueur du levier du côté du fardeau *F*, comme en *A*, la puissance *P* aura un avantage triple ; c'est-à-dire, qu'une livre posée en *P* équivaudra trois livres appliquées en *B* ; parce que la distance de *A* à *B* est contenue trois fois dans la longueur de *A* à *P*, c'est ainsi qu'il faudra toujours évaluer l'augmentation de la force dans le levier : on examinera combien de fois la distance du point d'appui au fardeau, est contenue dans la distance du même point d'appui à la puissance. Si, par exemple, la premiere distance est contenue huit fois dans la seconde, une livre du côté de la puissance en soutiendra huit du côté du fardeau, &c.

6. Il faut remarquer une autre propriété dans le levier. La puissance *P* parcourt d'autant plus d'espace dans son *mouvement* & le fardeau d'autant moins, que la force est augmentée. Supposons que la distance du point d'appui *A* au fardeau *F* soit de quatre pouces, & qu'il y ait vingt pouces du même point d'appui *A* à la puissance *P* ; la longueur de quatre pouces étant contenue cinq fois dans celle de vingt pouces, la force sera augmentée cinq fois ; c'est-à-dire, qu'une livre appliquée à la puissance *P* soutiendra cinq livres suspendues en *F*, mais aussi la puissance *P* parcourra, par exemple, cinq pouces, tandis que le bout *F* ne fera qu'un pouce de mouvement. Il faut en dire de même de toutes les autres proportions selon l'endroit du levier où sera posé le point d'appui *A*.

7. On reconnoît encore, par cette propriété du levier, combien sa force est augmentée ; car dans l'exemple précédent, la puissance parcourant cinq fois plus d'espace que le fardeau, l'on juge que l'avantage de la puissance est augmentée cinq fois ; ou bien, on s'exprime autrement, en disant que *la puissance est au fardeau comme un est à cinq*, ce qui veut dire, qu'une livre appliquée à la puissance *P* soutiendra cinq livres suspendues au point *F*.

8. On observera que, quoique nous ne parlions que de l'équilibre dans tout ce que nous avons décrit jusqu'à présent du levier, nous croyons en dire assez pour exprimer l'augmentation de la force. Tout le monde sait que lorsque deux poids sont en équilibre, pour peu que l'un soit augmenté, il pourra enlever l'autre. C'est ainsi qu'il faudra toujours l'entendre. Quand nous disons, par exemple, qu'un levier augmente l'avantage de la puissance huit fois, ou autrement, que la puissance est au fardeau dans ce levier, comme un est à huit, il faut entendre qu'un peu plus d'une livre enlevera huit livres.

Section Seconde.
Levier du second genre.

9. Nous avons déja vu (2) en quoi confiste le levier du fecond genre ; il s'agit d'en expliquer les propriétés. Si le fardeau F (*fig.* 2) eft au milieu de la longueur du levier $B\,P$, ou bien, fi la diftance du point d'appui A au fardeau F, eft égale à la diftance du même point d'appui A, à la puiffance P, la force ou l'avantage de la puiffance fera augmentée au double ; c'eft-à-dire, qu'une livre en P en foutiendra deux en F ; & le bout P parcourra deux fois plus d'efpace que le point F.

10. Si le fardeau eft fufpendu au point D, que je fuppofe être aux trois quarts de la longueur du levier du côté du point d'appui A, la force fera quadruple en P ; c'eft-à-dire, qu'une livre en P en foutiendra quatre pofées au point D ; & la puiffance P parcourra 4 pouces, tandis que le point D ne fera qu'un pouce de mouvement.

11. Si le fardeau fe trouve au point C, que je fuppofe être aux trois quarts de la longueur du levier du côté de la puiffance, alors la puiffance ne fera foulagée que du quart du fardeau ; c'eft-à-dire, que fi le fardeau pefe 4 livres, une puiffance de la valeur de 3 livres appliquée en P fera en équilibre ; & ce point P parcourra, par exemple, 4 pouces, tandis que le point C fera 3 pouces de mouvement. C'eft ainfi qu'il faudra raifonner à proportion du point quelconque du levier où l'on appliquera le fardeau. Du refte ce levier ne peut jamais devenir renverfé, comme celui du premier genre (4) ; car il deviendroit du troifieme genre.

Section Troisieme.
Levier du troifieme genre.

12. Le levier du troifieme genre (*fig.* 3.) n'augmente jamais la force ; au contraire il la diminue toujours : c'eft celui du fecond genre renverfé. Comme l'on eft obligé de s'en fervir quelquefois dans l'Orgue, nous en expliquerons les propriétés, afin qu'on ne croye pas augmenter jamais la force par fon moyen, mais feulement la commodité dans certains mouvements, ce qui le rend dans plufieurs occafions d'un ufage indifpenfable.

13. Si la puiffance P eft appliquée au milieu de la longueur du levier, elle aura à foutenir le double du poids du fardeau F ; c'eft-à-dire, que fi celui-ci eft de 4 livres, il faudra 8 livres de force à la puiffance P, pour être en équilibre avec le poids ; & le fardeau F parcourra deux fois autant d'efpace que la puiffance P.

14. Si la puiffance eft appliquée en D, que je fuppofe être aux trois quarts de la longueur du levier du côté du point d'appui A, elle aura à foutenir le quadruple du poids du fardeau ; c'eft-à-dire, qu'il faudra que la puiffance en

Orgues.   B

D faſſe un effort de la valeur de 4 livres pour ſoutenir une livre en F; & le bout F parcourra 4 pouces de diſtance, tandis que le point D ne fera qu'un pouce de mouvement.

15. Si la puiſſance eſt appliquée au point C, que je ſuppoſe être aux trois quarts de la longueur du levier du côté du fardeau, il lui faudra la valeur de 4 livres de force pour en ſoutenir trois appliquées au bout F, qui parcourra 4 pouces d'eſpace, tandis que le point C n'en parcourra que 3. Ainſi des autres proportions.

SECTION IV.

Leviers contigus.

16. Nous ne parlerons point du *levier compoſé*, c'eſt-à-dire, de celui qui a plus de deux bras, comme n'étant d'aucune utilité dans l'Orgue; mais il eſt néceſſaire de bien connoître les *leviers contigus*, parce qu'ils ſont d'un fréquent uſage. C'eſt une ſuite de pluſieurs leviers qui agiſſent les uns ſur les autres, comme dans les *figures* 4 & 5. P B F eſt un levier qui agit ſur un ſecond G A C: celui-ci en fait mouvoir un troiſieme I D E, & le fardeau total eſt H. Ce ſont trois leviers du premier genre à cauſe qu'ils ont chacun leur point d'appui entre la puiſſance & le fardeau. P eſt la puiſſance du premier levier P B F; ſon point d'appui eſt B, & ſon fardeau eſt F. G eſt la puiſſance du ſecond levier; A eſt ſon point d'appui, & C eſt ſon fardeau. I eſt la puiſſance du troiſieme levier; D eſt ſon point d'appui, & E eſt le point où le fardeau H eſt appliqué. On conçoit aſſez qu'une puiſſance P (*fig.* 5), tirant le premier levier de droite à gauche, le bout F baiſſe; que celui-ci faiſant deſcendre le point G du ſecond levier, fait mouvoir de droite à gauche le bout C: que celui-ci pouſſe également le bout I du troiſieme levier; ce qui fait monter le bout E & le fardeau H.

17. Il s'agit préſentement d'examiner de quelle quantité ces leviers contigus multiplient la force & l'eſpace que parcourent la puiſſance P & le fardeau H, ou le point E (*fig.* 5). Le bras P B du premier levier eſt au double plus long que l'autre bras B F; ou pour me ſervir des expreſſions précédentes, la longueur F B eſt contenue deux fois dans l'eſpace de B à P, par conſéquent la puiſſance P double ſa force, enſorte qu'une livre de force appliquée au point P équivaudra à deux livres au point F; & P parcourra, par exemple, 8 pouces, tandis que F ne fera que 4 pouces de mouvement.

Les deux livres de forces de F étant appliquées en G (qui eſt un bras du ſecond levier au double plus long que l'autre A C) produiſant en C une force double, c'eſt-à-dire, 4 livres, & G parcourant 4 pouces d'eſpace, comme nous venons de dire de F, C fera ſeulement deux pouces de mouvement.

Le bras *ID* du troisieme levier est encore au double plus long que *D E* ;
ainsi le point *C* communiquant 4 livres de force au point *I*, le bout *E* en
reçoit 8 livres ; le point *I* parcourant 2 pouces de chemin, le bout *E* ne
fait qu'un pouce de mouvement.

Il s'ensuit que ces trois leviers contigus étant supposés dans les proportions que nous venons de détailler, octuplent la force, & que la puissance
parcourt 8 fois plus d'espace que le fardeau ; c'est-à-dire, qu'une livre de
force en *P* équivaut à 8 livres en *E*, lequel parcourant un pouce d'espace,
la puissance *P* fait 8 pouces de mouvement.

18. Il faut remarquer 1°, que si tous les bras de ces leviers étoient égaux,
il n'y auroit ni augmentation ni diminution de force, & que le fardeau &
la puissance parcourroient une égale distance dans le même temps.

19. 2°. Qu'il est indifférent pour l'augmentation de la force dans les
leviers (de quelque genre qu'ils soient) que leurs verges soient coudées,
comme la *fig. 5* ; ou droites, comme la *fig. 4* ; ils font toujours le même
effet, & ils parcourent la même distance, chacun selon sa proportion. Il en
sera de même s'ils font en partie coudés & en partie droits ; qu'ils soient
posés horizontalement, ou verticalement, ou d'une maniere oblique. Il est
encore égal que la puissance ou le fardeau agissent en tirant ou en pous-
sant. Soit que les tirages soient fort longs ou fort courts, ils font toujours le
même effet.

20. Les leviers contigus peuvent être entre-mêlés du premier, du second
ou du troisieme genre, & agir les uns sur les autres. Chaque genre conserve toujours sa propriété particuliere, telle que je l'ai expliquée dans les
articles précédents. (*Voyez la fig. 6*). *A P F* est un levier du troisieme
genre. *A* est le point d'appui, *P* la puissance, *F* le fardeau. Ce levier
agit sur un second qui est du premier genre ; *G* est la puissance, *B* le point
d'appui, & *C* le fardeau. Il agit sur un troisieme levier, qui est du second
genre ; *I* est la puissance, *H* le fardeau, & *E* son point d'appui. La seule
inspection de la figure fait assez concevoir que si une puissance tire en bas
par le point *P*, le point *G* doit baisser par la pression du bout *F* du premier levier : le point *C* s'éleve alors, & faisant monter le bout *I* du troisieme
levier, éleve le fardeau *H*.

Section V.

De la direction des Forces.

21. Tout ce que nous venons de dire des propriétés des leviers, n'est
vrai qu'autant qu'on y observe les regles au sujet des directions ; sans cela
toutes les mesures prises & tout le calcul fait avec le plus grand soin se
trouveroient faux. On appelle *direction des forces* dans le levier, une ligne
qui représente le sens suivant lequel une puissance fait effort en agissant

sur le levier ; ou bien, c'est une ligne suivant laquelle une puissance fait mouvoir le levier. Il est aussi essentiel d'observer les regles de la direction des forces à l'égard du fardeau, qu'à l'égard de la puissance ; parce que le fardeau est toujours une espece de puissance, puisqu'il résiste en tirant de son côté. Ceci s'expliquera par des exemples & par des figures.

22. La principale regle qu'il ne faut jamais manquer de suivre, c'est que la direction de tous les tirages & de toutes les résistances, soit à angles droits ou à l'équerre à l'égard des bras du levier. $B A C$, (*fig.* 7) est un levier d ont le point d'appui A est au milieu. Ce levier est supposé tiré de chaque bout en D & en E. Ces deux lignes $B E$ & $C D$, qui sont les deux tirages, forment chacune ce qu'on appelle la *direction des forces*, ces deux lignes sont à l'équerre, dans l'exemple présent , à l'égard des bras $B A$ & $A C$.

23. On voit, (*fig.* 8), un autre levier $B A C$, dont A est le point d'appui. Supposons que les deux bras $A B$ & $A C$ sont égaux. La direction $C K$ à un bout de ce levier est à l'équerre à l'égard du bras $A C$; mais à l'autre bout la direction $B E$ n'y est pas, puisqu'elle est oblique ; c'est-à-dire, que le tirage $B E$ se fait obliquement, ce qui fait perdre beaucoup de force. Pour savoir au juste en quelle quantité , prolongez indéfiniment la ligne de direction $B E$, & tirez-lui de A la perpendiculaire AG. Cette ligne AG est, quant à l'effet, la véritable longueur du bras du levier. Mesurez de combien cette ligne est plus courte que l'autre bras $A C$ du levier, & vous sçaurez combien il y aura de force perdue. Si , par exemple, la ligne AG est plus courte que $A C$ d'un quart, il faudra 4 livres de force en E pour soutenir 3 livres en K. Si elle est plus courte d'un cinquieme , il faudra 5 livres contre 4 , &c.

Si la direction de la force étoit $B F$, il y auroit aussi une quantité considérable de force perdue. On la reconnoîtra, en tirant du point d'appui A une ligne $A D$ à l'équerre sur $B F$; on examinera de combien cette ligne $A D$ est plus courte que $A C$, & on saura par ce moyen la quantité de force perdue.

24. La *figure* 9 représente un levier $B A C$, dont les deux bras $B A$ & $A C$ sont égaux ; mais la direction $B E D$ de l'effort de la puissance D n'étant point à l'équerre à l'égard du bras $B A$, il n'y a point d'équilibre, quoique les forces D & F soient supposées égales ; la force F doit prévaloir. Pour en être convaincu, tirez la ligne $A E$ à l'équerre de la direction du tirage $B E D$. Cette ligne $A E$ représentera ; quant à l'effet, la véritable longueur de ce bras du levier, laquelle se trouvant moindre que l'autre $A C$, la force de celle-ci doit l'emporter.

25. Le levier $B A C$, (*fig.* 10), jouera mal , parce qu'il est oblique à l'égard de ses deux directions des tirages $B D$ & $C F$, que je suppose

paralleles:

paralleles. Ces deux bras *B A* & *A C* doivent fe confidérer comme étant réellement plus courts qu'ils ne le paroiffent ; car il faut fuppofer la ligne *F G* à l'équerre des directions des tirages *B D* & *C E.* Cette ligne *F G* étant plus courte que le levier *B A C* , rend le frottement fur le point d'appui ou pivot *A* plus fenfible & plus préjudiciable. Cette dureté augmente par le mouvement circulaire, en parcourant l'arc de *a* à *b*, & de *d* à *c*. A quoi il faut ajouter que tous ces tirages de travers fatiguent beaucoup le point d'appui ou le pivot qui confume une partie de la force des puiffances.

26. Lorfqu'on fera obligé, par la difpofition des machines, de faire des tirages dans des directions irrégulieres ou obliques, il faudra couder les bras des leviers, enforte qu'ils foient à l'équerre à l'égard de ces directions, pour profiter de tout l'avantage des leviers. Par exemple , dans la figure 11, la ligne *C E* repréfente la direction d'un tirage qui eft à l'équerre avec le bras *A C* du levier *B A C*, dont *A* eft le pivot ou point d'appui ; la direction *B D* de l'autre tirage, étant oblique, on eft obligé de couder ou de difpofer à l'équerre de la direction le bras *B A* de ce levier ; ce qui le rend avantageux & régulier, les deux directions fe trouvant par-là à l'équerre de leurs bras refpectifs.

27. Il faut remarquer 1°, que, quoique nous n'ayons parlé dans toute cette Section que de l'équilibre dans les leviers que nous avons décrits, on doit cependant entendre qu'on peut en augmenter la force quand on le jugera à propos, en faifant le bras du côté de la puiffance d'une longueur proportionnée à l'augmentation de la force que l'on defire, comme nous l'avons expliqué (*art.* 8) : 2°, Ce que nous avons dit dans les fix articles précédents, où nous n'avons donné des exemples que fur le levier du premier genre, eft applicable aux leviers du fecond & troifieme genre. Les directions de la puiffance & du fardeau doivent être toujours à l'équerre de leurs bras de leviers refpectifs.

S E C T I O N　V I.

Des Poulies.

28. On ne fait prefque jamais aucun ufage des poulies dans l'Orgue, fi ce n'eft pour faire jouer les fouflets, lorfque la place ne permet pas de fe fervir des leviers ou *bafcules* ordinaires. Cette machine n'eft pas avantageufe à cet égard, comme je le ferai voir. Tout le monde connoît affez ce que c'eft que la poulie, ainfi je me difpenferai de la décrire. Une poulie feule, lorfqu'elle eft fixe, (*fig.* 13), n'augmente point la force. On ne s'en fert que pour changer la direction ou pour la commodité de l'homme qui tire avec plus de facilité de haut en bas que de bas en haut. Si la poulie eft *mobile*, (*fig.* 14), elle augmente la force du double. *A* eft un clou

ORGUES.
C

PLANCHE I.

auquel est attaché un bout de la corde , & *P* est la puissance qui tire l'autre bout de la corde de bas en haut ; ce qui fait monter le fardeau *F*. On voit que cette poulie *B* est mobile , puisqu'elle change de place & qu'elle monte avec le fardeau *F*.

29. *La Figure* 15 représente deux poulies ; l'une *C* est fixe & suspendue par sa chape au clou *D* , & l'autre *B* est mobile. On voit un bout de la corde attaché au clou *A* , & l'autre bout est tiré par la puissance *P* pour élever le fardeau *F*. Ces deux poulies n'augmentent pas plus la force que celle de la figure 14 ; parce qu'il n'y a que la poulie *B* qui soit mobile ; & celle-là seule double la force : la poulie fixe *C* n'est que pour la commodité du tirage.

30. Il n'y a donc , comme nous venons de le dire , que les poulies mobiles qui augmentent la force. Il y a cependant un cas où une seule poulie mobile triple la force. C'est celui de la *fig.* 16 : il y a en *C* deux poulies fixes qui n'augmentent point la force , & *B* est une poulie mobile ; mais un bout de la corde étant attaché au bras *a* , qui fait partie de la chape *d* de la poulie mobile *B* , la force devient triple , c'est-à-dire, que 100 livres appliquées à la puissance *P* soutiendront 300 livres en *F*.

31. S'il y a deux poulies mobiles, comme en la *fig.* 17 , la force sera quadruplée , ou 100 livres seront en équilibre avec 400 livres. Il faut observer qu'il en est des poulies comme des autres leviers ; à l'égard de l'espace parcouru par la puissance : dans la *fig.* 17 , si le fardeau *F* monte d'un pied , la puissance *P* descendra de 4 pieds. En général , il faut toujours compter qu'on tirera d'autant plus de corde que la force sera augmentée. Si la force est triplée , on tirera trois fois plus de corde que le fardeau ne montera &c.

32. Il faut remarquer 1°. que lorsqu'on sera obligé de se servir de poulies, il est fort avantageux qu'elles soient grandes, que leurs *boulons* soient petits , & qu'ils soient fixés dans les poulies , afin qu'ils tournent dans leurs *chapes*. Par-là on diminuera beaucoup le *frottement* : 2°, Il faut que toutes les cordes soient paralleles ; on perdroit d'autant plus de force que les cordes seroient plus éloignées de ce parallélisme. Pour contribuer à l'observer , on fera un bras *a* , à la chape *B* (*fig.* 16) ; ou un bras *b* (*fig.* 17) , à la chape *C* , pour y attacher un bout de la corde : 3° , Il est essentiel que les cordes soient extrêmement flexibles. Il faudroit qu'elles fussent de soie & que la tissure n'en fût pas ferrée. On ne sauroit croire combien la roideur des cordes fait perdre de force. Avec ces trois conditions on peut absolument se servir des poulies pour faire jouer une soufflerie ; mais il y aura toujours l'inconvénient que les soufflets descendront difficilement , & par conséquent ne péseront pas assez sur le vent ; ce qui obligera de les charger plus qu'à l'ordinaire. D'ailleurs on ne pourra les lever que

lentement, à cause de la quantité de corde qu'il faudra tirer ; car si le
soufflet s'éleve de 3 pieds, on sera obligé de tirer 12 pieds de corde. Je
suppose qu'on se servira de la *moufle* à deux poulies mobiles (*fig.* 17).
Il n'y aura pas tant d'inconvénient, si l'on fait usage de la moufle (*fig.* 16);
& encore moins si on emploie celle de la *fig.* 15. Mais on tombera dans
un autre; le Souffleur fatiguera beaucoup, ayant la moitié ou le tiers du
poids du soufflet à lever.

Nous aurons occasion dans la suite de parler de quelques autres regles
de la Méchanique que nous n'expliquons point ici. On les entendra mieux
lorsque nous serons dans le cas où elles pourront être utiles.

CHAPITRE SECOND.
De la Menuiserie.

L'ACADÉMIE Royale des Sciences se propose de donner un traité sur l'Art
du Menuisier; ainsi il seroit fort inutile de le décrire ici. Le Facteur d'Orgues doit se procurer cet ouvrage pour acquérir une connoissance suffisante de la Menuiserie. Mon but n'est que d'en donner quelques notions
au sujet des principaux assemblages qu'on emploie dans certaines pieces
de l'Orgue. Par-là je me ferai mieux entendre, quand je décrirai ce qu'il
y a de particulier à cet égard dans la construction des différentes parties de
cet Instrument. Mais auparavant il convient de connoître quelques traits
la plûpart nécessaires à la Menuiserie, & sur-tout pour être en état de trouver les mesures de certaines pieces, & de faire soi-même le plan de l'intérieur & de l'extérieur de l'Orgue, ce qui est une partie essentielle. Je
diviserai ce Chapitre en deux sections. Dans la premiere sera la description des lignes & traits dont nous venons de parler. Dans la seconde,
seront le nom & la figure des principaux assemblages de la Menuiserie.
Ce qui n'empêchera pas que nous n'en disions davantage quand nous ensei-
gnerons à construire chaque piece de l'Orgue.

SECTION PREMIERE.
*Définitions & construction de plusieurs Figures de Géométrie
Pratique.*

33. *L'angle* est l'ouverture de deux lignes qui se joignent en un point
en s'inclinant l'une vers l'autre, & ces lignes sont appellées les *côtés* de
l'angle. Ainsi les lignes *A B*, *C B*, (*Pl. II*, *fig.* 18), sont les côtés de
l'angle *A B C*. Il faut remarquer que lorsqu'on indique un angle par trois
lettres, celle du milieu désigne toujours l'angle dont on parle. Ainsi quand
nous disons l'angle *A B C*, la lettre *B* indique l'angle dont il s'agit.

34. Il y a trois especes d'angles. L'angle *aigu*, lorsqu'il est plus fermé que l'équerre : l'angle *droit*, lorsqu'il est à l'équerre ; & l'angle *obtus*, lorsqu'il est plus ouvert que l'équerre.

35. Un *Triangle* est une figure terminée par trois lignes qui forment trois angles & trois côtés. La figure 19 est un triangle.

36. Un *Quarré* est une figure de quatre côtés égaux & à l'équerre. La fig. 20 est un quarré. Le *quarré long* est une figure de quatre côtés, dont les quatre angles sont à l'équerre & ses côtés opposés égaux. La figure 21 est un quarré long, dont les deux côtés $A C$ & $B D$ sont égaux ; & $A B$ & $C D$ sont aussi égaux.

37. Le *Cercle* est un plan terminé d'une seule ligne appellée *circonférence*, laquelle est par-tout également éloignée d'un point qui en fait le milieu, & qu'on nomme *centre*. La figure 22 est un cercle.

38. Le *Diametre* d'un cercle est une ligne droite, qui passant par le centre, se termine à la circonférence, comme $H K$ (*fig.* 22). Le *rayon* ou *demi-diametre* est la moitié $C K$, ou $C I$, & C est le centre.

39. *Pour faire un angle droit, ou à l'équerre,* décrivez un demi-cercle A $D B$ (*fig.* 23) ; tirez la ligne $A B$ qui passe par le centre C. Prenez un point à volonté sur cette demi-circonférence, comme D. Tirez la droite du point D à B où le demi-cercle est terminé par la ligne $A B$. Menez l'autre ligne du même point D en A, où la droite $A B$ coupe la demi-circonférence ; je dis que les deux lignes $B D$ & $D A$ sont à l'équerre.

40. *D'un point donné sur une ligne droite, en tirer une autre qui lui soit, perpendiculaire ou à l'équerre* (*fig.* 24). Je suppose qu'on veuille élever la ligne à l'équerre sur le point C. Posez une des pointes du compas sur le point C, & de l'autre coupez à l'ouverture qu'il vous plaira, les parties égales $C D$ & $C E$. Des points D & E, comme de deux centres, & d'une même ouverture de compas, décrivez les deux *Arcs* ou *sections* qui se coupent en F. Menez de ce *point d'intersection* F la ligne $C F$, elle sera à l'équerre avec la ligne $A B$.

41. *Elever une ligne à l'équerre à l'extrémité B de la ligne $A B$.* (*fig.* 25). Marquez à volonté un point C au-dessus de $A B$. De ce point C & de l'intervalle $C B$ décrivez le demi-cercle $A B E$. Menez le diametre $A E$: du point E où il coupe la circonférence, tirez au point B la droite $E B$; elle sera à l'équerre avec la ligne $A B$.

42. *D'un point donné comme C* (*fig.* 26), *hors la ligne $A B$, abaisser une perpendiculaire ou ligne à l'équerre sur $A B$.* Mettez une des pointes du compas au point C, & de l'autre décrivez un arc qui coupe la ligne $A B$, par exemple, en E & en F. De ces points de section E & F, décrivez avec une même ouverture de compas, deux arcs qui se coupent en D, & du point C menez au point d'intersection D la perpendiculaire requise $C D$.

43.

43. *Mesurer la superficie d'un quarré.* Je suppose que la figure 20, a 6 pouces à chaque face. Il faut multiplier 6 par 6, & on aura 36 pouces quarrés. Si c'est un quarré long, comme la figure 21, en supposant que le côté *AB* a 3 pouces, & que le côté *AC* en ait 7, on multipliera 7 par 3, & on aura 21 pouces quarrés. C'est ainsi qu'il faudra toujours multiplier la longueur par la largeur.

44. Si le quarré long a, par exemple, 3 pouces 5 lignes de largeur, sur 7 pouces 4 lignes de longueur, il faudra réduire chaque dimension en lignes; ainsi 3 pouces 5 lignes font 41 lignes; & 7 pouces 4 lignes font 88 lignes. Multipliez donc 88 lignes par 41 lignes, & vous aurez 3608 lignes quarrées qu'il faut réduire en pouces quarrés. A cet effet divisez les 3608 lignes quarrées par 144, qui est le nombre de lignes quarrées que contient un pouce quarré, & vous aurez au quotient 22, qui seront de pouces quarrés. Ainsi un quarré long de 3 pouces 5 lignes de largeur sur 7 pouces 4 lignes de longueur, aura 22 pouces quarrés de superficie.

45. *Trouver la superficie du Triangle A B C,* (*fig.* 27). Il faut d'abord tirer une ligne *CD* du *sommet C* sur la *base AB*, qui soit à l'équerre sur *AB*, (42) ce qui donnera la véritable hauteur du triangle. Multipliez cette hauteur *CD* par la moitié de la longueur de la base *AB*, & vous aurez la superficie du triangle. Par exemple, je suppose que la hauteur *CD* contienne 8 pouces 6 lignes, & que la base *AB* ait 4 pouces. Réduisez les deux dimensions en lignes, vous aurez 102 lignes de *C* à *D*, & 48 lignes de *A* à *B*. Multipliez 102 lignes par la moitié de 48 qui est 24, moitié de la base *AB*, & vous aurez 2448 lignes quarrées, que vous réduirez en pouces quarrés; en divisant 2448 par 144, vous trouverez au quotient 17. C'est le nombre de pouces quarrés que contient la superficie du triangle dont il s'agit.

46. *Trouver la circonférence d'un cercle dont on connoît le diametre.* Multipliez ce diametre par 314, & retranchez les deux derniers chiffres du produit; le reste exprimera la circonférence cherchée. Exemple : le diametre d'un cercle est de 6 pouces ou de 72 lignes. Multipliez 72 par 314, & retranchez les deux derniers chiffres du produit 22608, le reste 226 lignes ou 19 pouces sera la circonférence de ce cercle. Cette opération n'est autre chose que l'exécution de cette regle de Trois, 100 est à 314, comme 72 à 226. *Il y a trois fameux rapports du diametre du cercle à sa circonférence : celui d'Archimede de 7 à 22, celui de Métius de 113 à 355, & celui de Ludolphe de 100 à 314. Dans la pratique, nous préférons ce dernier rapport aux deux autres, à cause de la facilité de l'opération. Il suffit, comme on vient de le voir, de multiplier le diametre par 314, & de retrancher les deux derniers chiffres du produit ; parce qu'en retranchant ces deux derniers chiffres le produit est divisé par 100. Ces deux derniers chiffres expriment des centiemes.*

ORGUES.

Si l'on ne veut pas en tenir compte, on fera bien d'ajouter 1 au reste du produit, toutes les fois que ces deux derniers chiffres seront plus grands que 50. Ainsi dans le même exemple, si l'on avoit multiplié les 6 pouces de diametre par 314, le produit auroit été 1884, ce qui auroit désigné une circonférence de 18 pouces, en retranchant les deux derniers chiffres 84; mais comme ces deux derniers chiffres sont plus grands que 50, il vaudra mieux ajouter 1 à 18, & prendre la circonférence de 19 pouces. C'est aussi la raison pour laquelle, au lieu de 6 pouces, nous avons pris 72 lignes; parce que plus les parties seront petites, moins on s'écartera de la véritable circonférence.

47. *Ayant le diametre d'un cercle trouver, sa superficie.* Supposons que ce diametre soit de 6 pouces ou de 72 lignes. Cherchez la circonférence (46), elle sera de 226 lignes ou 19 pouces; prenez la moitié du diametre 72, c'est 36; prenez aussi la moitié de la circonférence 226, vous aurez 113; multipliez 113 par 36, il viendra 4068 pour produit. Ce sera en lignes quarrées la superficie du cercle dont le diametre est de 72 lignes. Si vous voulez savoir combien il y a de pouces quarrés dans 4068 lignes quarrées, divisez 4068 par 144, le quotient 28 ¼ fera voir qu'il y a 28 pouces quarrés & ¼ dans 4068 lignes quarrées.

48. Il faut remarquer que le cercle, le quarré & le quarré long, les seules figures qui sont l'objet de cette observation, n'ont point leurs circonférences comme les superficies. Je veux dire qu'un cercle qui a la même superficie qu'un quarré, n'a pas la même circonférence. Il en est de même d'un quarré & d'un quarré long. Ils peuvent avoir la même superficie, mais non la même circonférence. Le cercle est la figure qui contient le plus de superficie & moins de circonférence. Celui dont nous venons de parler (47), a un peu plus de 28 pouces quarrés de superficie, & n'a qu'environ 19 pouces courants de circonférence; car les 226 lignes font 19 pouces. Le quarré, (*fig. 28*), dont les quatre côtés sont supposés avoir 6 pouces, a par conséquent 36 pouces quarrés de superficie, & n'a que 24 pouces courants de circonférence. Nous allons voir que la figure de quatre côtés augmente d'autant plus en circonférence (lui supposant toujours la même superficie) qu'elle devient plus longue & plus étroite. La *figure 29*, est un quarré long qui est supposé avoir 3 pouces de largeur sur 12 pouces de longueur. Cette figure a donc 36 pouces quarrés de superficie, & 30 pouces courants de circonférence. La *figure 30* est un quarré plus allongé, auquel nous supposons 2 pouces de largeur sur 18 pouces de longueur. Il a 36 pouces quarrés de superficie, & 40 pouces courants de circonférence. Enfin, la *figure 31* est un quarré beaucoup plus allongé & fort étroit. Nous lui supposons un pouce de largeur sur 36 pouces de longueur. Il a comme les autres 36 pouces quarrés de superficie; mais sa circonference est de 74 pouces courants. Nous verrons en son lieu l'usage de cet article.

SECTION II.
Notion des principaux assemblages de Menuiserie.

49. Les assemblages les plus usités dans l'Orgue se réduisent à un petit nombre, tels que les suivants : La *figure* 32 représente *l'assemblage quarré à tenon & mortaise* avec son *épaulement*, *a*, *a*. *b*, est le tenon, & *c* est la mortaise.

50. L'assemblage *quarré à double tenon en enfourchement*, (*fig.* 33).

51. L'assemblage quarré *à tenon & queue d'aronde en enfourchement*, (*fig.* 34). *d* est le tenon, & *e* est la queue d'aronde.

52. L'assemblage quarré *à bouvement*, (*fig.* 35). Il a sa moulure en *onglet*; mais l'assemblage est quarré à tenon & mortaise.

53. L'assemblage quarré *en enfourchement simple*, (*fig.* 36). On en fait quelquefois à double enfourchement.

54. L'assemblage *à clef*, (*fig.* 37).

55. L'assemblage *à onglet*, (*fig.* 38). Celui qui n'est ni quarré ni à *onglet* s'appelle *en fausse-coupe*. Il en faut souvent de cette espece dans l'Orgue.

56. L'assemblage à *queue percée*, (*fig.* 39).

57. L'assemblage à *queue perdue*, ou, *recouverte en bois de fil*, (*fig.* 40). Nous ferons voir l'application de ces différents assemblages à mesure que l'occasion se présentera. Nous pourrons aussi en décrire quelqu'autre dont on fait usage dans des cas rares.

CHAPITRE TROISIEME.

Description des Outils en usage dans la Facture de l'Orgue.

58. Je ne donnerai point les figures des Outils de menuiserie qui sont presque tous nécessaires au Facteur d'Orgues. Je suppose qu'on fera l'acquisition du Traité de la Menuiserie dont j'ai parlé précédemment ; je me contenterai de nommer ceux dont on se sert particuliérement. Ce sont les suivants : l'Etabli de Menuisier avec plusieurs valets. Les grandes & petites Scies à refendre : les Scies à débiter, à tenon & tournante. Les Varlopes de trois especes, savoir, la grande Varlope, la demi-Varlope & le Riflard. La Varlope à onglet, le Rabot, le Feuilleret. Les Bouvets de toutes les sortes & bien assortis. Les Guillaumes de plusieurs épaisseurs. Les Compas ordinaires, un grand Compas à verge. Le Triangle quarré de plusieurs grandeurs, & un fort grand. Le Triangle onglet, la Sauterelle, le Pied de biche, le Trusquin simple & le Trusquin d'assemblage. Un assortiment

PLANCHE
II.

de plusieurs Fermoirs de différentes largeurs. Des Ciseaux à planche de toutes largeurs. Des Gouges de toutes especes. Des Bedanes de toutes largeurs. Des Rapes en bois de plusieurs sortes. Des Etregnoirs, des Sergens, une Presse, un Maillet, le grès à affuter les outils. Des Regles de toutes longueurs. Il n'est pas possible de se passer de ces outils. Voici la description de ceux qui sont propres & particuliers au Facteur d'Orgues.

PLANCHE
III.

59. *L'Enclume*, (*Pl. III. fig.* 1) d'environ 18 pouces de long sur 5 à 6 pouces de large & au moins 2 pouces d'épaisseur. Elle doit être *acérée* par-dessus, trempée & polie, & les quatre arêtes un peu arrondies. On l'arrêtera sur un billot de bois (*fig.* 2) , au moyen de quatre tringles de bois, qu'on clouera sur le billot, comme on le voit dans la *fig.* 2. On pourra mettre sur le billot, au-dessous de l'enclume, quelque mauvais linge ou drap en plusieurs doubles, afin que l'enclume porte mieux. On enfonce ordinairement le billot de bois dans la terre, afin qu'il soit plus ferme. Sa hauteur, hors de terre, aura 22 à 24 pouces y compris l'enclume.

60. *La Masse à forger*, (*fig.* 3) : c'est un marteau de 4 livres & demi pesant, dont la tête doit être ronde, très-peu convexe, bien acérée, trempée & polie. Le corps de cette masse sera quarré ou octogone, & *l'œil* d'une bonne grandeur & très-fort, afin que le manche tienne bien. On peut en avoir une autre plus petite pour forger avec une seule main dans le besoin. Il faut remarquer que cette espece de marteau est assez sujet à casser, soit à l'œil, soit que l'acier se sépare de la tête ; ainsi il convient de le faire fabriquer par un Ouvrier bien entendu.

61. *Une grande Scie à main* (*fig.* 4) , pour couper les grandes tables d'étain, lorsqu'elles se trouvent trop épaisses pour être coupées au couteau. Cette scie consiste en une grande lame, dentée assez fin. Elle doit être fortifiée par un *dossier A* assez mince. On y voit une poignée de bois plate *B*, de près d'un pouce d'épaisseur. On y fait une espece de fente avec une scie pour recevoir la lame qu'on arrête dans la poignée au moyen de deux rivures *C* & *D*. On y voit une ouverture assez grande pour y passer les quatre doigts de la main quand on s'en sert. Cette lame de scie a ordinairement 18 pouces de longueur.

62. *Une petite scie à main* (*fig.* 5) , dont toute la monture est en fer, excepté le manche qui est de bois. La lame, qui a 10 à 11 pouces de long, est ordinairement un morceau de ressort de Pendule plus finement denté que la grande scie à main. On tendra cette lame au moyen de la vis & de l'écrou que l'on voit à sa partie supérieure. On trouve aisément ces deux especes de scies chez plusieurs Marchands dans toutes les Villes considérables.

63. *Une Écouene* (*fig.* 6) , d'environ 10 pouces de long sur 18 à 20 lignes de large. Cet outil est ordinairement tout en fer, avec un manche

de

de bois. Il feroit meilleur s'il étoit d'acier. Le manche doit être coudé, afin que le tenant avec la main, on ne fe bleffe point contre l'ouvrage. On fera une efpece d'enroulement au bout oppofé au manche, pour y tenir la main gauche, pendant qu'on prend le manche de la main droite. On y fera des dents en travers fur toute la largeur, comme l'on voit en *B*. Ces dents fe font à la lime comme aux fcies ordinaires; & lorfqu'elles s'émouffent par l'ufage, on les rafraîchit à la lime. La *figure A* repréfente le deffus de l'é-couene, & *B* fait voir le deffous qui eft denté.

64. *Groffe Batte à retendre* (*fig.* 7) ; c'eft une piece de bois du plus fort, de deux pieds & demi de long, non compris la queue *A* qui a ordinai-rement 6 pouces de long fur deux & demi de diametre. Cette batte doit avoir deux pouces & demi d'épaiffeur fur 4 pouces de largeur, & les arêtes bien émouffées & arrondies.

65. *Petite Batte* (*fig.* 8) ; c'eft une piece de bois de chêne ou noyer, d'environ 14 pouces de long, fur deux de large & un pouce d'épaiffeur. Elle doit être tant foit peu ou prefque infenfiblement plus groffe dans toutes fes dimenfions dans le milieu, que vers les deux bouts. Toutes les arêtes feront émouffées. Il faut des battes plus petites & plus grandes.

66. *Le Retendoir* (*fig.* 9) ; c'eft une piece de fer plate, de l'épaiffeur d'environ 4 lignes. Elle doit être cintrée & bien arrondie fur fon champ, ou fur fon épaiffeur tout à l'entour, comme on le voit dans le profil *A*.

67. *Le Bruniffoir* (*fig.* 10) ; il eft fait comme le retendoir, mais plus mince d'une ligne. Le dos *B C D* doit être d'acier, bien arrondi, for-tement trempé & poli jufqu'au plus grand brillant. On y ajuftera à force un morceau de bois *E F*, pour le tenir plus commodément. Lorfqu'on aura de grandes pieces à brunir, on y attachera, par une entaille, le man-che *D G* qu'on affermira par le coin *H*. On voit ce manche féparé (*fig.* 11), avec fon entaille *I*. Il pourra avoir environ deux pieds de lon-gueur.

68. Pour polir le bruniffoir, on pourra s'y prendre de la maniere fui-vante. Il faut d'abord que la trempe foit la même que celle des limes. On frottera le dos du bruniffoir avec une petite pierre à l'huile, la paffant toujours en long. On continuera cette opération (remettant de l'huile de temps en temps) jufqu'à ce qu'on n'apperçoive plus aucun trait de lime ni impreffion du feu de la trempe. Quand le bruniffoir fera ainfi adouci, on emportera tous les traits de la pierre à l'huile, en le frottant bien fort dans une efpece de rainure ronde ou fillon très-peu profond de bois de noyer, dans lequel on aura mis de la poudre de pierre du Levant avec de l'huile. On fe gardera d'y en remettre de nouvelle, mais feulement un peu d'huile de temps en temps. On effuiera le bruniffoir, & on examinera s'il eft

parfaitement adouci. Si l'on apperçoit encore quelque trait, on continuera la même opération. Après quoi dans une autre rainure semblable, où l'on mettra de la potée d'étain & de l'huile, on frottera le brunissoir pour lui donner le brillant. Il est bon d'avoir quelqu'autre petit brunissoir, auquel chacun donne la forme qu'il juge à propos. On les trempe & polit de même.

69. *Une forte entaille* (*fig.* 12), qui sert à tenir les tables d'étain & de plomb quand on les travaille. On choisit pour cela un morceau de bois de racine ou noueux, bien liant, afin qu'il ne casse pas aisément lorsqu'on le force avec le coin *A* (*fig.* 15).

70. *Une Galere* (*fig.* 14). C'est une espece de rabot, avec une queue *A* sur le derriere, & une forte cheville *B C* qui le traverse dans le bout antérieur. On en voit la coupe (*fig.* 13), & la façon de la lumiere *D E* ; son fer *F G* est tout droit. Ce rabot est ordinairement *sémelé* en-dessous par une plaque de fer, afin qu'il dure davantage ; sans cela il s'use assez vite. Toutes les arêtes seront bien émoussées, sur-tout à la queue *A* qui doit être assez élevée, pour qu'on ne se blesse pas en travaillant.

71. *Un Rabot à double lumiere* (*fig.* 16.). Il est commode pour raboter seul l'étain & pour finir une piece ; il coupe en deux sens. Quand on s'en est servi pendant quelque temps dans un sens, & que le tranchant du fer est usé, on tourne le rabot dans un sens opposé, ainsi alternativement selon qu'on s'apperçoit que le tranchant se tourne. On en voit la coupe (*fig.* 17), avec la juste pente que doit avoir le fer, qui est posé à rebours. La *figure* 18 représente le dessus du rabot. *A* & *B* sont les deux ouvertures qui forment les deux lumieres. *D* est la place du coin, & *E* est la place du fer. On voit assez que le coin & le fer se placent dans une échancrure ou feuillure *D E*, afin qu'ils soient bien arrêtés & appuyés. Ces entailles vont jusqu'au fond de la lumiere. La *figure* 19, fait voir le dessous du rabot & comment les deux lumieres sont formées. La ligne qui est au milieu de l'ouverture représente le tranchant du fer, lequel est appuyé sur les bouts de la lumiere la plus courte : & il a de largeur toute la longueur de la plus longue lumiere. Comme il n'est appuyé que sur deux petites feuillures, on conçoit bien que s'il étoit plus étroit, il ne pourroit pas servir ; c'est pourquoi il convient d'en avoir un nombre de parfaitement égaux en largeur. Cette espece de rabot n'étant pas facile à exécuter en un seul morceau, on le fera de deux pieces qui formeront les deux côtés, comme on le voit (*fig.* 17) ; & lorsqu'on l'aura fini, on colera ensemble les deux pieces, qu'on arrêtera encore par deux fortes rivures ou broches de fer, qu'on rivera sur des viroles. Ce rabot doit être sémelé en fer, sans quoi il seroit bien-tôt usé.

72. *Un Rabot de fer*, (*Pl. IV. fig.* 20). Il est fort commode à plusieurs

usages. Il sert à raboter le plomb ou l'étoffe, aussi bien que les biseaux : à dresser les bords des lames dont on fait les tuyaux, & pour ajuster les pieds avec les corps des tuyaux. On lui donne environ 7 pouces de longueur sur environ 20 lignes de largeur, & 16 à 18 lignes de profondeur extérieure. On le fait tout creux. Le fer *F* est tourné à rebours, & on l'applique sur un coussinet de bois dur *B* qu'on a fait entrer bien juste dans le rabot. On fixe aussi un autre petit coussinet de fer *D* au bord de la lumiere, sur lequel le bout du fer porte. C'est afin que la force du coin ne puisse pas faire fléchir la semele de fer à l'endroit de la lumiere. Il faut que ce petit coussinet *D* soit *brasé*, & qu'il tienne toute la largeur intérieure du rabot. On voit une forte traverse *T* bien rivée & brasée de chaque bout. Elle sert à tenir le coin *C*. Il ne faut pas manquer de la poser assez près du tranchant du fer. Sur le derriere du rabot, on rivera une forte pointe de fer pour y ajuster un manche de bois *M*, dans une situation horizontale. On rivera également une autre piece de fer *P* sur le bout antérieur, pour servir de poignée ; on en émoussera bien toutes les arêtes. Du reste, tout le corps de ce rabot sera brasé. Sa véritable coupe est, que le fer soit le plus couché qu'il sera possible, & sur tout la lumiere si fine, qu'à peine un copeau puisse passer. Si l'on ne prenoit cette précaution, on perceroit les tables d'étoffe en les rabotant.

73. *Un Couteau à tailler à bras* (*fig.* 21). C'est une forte lame, assez courte, solidement fichée au bout d'un manche de bois d'environ 18 pouces de long. On en voit assez la forme.

74. *Un Couteau à tailler à la main* (*fig.* 22). Sa lame est plus petite & moins forte que celle du précédent couteau. Son manche a environ 5 pouces.

75. *Une Equerre à rebord* (*fig.* 23). On la fait ordinairement en cuivre ou mieux en fer. Le rebord *R* ne doit excéder dessous & dessus que d'une ligne tout au plus. Sa lame *L* aura 7 à 8 pouces de longueur & un peu moins d'une ligne d'épaisseur dans tout le corps de l'équerre.

76. Des compas de plusieurs grandeurs, depuis un pied & demi de jambe, jusqu'à 5 à 6 pouces. Ils doivent être forts à proportion de leur grandeur. Les plus grands seront faits comme ceux des Tailleurs de pierre ou des Charpentiers, & les petits comme ceux des Menuisiers. Je n'en donne point la figure, cet instrument étant assez connu.

77. *Le Trace bouches* (*fig.* 24). Cet instrument consiste en une planche de bois fort unie, dont la grandeur est arbitraire. On peut le faire d'environ un pied & demi de longueur, sur 9 à 10 pouces de largeur & 10 à 12 lignes d'épaisseur. Pour le construire, on tirera avec un trusquin, à 8 à 9 lignes du bord *A B*, la ligne *A B*. On en tirera une autre de l'angle *C* de la planche jusqu'à *D*, ensorte qu'il y ait, des bouts *B* & *D*, trois ou quatre lignes

d'une ligne à l'autre. On appliquera une équerre contre le bord *A B* de la planche, & on tracera légérement vers le bout *A C*, une ligne *A C* de toute la largeur de ladite planche; on en tracera une autre vers *E F* qui atteigne seulement les deux lignes *A B* & *C D*. On divisera en huit parties égales l'espace compris entre les deux grandes lignes, sur celle *A C* qu'on a tracée avec l'équerre. On en fera autant sur l'espace compris entre les deux grandes lignes en *E F*. On marquera un point *H*, ensorte qu'il y ait de *C* à *H* trois de ces 8 parties, & de *A* à *G* autres trois de ces 8 parties; il en restera deux entre *G* & *H*, ce qui sera justement le quart de la longueur *A C*, qui se trouvera au milieu de *A C*. On fera les mêmes opérations sur la ligne *E F* entre les deux grandes lignes *A B* & *C D*; & on en trouvera par ce moyen le quart qu'on marquera par les deux points *g* & *h*. Et des points *G*, *g* & *H*, *h*, on tirera les deux lignes *G g* & *H h*, de toute la longueur de la planche. On suivra ces deux lignes avec une plume & de l'encre afin qu'elles soient bien visibles & nettes. On appliquera ensuite deux regles de 8 à 9 lignes de large, sur 3 ou 4 lignes d'épaisseur, sur les deux grandes lignes *A B* & *C D*, en sorte qu'elles soient bien fixées & arrêtées bien juste le long de ces lignes.

78. *Un Trace-pieds* (*fig.* 25). On peut le construire sur la même planche du côté opposé au trace-bouche, ou bien sur une autre. On fixera sur le bord de la planche une tringle *I K*, qui ne sera pas tout-à-fait aussi longue que la planche. On fichera vers le bout de la planche une cheville de cuivre *N*, placée de façon que le point ou petit trou qu'on doit faire à son centre, aligne parfaitement le côté antérieur de la tringle *I K*. Il s'agit présentement de faire une alidade: pour cela on aura une autre tringle *I L*, au-dessous de laquelle, vers le bout *I*, on fixera avec des rivures la petite piece de cuivre *M* qui portera un trou d'une grandeur suffisante, pour que la cheville *I* puisse y entrer librement sans ballotter. Cette piece *M* sera posée & arrêtée au-dessous de la tringle *I L*, de façon que le centre de son trou aligne le côté antérieur de la même tringle *I L*. On mettra la tringle dans sa place, faisant entrer la cheville *I* dans le trou de cuivre *M*: & on connoîtra que tout l'instrument sera bien fait, si en approchant la tringle *I L* contre celle *I K*, toutes les deux joignent & se touchent bien d'un bout à l'autre. Quand on ne se sert pas du tracepieds, on ôte l'alidade *I L*.

79. *Une Regle à tracer les bouches*, (*fig.* 26). C'est une piece de cuivre, bien dressée des deux bords, d'environ une ligne d'épaisseur, un pouce de largeur & 5 pouces tout au plus de longueur. Les deux bouts sont relevés à peu près à l'équerre & arrondis comme l'on voit dans la figure. Ce cuivre doit être bien écroui, après qu'on aura ployé les deux bouts.

80. *Les moules des tuyaux* (*fig.* 27). Ce sont des cylindres de bois,

unis,

unis, ronds & bien droits. Il eſt néceſſaire d'en avoir un nombre conſidérable de toutes les groſſeurs & de différentes longueurs. On fait ordinairement les plus petits en fer, depuis 2 lignes de diametre juſqu'à 3 ou 4
lignes ſur 6 à 8 pouces de longueur. Ceux qui excéderont cette grandeur
ſeront en bois & proportionnés aux tuyaux qu'on doit faire. On obſervera
que les grands moules doivent être de quelques pieds plus longs que les
tuyaux, & que tous les autres doivent excéder conſidérablement la longueur des tuyaux auxquels on les deſtine. On les ébauche à la varlope,
& on les finit avec des mouchettes ; mais on ne les fait jamais au
tour.

81. *Les Moules des pieds*, *fig.* 28, où l'on en voit la forme. Il en faut de
toutes les groſſeurs ; mais les plus petits ſont ordinairement de fer. Les moules des pieds qui ſont deſtinés pour les tuyaux de l'intérieur de l'Orgue, ſeront
tous de même longueur, depuis *A* juſqu'à *B*. Mais de *A* en *C* c'eſt une
meſure arbitraire. Ceux que l'on deſtine pour les tuyaux de la Montre, auront leurs dimenſions particulieres, & conformes aux pieds des tuyaux qu'on
doit faire.

82. *Les Moules des trompettes* (*fig.* 29). Ce ſont des pieces de bois de
figure conique, bien arrondies & bien droites. Il en faut de 9 à 10 pieds
de long, & même de beaucoup plus ſi l'on doit faire des bombardes. Il n'eſt
pas néceſſaire d'en avoir pour les petits tuyaux de trompette, parce qu'on
peut ſe ſervir des moules des pieds des tuyaux. (81).

83. *Les Moules des pieds des Jeux d'anche*, (*fig.* 30). Ce ſont des
pieces de bois dur, bien arrondies, d'un diametre tant ſoit peu plus petit
du côté de la pointe que de l'autre bout oppoſé. La pointe doit être courte.
Il en faut de pluſieurs groſſeurs conformément aux différents noyaux. Ces
moules pourront avoir 12 à 14 pouces de longueur.

84. *Le Pot au blanc* (*fig.* 31). C'eſt un pot de cuivre, avec une queue
de fer. On ſe ſert quelquefois d'un vaſe de terre, pour mettre le blanc :
mais on en caſſe fort ſouvent ; c'eſt pourquoi un pot de cuivre eſt plus
propre à cet uſage. On y prépare le blanc pour blanchir les bords des pieces
qu'on doit ſouder.

85. *Les Fers à ſouder*, *Pl. V. fig.* 32, 33 & 34 ; où ils ſont repréſentés dans toute leur grandeur, excepté la queue dont il ne paroît qu'une
partie ; elle doit avoir environ 15 pouces de longueur, & ſe terminer preſ-
qu'en pointe. La *figure* 32 fait voir le fer en perſpective ; la *figure* 33 le
repréſente géométralement vu par le deſſous ou le deſſus ; la *figure* 34 en
eſt le profil & en fait voir l'épaiſſeur. *A* eſt le deſſous, qui eſt un peu
bombé. *BC* eſt limé en talus, & *C* eſt le bout avec lequel on ſoude. On
fait les fers à ſouder en fer doux, bien ſoudé, ſans aucune paille ni ſur-
chauffure. Il faut qu'ils ſoient bien ſains. Sans toutes ces qualités, ils ne

peuvent point fervir. Il en faut trois pour un Ouvrier. On doit en avoir trois qui foient un peu plus gros que ceux qui font repréfentés dans la figure, pour fouder les plus grands tuyaux; trois autres qui y foient femblables, & trois qui foient plus petits, pour fouder les plus petits tuyaux, ce qui fera 9 fers à fouder. La *figure D* fait voir la coupe de la queue de tous ces fers, qui ne doit pas être ronde, mais à huit faces inégales. Nous enfeignerons en fon lieu la façon de les préparer & de les entretenir.

86. *Les Manches des fers à fouder* (*fig*. W). Ce font deux morceaux de bois de chêne qui font charniere enfemble, au moyen d'une bande de cuir blanc qu'on cole en dehors. On fera en dedans une entaille ou fillon de chaque côté, de haut en bas, pour contenir la queue du fer. Ils auront 5 à 6 pouces de long, & feront affez gros, pour qu'ils ne s'échauffent pas fi vîte. Il faut en avoir trois pour un Ouvrier, afin qu'il en change à mefure qu'ils deviennent chauds. La *fig*. 35 fait voir en petit, comment on pofe le manche, pour tenir le fer à fouder.

87. *La pointe à gratter* (*fig*. 36). On enfonce dans un petit manche de bois un bout de lame de fleuret, ou bien, une lame de forts cifeaux. On éguife le bout pour former un tranchant de chaque côté, fe terminant en pointe : les deux bifeaux du tranchant feront vers la pointe aux deux côtés de la même face ; & l'autre furface du deffous de la lame fera toute plane, comme on le voit dans la figure.

88. *Une Lingotiere pour la foudure* (*fig*. 37). Ce n'eft autre chofe qu'une planche de bois de chêne ou autre bois folide, de deux à trois pieds de longueur fur environ un pouce & demi d'épaiffeur. On y creufera 3 à 4 rainures de 5 à 6 lignes en quarré, en obfervant que le fond des rainures foit un peu plus étroit que le haut; afin que quand on les aura remplies de foudure, on puiffe la faire fortir aifément. On peut faire une de ces rainures d'un pouce de large, pour faire des lingots plus gros. On ajuftera à chaque bout un morceau de bois pour boucher les bouts des rainures.

89. *La Brique à fouder* (*fig*. 38). C'eft un carreau de terre cuite. On le choifit le plus uni, le plus plan & le plus grand qu'on peut le trouver. Il eft bon d'en avoir plufieurs, pour en changer dans le befoin.

90. *Un Moule à bifeaux* (*fig*. 39). Il eft tout en bois & compofé de deux planches *A* & *B*, de 3 pieds de longueur fur 4 pouces de largeur & environ 15 à 16 lignes d'épaiffeur. L'une de ces planches *AD* (*fig*. 40), qui repréfente ce moule en profil, eft toute unie & droite dans toute fa longueur & largeur ; & l'autre *BF* porte au bord *F* une plus grande épaiffeur, qui n'excede celle de toute la planche que d'une ligne. On joint ces deux planches enfemble, l'une contre l'autre ; & au moyen d'un *coin E* qu'on met debout entre deux aux deux extrémités, il refte un vuide dans lequel on jette du plomb fondu. Afin que ces deux planches tiennent bien en-

semble ; on y met trois entailles, *C*, *C*, *C*, (*fig.* 39) ; & au moyen d'un
coin *D*, *D*, *D*, à chacune, on ferre le tout, enforte que le moule contient
bien le plomb. Pour plus grande fûreté, on peut mettre encore une entaille de plus à chaque bout. Les coins *E* déterminent l'épaiffeur de la
plaque de plomb. On les change felon les épaiffeurs dont on a befoin.
Les bords fupérieurs des deux planches vont en pente vers le dedans du
moule, on en arrondit encore les arêtes, afin de faciliter l'entrée du plomb
fondu. On voit le tout au profil, (*fig.* 40). On a coutume de peindre tout
le dedans du moule de deux bonnes couches de blanc à la colle, afin qu'il
réfifte plus long-temps à la chaleur du plomb fondu ; & encore mieux, on
double en tôle tout fon dedans.

91. *Des Cifailles* (*fig.* 41). Il en faut de plufieurs grandeurs. Les plus
petites feront propres à couper les languettes des jeux d'anche : d'autres un
peu plus grandes pour couper les tuyaux en ton, les bifeaux de plomb,
&c. les plus fortes le doivent être fuffifamment pour couper du cuivre
d'une bonne ligne d'épaiffeur.

92. *Le Calibre des bouches*, pour les tuyaux de montre (*fig.* 42).
C'eft une plaque de cuivre jaune bien écroui, en forme de triangle ifof-
cele, de 4 pouces de largeur dans fa bafe, fur 10 pouces de hauteur. Il
doit avoir une ligne d'épaiffeur, avec un rebord faillant d'un côté, le long
de la bafe.

93. Un *Racloir* pour les tuyaux de montre (*fig.* 43). C'eft une lame
de bon acier, trempé & revenu bleu, de 6 à 7 pouces de longueur fur
2 pouces de largeur & d'un quart de ligne d'épaiffeur. Il doit être bien uni
& poli fur les deux furfaces plates ; c'eft un outil qu'on fait faire par un
Coutelier. On aiguife les deux bords bien quarrément fur une pierre à
l'huile, fans lui donner aucune pente. On le paffe fur la pierre en le
pouffant felon fa longueur & jamais en travers. Il faut le préferver de la
rouille.

94. *Un Couteau à faire parler les tuyaux*, *fig.* 44, qui le repréfente
dans toute fa grandeur. Le manche & la lame doit être tout d'une piece
plate. On double le manche de chaque côté, de deux lames d'écaille ou
de corne, que l'on fixe au moyen de trois rivures limées tout ras. Ce couteau doit être fort, d'une ligne d'épaiffeur au dos, & fon tranchant aiguifé
tant foit peu court ; afin que lorfqu'on coupera de l'étain un peu fort, il
ne s'ébreche pas aifément.

95. *Un Moule à effayer l'Etain*, (*fig.* 45). C'eft un morceau de carreau de terre cuite, ou de grès tendre, d'environ 4 pouces & demi de
longueur, 3 pouces de largeur, & de 10 à 12 lignes d'épaiffeur, fur lequel
on fait un creux demi-rond un peu conique de 10 lignes de diametre fur
5 à 6 lignes de profondeur : à un pouce & demi de ce creux, on en fait un

PLANCHE
V.

autre de 4 lignes de diametre, avec une petite rigole d'un creux à l'autre. La *figure X*, repréfente géométralement le plan de ce creux. Et la *figure* 45 * le profil.

96. *Le Moule à noyaux* (*Pl. VI, fig.* 46). On le fait en cuivre jaune & doux qu'on jette en fonte. Cette figure 46 le repréfente tout fermé & dans toute fa grandeur. *A* eft la charniere. On ne voit que le commencement des queues *BB*, qui doivent avoir environ 10 pouces de longueur. Les ouvertures *C, C, C, C, C*, font les jets par où l'on jette le plomb fondu. Les ouvertures *D, D, D, D, D*, qui percent de l'autre côté oppofé, au deffous du moule, fervent à placer des broches de fer, qui ne font pas parfaitement cylindriques, comme nous l'expliquerons bientôt, & dont le petit bout fort un peu par-deffous. Les autres petits trous *E, E, E, E, E*, font deftinés à placer de petites broches de fil de fer, ou encore mieux d'acier, tant foit peu coniques, & qui percent & fortent par deffous, comme les groffes broches.

La *figure* 47 repréfente la moitié du même moule vu en dedans. On y remarque une quantité d'échancrures, qui, avec l'autre moitié du moule, qui n'eft pas ici repréfenté, forment les ouvertures dont je viens de parler. Auffi les ai-je marqués par les mêmes lettres. Les échancrures *FG*, *FG, FG, FG, FG*, (*fig.* 47), défignent les ouvertures, qui ne peuvent pas paroître au-deffous de la *figure* 46. Les cinq demi-creux *H, H*, *H, H, H*, (*fig.* 47), forment avec l'autre moitié du moule (que nous ne repréfentons pas, à caufe qu'il eft parfaitement femblable) le creux pour faire les *Noyaux* : il faut remarquer que les échancrures *D, D, D,* *D, D*, font un peu plus larges que celles qui leur correfpondent, *F, F, F,* *F, F* ; de même les petites échancrures *E, E, E, E, E*, font un peu plus larges que leurs correfpondantes *G, G, G, G, G*; le tout afin que les groffes broches auffi bien que les petites, qui ont un peu plus de diametre en un bout qu'en l'autre, puiffent tenir dans le moule fermé fans tomber.

97. La *figure* 48 repréfente cinq *Noyaux* en perfpective. Les deux premiers *I, K*, s'appellent *Noyaux quarrés*, étant effectivement en quelque façon quarrés dans leur élévation, quoique ronds dans leur plan. Les trois autres *L, M, N*, font appellés *Noyaux ronds*, parce qu'ils font prefque ronds dans leur plan & leur élévation. On en voit mieux la forme & les juftes dimenfions dans la *figure* 49, où les cinq mêmes noyaux font repréfentés géométralement. Le moule, (*fig.* 46 & 47) eft celui dans lequel on fait ces cinq noyaux. Ceux des *figures* 52 & 51, fe font dans un autre moule fait exprès & de même que celui de la *figure* 46. Toute la différence qu'il y a, c'eft que l'un fait cinq noyaux, & l'autre n'en fait que deux. Pour celui de la *figure* 50, il fert fi rarement que ce n'eft pas la peine de faire la dépenfe d'avoir un moule en cuivre. Il en faut d'ailleurs un fi petit nombre, dans le

cas

cas où l'on en a befoin, qu'on peut le faire en bois & enfuite le mouler en
plâtre ou en fable. Les fept efpeces de noyaux *A, B, C, D, E,* (*fig.* 49);
F, (*fig.* 52); & *G,* (*fig.* 51) fuffifent pour toutes fortes d'Orgues. Celui *H,*
(*fig.* 50), n'a lieu que dans les Orgues où l'on feroit defcendre la bombarde en ravalement; il n'en faudroit alors que deux ou trois.

Les cinq noyaux de la *figure* 49, font repréfentés chacun avec fes deux
broches. C'eft ainfi qu'ils fortent du moule. *OT, PV, QX, RY, SZ,*
font ces broches un peu arrondies à chaque bout. On les fait fortir aifément
du noyau par un coup de marteau qu'on donne fur le petit bout. Les
lignes ponctuées qui paroiffent aux noyaux, (*fig.* 52, 51 & 50) repréfentent la groffeur & la vraie place de leurs broches. On comprend déja
affez que ces deux broches que l'on met dans le moule, avant d'y jetter
le plomb fondu, font deftinées à former deux trous à chaque noyau.
Le plus grand fert à pofer l'anche; & le petit, la rafette; ce que nous expliquerons plus particuliérement en fon lieu. On doit être averti que toutes
les figures de cette Planche repréfentent les pieces dans leur grandeur naturelle. Le trou marqué & (*fig.* 47) fert à pofer une courte cheville de
fer qu'on fait entrer à force, pour qu'elle foit bien fixe. Cette cheville entre
librement dans un trou femblable qu'on fait vis-à-vis dans l'autre moitié
du moule; c'eft pour fervir de repere, afin que les deux moitiés du moule
s'uniffent enfemble dans leur vraie place.

98. Je fais par l'expérience que j'en ai faite, qu'il n'eft pas facile de fe
procurer les moules tels que je viens de les décrire. Les Fondeurs qui n'ont
aucune connoiffance de toutes les dimenfions qu'il eft effentiel de donner à
ces noyaux, & de la pofition de leur broche, y manquent toujours. Il eft
d'ailleurs affez rare dans les Provinces de fe trouver à portée d'un habile Fondeur, capable de bien faire ces moules. Je crois donc qu'il eft à propos de donner les expédients convenables pour les faire faire par les Fondeurs médiocres.

Toute la difficulté confifte à faire foi-même le *modele*; lequel étant bien
fait, tout Fondeur le moulera, le fondra & le réparera aifément. Pour
faire ce modele, voici comment on pourra s'y prendre.

On fera d'abord les noyaux fur le tour en bois dur, auxquels on donnera
les dimenfions & la forme exactement femblables à ceux qui font repréfentés dans la Planche VI: on y pofera les deux broches en fer, enforte
qu'elles tiennent bien. Le tout fera très-uni: on fera une moitié du
moule en plâtre, lequel étant encore mou, on y enfoncera juftement à
moitié & avec beaucoup de foin les cinq noyaux de la *fig.* 49, après les
avoir mouillés avec de l'huile. Le plâtre étant bien pris, on ôtera tout
doucement les noyaux, & on dreffera exactement toute la furface de ce
moule. On y remettra les noyaux; & fi l'on s'apperçoit, comme il eft
ordinaire, qu'ils ne foient pas enfoncés juftement à moitié, on corrigera

ce défaut en creufant un peu le plâtre pour ceux qui ne feront pas affez enfoncés, ou on en remettra pour ceux qui le feront trop; & fi en ôtant les noyaux, on avoit écorché ou écorné quelque endroit, on le réparera avec du nouveau plâtre. Cette moitié du modele étant bien dreffée, bien unie, & les noyaux bien placés comme il faut & bien arrangés, on mouillera légérement avec de l'huile toute cette furface, tant du moule que des noyaux; on mettra du plâtre par-deffus pour faire l'autre moitié du modele. Le plâtre étant devenu fuffifamment dur, on féparera les deux pieces avec beaucoup de précaution; on ôtera les noyaux; & au cas qu'il y eût quelqu'endroit du plâtre enlevé, on en remettra bien proprement. On doit faire ce modele bien plus épais qu'il ne faut, & on n'y fera point de charniere.

Ce modele en plâtre étant bien fec, on en moulera chaque moitié féparément en fable, ou bien on fera faire cette opération par un Fondeur, pour le jetter en plomb, qu'on unira parfaitement & qu'on réparera avec beaucoup de foin. C'eft alors qu'on fera féparément la charniere en plomb; on la foudera aux bouts du moule. On fera les queues qu'on foudera auffi en leur place. On fera le trou du repere dans lequel on fichera la cheville de fer. Le tout étant bien fini & ajufté, comme s'il devoit fervir, & ayant même ôté une partie des épaiffeurs fuperflues, le modele fera fini. On fera bien attention que toutes les arêtes du dedans foient confervées bien vives.

Cependant il convient de s'affurer plus particuliérement que ce modele foit bien fait en dedans. Pour cela, on y mettra les broches, & on y coulera de l'étain fondu, pour y faire des noyaux d'étain, lequel ne fondra pas le plomb ni ne s'y attachera pas, pourvu qu'on ait la précaution d'enfumer ou noircir exactement tout le dedans du moule à la fumée d'une chandelle de réfine, & que l'étain ne foit pas plus chaud qu'il ne faut pour bien couler. On verra alors fi les noyaux font bien faits, bien ronds, s'ils fe détachent aifément du moule. Si l'on y apperçoit du défaut, on retouchera au-dedans du moule aux endroits convenables, jufqu'à ce que les noyaux foient parfaits.

Le modele étant reconnu bien fait, on ôtera le clou de la charniere, & on le fera mouler par un Fondeur. Lorfqu'il l'aura jetté en cuivre bien jaune & bien doux, on le limera en dehors, on le réparera en dedans, on le rendra bien uni, avec des Rifloirs, des Cifelets, ou des Gouges, &c. On aura foin de conferver toujours les arêtes du dedans bien vives, & que les noyaux fortent aifément. On y en fondra plufieurs fois, & on retouchera au dedans du moule jufqu'à ce que les noyaux fe faffent bien. On prendra garde de faire le moule fuffifamment épais; autrement il arriveroit que la chaleur le feroit envoiler lorfqu'on s'en ferviroit.

Il faut remarquer que les pieces qu'on jette en fonte deviennent toujours un peu plus maigres que le modele. C'eſt pourquoi il eſt néceſſaire de laiſſer celui-ci un peu plus épais qu'il ne faut.

99. Une *Etampe pour les anches* (*Pl. VII. fig.* 53), qui la repréſente dans toute ſa grandeur. On y voit auſſi ſon épaiſſeur entiere. On la fait en cuivre dur, ou mieux en fer forgé. Il y en a qui la font en fer fondu; mais ce n'eſt pas ſi bien, à cauſe de la difficulté qu'il y a de la réparer, cette matiere étant trop dure & caſſante. Du reſte la figure fait aſſez voir comment elle doit être. Pour l'exécuter, on fait un modele en bois, que l'on fait mouler & réparer par un Fondeur; ou ſi on la fait faire en fer forgé, on donne le modele à un Serrurier qui creuſera chaque canal avec des Burins & des Ciſelets, & finira à la lime. Le deſſous de cette étampe eſt tout plat & uni. Celle-ci eſt ſuffiſante pour toutes les Orgues ordinaires. Mais ſi l'on doit conſtruire une très-grande Orgue, on fera une autre étampe en étain, dont les creux en canal ſoient plus grands; elle réſiſtera ſuffiſamment, parce qu'il faut très-peu de ces grandes anches.

100. Les *Etampoirs* (*fig.* 54). Ce ſont des pieces de fer plat, arrondies ſur le dos *AF*, & d'un bout *B*. L'angle *A* du bout arrondi *B*. doit être également arrondi en tout ſens. Le bout *D* & le côté *E*, ont une forme arbitraire. Il faut avoir autant d'étampoirs qu'il y a de creux dans l'étampe, & ils doivent être d'une épaiſſeur & longueur proportionnées à chaque canal, enſorte que le plus grand doit être de deux lignes moins épais que le plus grand canal de l'étampe, & 4 ou 5 pouces au moins plus long. L'é-tampoir du ſecond canal doit être moins épais d'une ligne trois quarts que la largeur de ſon canal; & celui qui va au plus petit, doit être trois quarts de lignes moins épais que la largeur de ſon canal, & trois ou quatre pouces plus long. Les largeurs des étampoirs ſeront à volonté. Il convient que le plus grand ait au moins un pouce de large, & le plus petit la moitié moins. La *figure* 54 repréſente deux étampoirs; le plus petit, & un des plus grands, marqués tous les deux par les mêmes lettres.

101. Les *Broches des Anches* (*fig.* 56); on voit toutes les groſſeurs de ces broches (*fig.* 55). Ce ſont des cylindres de fer, un peu arrondis par le bout ſupérieur, comme on peut le remarquer dans la *figure* 56, où l'on voit la plus petite broche qui correſpond à celle marquée 21 de la *figure* 55. Les 4 ou 5 plus petites broches doivent être d'acier. Du reſte on leur donnera une longueur proportionnée à leur groſſeur. Il ſuffit d'a-voir marqué la longueur de la plus petite, & une des plus grandes, (*fig.* 56). On comprendra par-là que celles qui ſeront encore plus groſſes doi-vent être plus longues. Les longueurs ſont aſſez arbitraires; mais les groſ-ſeurs ſont eſſentielles. On ſe conformera à celles qui ſont déſignées dans la *figure* 55. Quand on voudra les faire exécuter, on fera, dans une lame de cuivre, des trous égaux à ceux de cette figure, afin que le Serrurier y ajuſte les broches.

102. *Une grande Lime à dreſſer les anches* (*Pl. VIII. fig. 58*). Elle doit avoir deux pouces & demi de large ſur 14 à 15 pouces de longueur. L'épaiſſeur eſt arbitraire ; elle peut avoir 6 à 8 lignes. Une face ſera taillée gros batard & l'autre doux. Il eſt néceſſaire qu'elle ſoit bien droite & bien dégauchie. Il faut la faire faire exprès par un faiſeur de limes, parce qu'on n'en trouve point chez les Marchands.

103. *Une Pince à bec* (*fig. 59*). Les plus grandes & les plus fortes ſont les plus commodes. Il eſt néceſſaire d'en avoir de plates, bien fortes.

104. *Une pince à long bec* (*fig. 60*). Elle doit avoir en tout 15 pouces de longueur, ou environ.

105. *Des Vrilles,* dont nous ne donnons point la figure ; elle eſt aſſez connue. Il en faut de toutes groſſeurs, depuis les plus petites juſqu'aux plus groſſes & bien aſſorties.

106. *Des Rapes en bois en queue de rat.* Il faut en avoir de pluſieurs groſſeurs.

107. *Un Villebrequin* (*fig. 61*). Il doit être de fer, & beaucoup mieux en acier. Il réſiſtera davantage à la fatigue, qui eſt à l'épreuve beaucoup dans la Facture de l'Orgue. On le fera un peu plus grand qu'à l'ordinaire. Sa douille où ſe mettent les meches eſt ordinairement quarrée & garnie d'une bonne vis d'acier trempé, afin que ſon bout ne ſe refoule pas. Il ſera mieux de faire le trou de la douille triangulaire, & que la vis appuie ſur une des faces. Par ce moyen, les meches tiendront ſans vaciller. Ce Villebrequin doit être aſſorti d'environ 50 meches de toutes groſſeurs, bien ſuivies, & pluſieurs ſemblables, ſur-tout des petites, pour qu'on ne ſoit pas embarraſſé quand quelqu'une vient à dépérir. La *figure 62* fait voir la groſſeur de chaque meche. Nous expliquerons en ſon lieu, l'uſage des numéros qui y ſont marqués.

108. Outre les meches dont je viens de parler, il y a pluſieurs autres outils qui s'ajuſtent au Villebrequin, deux meches plates (*fig. 63*), l'une un peu plus large que l'autre. Une *Fraiſe* (*fig. 64*) ; elle eſt taillée comme la noix d'un moulin à café ou à poivre, & ce bout qu'on taille ainſi doit être d'acier non trempé, & avoir un pouce & demi de diametre de *A* en *B* ; ſur un pouce 9 lignes de longueur. La queue aura 8 à 9 pouces. Lorſque cet outil s'uſe, on le lime.

109. On ajuſte encore au Villebrequin, des pointes pour faire de petits trous dans le bois, & voici comment on les fait tenir. Il faut avoir des aiguilles dont ſe ſervent les Bourreliers. Elles ſont de 3 à 4 pouces de longueur. On jettera de l'étain fondu dans un trou qu'on fera d'une groſ-ſeur convenable dans un morceau de bois. L'étain étant encore liquide, on y plongera bien droit le bout percé de l'aiguille ; & l'étain refroidi, on le limera juſqu'à ce qu'il aille juſte dans la douille du villebrequin,

faiſant

faifant attention que l'aiguille s'y tienne bien droite. Et comme ces aiguilles
font ordinairement affez caffantes, avant de leur faire cette tête d'étain, on
les fera bluir fur les charbons, pour en diminuer la trempe.

110. *Le Tour à fraifer les pieds des tuyaux* (*fig.* 65). Il eft compofé
d'une planche *A*, *A*; de deux poupées *B*, *D*; d'un arbre de cuivre
dur *CKE*, avec la bobine *C*. On voit le bout *E* de l'arbre qui eft creux
en forme de cône, dans lequel on ajufte un autre cône de cuivre jaune
doux (*fig.* 72), qu'on y foude en foudure d'étain.

La *Figure* 66 repréfente la poupée *B* (*fig.* 65). Elle porte une échancrure qu'on voit en perfpective (*fig.* 68). On creufe dans cette échancrure une rainure de chaque côté, pour recevoir le couffinet de bois (*fig.* 67)
lequel a une languette de chaque côté. On comprend affez que quand cette
piece eft dans fa place, elle forme, au milieu de la poupée, un trou propre
à recevoir le collet *K* de l'arbre *CKE* (*fig.* 65). On arrête enfuite le
couffinet (*fig.* 67) dans fa place *B*, (*fig.* 65) au moyen de la cheville *G I*.

La poupée *B* (*fig.* 65), porte un trou vers le milieu de fa face, pour
y inférer la queue *L* de l'arbre, (*fig.* 69). Ce trou ne perce point la
poupée; mais on fait une mortaife *F* (*fig.* 65), qui la traverfe dans fon
épaiffeur, & dans laquelle on fait entrer jufte une piece d'étain contre laquelle la queue de l'arbre appuye. Cette piece d'étain doit être plus longue qu'il ne faut, afin de la repouffer un peu, lorfque la queue de l'arbre
a ufé l'endroit où il frotte.

La *Figure* 69 repréfente l'arbre en profil. *L* eft la queue; *M* eft fait
en vis, & la *figure* 71 eft fon écrou. La partie *N O* de l'arbre eft quarrée
& entre jufte dans le centre de la bobine de bois (*fig.* 70). Celle-ci eft
arrêtée fur l'arbre entre la portée *O* & l'écrou. *K* eft le collet de l'arbre;
K P eft le cône creux; & *Q* eft l'autre cône foudé en étain (à fon bord
feulement) dans celui de l'arbre. Il eft au refte néceffaire de mettre ce
fecond cône de cuivre jaune doux, parce qu'à force de fervir, il s'arrondit
fi bien en dedans qu'il ne fait plus aucun effet. Alors on met le cône fur
des charbons ardents; il fe détache de lui-même. Lorfqu'il eft entiérement
froid, on le bat à petits coups de marteau tout à l'entour, comme fi l'on
vouloit l'arrondir; après quoi on le foude de nouveau dans fa place. Il
faut toujours laiffer un petit trou à fa pointe, fans cette précaution on ne
le fouderoit pas aifément. Lorfqu'on fera ce cône, on le foudera avec de la
foudure forte, ou, d'argent, afin qu'il fouffre le marteau fans fe deffouder.

La Planche *A A* de ce tour doit avoir environ deux pieds de longueur
fur quinze lignes d'épaiffeur. Elle portera deux grandes mortaifes pour
placer les deux poupées. Celle marquée *D* entrera jufte dans fa place. Mais
celle *B* qui porte le collet de l'arbre doit avoir fa mortaife plus longue
d'environ fix lignes, pour pouvoir avancer ou reculer la poupée felon qu'il

sera néceffaire. Ces poupées fe fixeront au moyen de deux clefs au-deffous de la Planche.

La grandeur du tour à fraifer eft affez arbitraire. Il convient de le faire fort, parce qu'il fatigue confidérablement. L'angle du cône (*fig.* 72) fera de 55 à 60 degrés. Il faut remarquer que l'angle de ce cône eft relatif à celui de la fraife, dont nous avons parlé (*art.* 108, *fig.* 64). Il faut que l'angle de la fraife foit un peu plus aigu que celui du cône.

Lorfqu'on veut fe fervir du tour à fraifer, on le fixe fur un établi de Menuifier au moyen d'un valet, & on fait tourner l'arbre à la main avec un grand archet fait d'une forte houffine ou bâton flexible d'environ trois pieds de long, dont on entortille la corde à la bobine.

111. *Un Gratoir à deux bouts triangulaires* (*fig.* 73). On le fera faire par un Coutelier, du meilleur acier bien trempé : la figure en fait voir la forme dans toute fa grandeur.

112. *Un Fer à retendre les languettes.* C'eft une petite regle de fer d'environ 8 pouces de longueur, 9 à 10 lignes de largeur fur 3 ou 4 lignes d'épaiffeur. Elle fera bien dreffée, limée bien plate & unie.

113. Il eft néceffaire d'avoir quelques limes plates de 8 à 9 pouces de long, pour limer les languettes de cuivre. Il en faut de rudes comme celles d'Allemagne de 2 ou 3 au paquet. Celles d'Angleterre font les meilleures. On ébauche les languettes avec des limes rudes, & on les finit avec d'autres plus douces. Il en faut à tiers-point pour limer les fcies & la fraife, d'autres demi-rondes. L'ufage dans le travail apprendra affez de quelles limes on peut avoir befoin.

114. *Une Filiere pour les regiftres.* C'eft une machine propre à faire des regles de bois très-exactes dans leur épaiffeur ; ce qui eft effentiel pour les *regiftres des fommiers.* La *fig.* 74. (*Pl. IX.*) la repréfente en perfpective toute montée. Elle confifte en un grand rabot, monté dans une boîte, lequel étant mobile fur fon centre de mouvement, peut monter ou defcendre, au moyen d'une vis.

A B D C, eft le rabot ; *D*, le haut ou le deffus de fa lumiere ; *F*, le fer du rabot ; *E*, le coin qui fixe le fer. Le coin & le fer ont un rebord, pour les retirer dans le befoin. *Y*, eft un des pivots du rabot & fon centre de mouvement. *N G I*, eft une planche qui forme un côté de la boîte. *O H K*, l'autre côté de la boîte. *L M*, eft une autre planche qui fait le fond de la boîte. *R Q*, eft une traverfe qui lie les deux côtés de la boîte. *L M*, font deux languettes avec leurs rainures qui affemblent le fond de la boîte avec les deux planches des côtés ; où il eft à remarquer que les planches des côtés ont les languettes rapportées, & les rainures font faites fur les deux champs de la planche du fond. *S T*, font deux fortes vis de fer, à tête noyée, qui entrent dans des écrous de fer enchâffés dans la planche.

du fond, & qui servent non-seulement à affermir les deux côtés de la boîte
contre le fond, mais encore à soulager les languettes dont nous venons
de parler, qui risqueroient de casser sans cela. On met également deux autres vis de l'autre côté de la boîte. O, N, sont deux tringles de bois qu'on
peut changer quand on veut, dont la largeur détermine l'épaisseur des
registres ; en sorte que lorsqu'on veut les faire plus épais, on met des tringles plus larges. C'est sur ces tringles que repose le rabot par ses deux
feuillures. P, est une grosse vis de fer à filets fins qui traverse son écrou
Z enchâssé dans le bout du rabot. R, est une clavette fourchue, qui embrasse un collet creusé à l'entour de la tige de la vis, pour empêcher la
vis de monter ou descendre. Cette clavette est enchâssée dans la traverse
$Q R$. On voit que lorsqu'on tourne la vis d'un côté ou de l'autre, il
faut nécessairement que le rabot monte ou descende de ce bout. Il y a à
cet effet un espace suffisant entre la traverse $Q R$ & le rabot ; celui - ci est
échancré en cet endroit pour former une place à la traverse $Q R$. On fait
entrer les registres par la grande ouverture $N O$ qu'on remarque au-dessous
du rabot ; ce que nous expliquerons quand nous aurons fait le détail de
toute la machine. $V X$, sont deux fortes tringles de fer entaillées au dessous de la boîte & bien arrêtées par deux vis à chacune. Elles servent à affermir la machine sur un établi lorsqu'on veut en faire usage.

La *figure* 75 représente géométralement la même machine vue par le
côté. Toutes les pieces intérieures paroissent comme si le tout étoit transpa-
rent. $F 4$, est le fer du rabot ; $E 2$, le coin ; $D 3$, la lumiere du rabot ; 4,
le tranchant du fer ; 5, est un coussinet recouvert d'une lame de fer & bien
fixé sur le fond de la boîte ; $O N$, est le passage pour le registre qu'on veut
travailler. L'endroit le plus élevé du coussinet doit se trouver exactement
vis-à-vis & sous le tranchant du fer F. 20 & 21 est la largeur de la feuillure
du rabot. Y, est le pivot qui sert de centre de mouvement au rabot. Il y a
un autre pivot de l'autre côté. P, la vis pour hausser ou baisser le rabot. Q,
la traverse dans laquelle la vis est engagée par son collet, au moyen de la
clavette fourchue R. Z, est l'écrou de la vis P. X, V, sont les tringles de
fer pour arrêter la machine sur un établi.

La *figure* 76 (*Pl. X.*) représente géométralement toute la filiere montée, & coupée par le milieu selon sa longueur. $F 4$, fer du rabot, & 4 son
tranchant. $E 2$, le coin ; $D 4$, la lumiere. 5, le coussinet de bois, recouvert d'une lame de fer ; & le tout bien affermi contre le fond de la boîte,
au moyen de plusieurs clous à tête noyée & limée ras. P, la vis. Q, la traverse. R, la clavette fourchue qui embrasse le collet de la vis. Z, l'écrou
enchâssé dans le bout du rabot. 12, 13, lame de fer dont toute la surface
du dessous du rabot est doublée. Y, est la tige du pivot, laquelle étant plate
& quarrée dans sa longueur, paroît de cette forme, puisqu'elle est coupée

PLANCHE
IX.

PLANCHE
X.

en travers par le milieu. *V* , *X* , font les tringles de fer entaillées & arrêtées au deffous de la boîte.

La *figure* 77 repréfente en perfpective le rabot tout nud & hors de fa boîte. *B D C* , eft le deffus du rabot ; *D* , fa lumiere. 17 *P* , eft une en- taille que la traverfe de la boîte remplit. *P* , eft le trou où entre la vis. *A Z* , eft la mortaife propre à recevoir bien jufte l'écrou. 15 , 16 , font les deux feuillures du rabot. *Y* , eft un des deux pivots. On apperçoit au-deffous du rabot la femelle de fer.

La *figure* 78 repréfente en perfpective la boîte de la filiere toute mon- tée & fans le rabot. *L O H K* , eft un côté de la boîte. *M N G I* , eft l'au- tre côté. *R P Q* , eft la traverfe dont on voit le bout du tenon 18. *P* , le trou pour recevoir la vis. *R* , mortaife dans laquelle fe met la clavette fourchue. *O N* , les deux tringles de bois fur lefquelles repofe le rabot par fes deux feuillures. *L* , *M* , les deux languettes rapportées fur les côtés. 23 , le fond de la boîte. *V* , *X* , les entailles pour recevoir les deux groffes tringles de fer. *S* , *T* , les deux vis de fer pour affermir les deux côtés de la boîte con- tre le fond : la *fig.* 79 les repréfente en perfpective. *S* , eft la vis , & 14 eft fon écrou qu'on enchâffe dans la planche du fond. Il faut quatre vis de même avec fon écrou à chacune.

La *figure* 80 (*Pl. XI.*) repréfente géométralement le bout antérieur de la filiere. *P* , eft la vis , *R* , la mortaife faite dans la traverfe pour recevoir la clavette fourchue. On y apperçoit le collet de la vis. *Z* , autre mortaife faite dans le bout du rabot 30 , 27 , pour recevoir l'écrou de cuivre. *O* , *N* , les bouts des deux tringles de bois fur lefquelles repofe le rabot. *L* , *M* , les deux languettes qui tiennent aux côtés. 27 , 28 , eft l'efpace par où l'on paffe les regiftres pour les travailler. 29 & 30 , eft un vuide entre la traverfe & le rabot , pour pouvoir hauffer le bout antérieur du rabot quand il le faut.

La *figure* 81 repréfente en perfpective la planche du fond de la boîte. *M* , *L* , 31 , font les rainures. Elles font remplies en un petit endroit au milieu , 24 , de chaque côté , pour fervir de repere aux planches des côtés. *S* , *T* , les trous des vis qui affermiffent les côtés contre le fond. 5 , le couf- finet de bois dur , recouvert d'une lame de fer dreffée , limée avec grand foin & bien adoucie.

La *figure* 82 repréfente en perfpective un des côtés de la boîte vu en dedans. *M* , *L* , eft la languette qui eft coupée en *S* & *T* , à caufe des trous des vis , & a 25 , pour recevoir le repere 24 (*fig.* 81). *N* , *O* , (*fig.* 82), une des tringles de bois , fur lefquelles repofe le rabot. *Q* , la mortaife pour recevoir le tenon de la traverfe. 6 , 7 , une piece de fer qu'on voit féparé- ment (*fig.* 83) : elle porte au bout , 7 , une plus grande épaiffeur , pour fortifier le gros trou , qui reçoit le pivot du rabot. Cette piece eft en-
châffée

châſſée bien juſte dans le bois , (*fig.* 82), & y eſt arrêtée par quatre clous à tête perdue. On peut, ſi l'on veut, faire la tringle *N O* fort courte , & n'en mettre qu'un pouce & demi ou deux pouces ſur la partie antérieure de la filiere ; parce que les pivots ou tourillons du rabot étant juſtes dans leurs trous & aſſez gros, réſiſteront de ce côté - là à tous les efforts du rabot.

Les figures ſuivantes repréſentent les pieces ſéparées de la machine. La *figure* 84 eſt la clavette fourchue *R*. La *figure* 85 , l'écrou *Z*. La *figure* 86 , la vis *P* , avec ſa clavette fourchue *R*, qui en embraſſe le collet ; on y voit auſſi ſon écrou *Z*. La *figure* 87 repréſente géométralement la même vis *P*, où l'on remarque ſon collet 33. La *figure* 89 eſt le pivot *Y* du rabot dont la tige eſt quarrée. On l'enchâſſe dans le bout du deſſous du rabot, & on l'arrête fortement au moyen de deux longues vis de fer , dont on en voit une (*fig.* 88) : on paſſe ces vis par les trous que l'on voit vers les deux extrémités de la tige du pivot : on les fait entrer verticalement à travers toute la hauteur du rabot, & on les arrête par-deſſus par les écrous 8. La tête , 9, de ces vis doit être noyée au-deſſous de la tige du pivot. On ne ſçauroit trop prendre de précautions pour arrêter bien ſolidement ce pivot, qui doit réſiſter à des efforts conſidérables. La *figure* 90 repréſente ſéparé-ment en perſpective le couſſinet, 5, qui doit être très-bien dreſſé en travers & recouvert , comme nous l'avons déjà dit , d'une lame de fer. La *figure* 91 , eſt la traverſe *Q*. On y voit le trou *P* de la vis & la mortaiſe *Z* pour recevoir ſon écrou ; les deux tenons 11 & 10 , entrent dans les mortaiſes quarrées des côtés.

115. Cette filiere telle que je viens de la decrire, n'eſt pas propre à faire des regitres de pluſieurs épaiſſeurs fort différentes entre elles , par exemple , les uns de 2 lignes & les autres de 4 ou 5 lignes ; mais auſſi on n'a pas be-ſoin qu'elle ait cette propriété, parce qu'on peut les faire tous de la même épaiſſeur dans une Orgue. Lorſqu'ils ont deux lignes & demie , ils ſont ſuffi-ſamment épais. En général plus ils ſont minces, mieux ils font leur effet, pourvu qu'ils ſoient ſolides. Cependant on peut , ſi on le veut abſolument, les faire d'une demi-ligne plus ou moins épais, ſans aucun inconvénient. Cette filiere y ſera propre, & c'eſt tout ce qu'il faut. Nous expliquerons dans ſon lieu , comment il faut aiguiſer le fer, & l'uſage de cette machine. Je dois au reſte avertir que quand on voudra exécuter cette machine, il faudra doubler toutes les dimenſions : car dans toutes les repréſentations de ces trois Planches IX, X & XI, j'ai obſervé de donner toujours la moitié de la grandeur naturelle. Ceci doit s'entendre de toutes les figures géométra-les, & non de celles qui ſont en perſpective.

116. Comme on ſe trouve bien ſouvent à faire une Orgue dans des en-droits où l'on ne peut avoir que fort difficilement du fil de cuivre de la

grosseur convenable, il convient d'avoir une *filiere à tirer*, tant pour écrouir le fil de cuivre, que pour le réduire à la grosseur qu'on demande.

117. *Un Pot à colle* (*Pl. XII. fig.* 92) : il est de cuivre rouge. On met dans ce pot un autre vase cilindrique de même matiere, dans lequel on met la colle. Il faut que celui-ci porte un rebord qui joigne bien sur l'orifice du pot extérieur, afin que l'eau qu'on y met s'évapore moins par l'ébullition. On observera que le fond du pot intérieur ne touche point le fond du pot extérieur, auquel on peut donner environ 6 pouces de hauteur.

118. *Un Couteau de bois* (*fig.* 93). C'est une piece de bois dur, comme du cormier ou poirier, de trois lignes d'épaisseur vers le milieu *D* qui conserve son épaisseur jusques vers la tête *A C*, mais aiguisé en *A* comme un fermoir de Menuisier ; & de *D* à *B*, on le rendra mince en le diminuant peu à peu. Il aura environ 9 pouces de longueur, & sera bien uni.

119. *Les Cavaliers* (*fig.* 94). On les fait de gros fil de fer écroui de deux lignes de diametre ; ils doivent faire ressort. Ils auront environ 2 pouces de grandeur. Il en faut environ 24.

120. *Le Marbre à chanfreiner.* C'est une piece de marbre plate & bien unie. Sa grandeur est arbitraire.

121. *Un Compas à faire de grands trous* (*fig.* 95). Il consiste en une tige de fer quarrée *A B*, dont le bout *C* est rond. On y rive les deux vis *G*, *F*, aussi-bien que la piece *I E* ; on y assemble la traverse *M L* qui a trois trous, dont ceux qui reçoivent les vis sont ronds & celui du milieu *I* est quarré. Deux écrous à chaque vis embrassent la piece *M L*, & la retiennent ferme à la distance que l'on veut de la tige *A B*. La piece *M L* porte solidement la lame dont le bout *L* est limé en scie. *H* est un manche de bois ; & *D* est un autre manche qui doit tourner comme celui d'un villebrequin.

122. *Les Tarieres pointues* (*fig.* 96). Elles sont faites en canal dont les deux bords sont tranchants. Il en faut 3 ou 4, mais de différentes grosseurs. La plus grosse peut avoir deux pouces en *A* & un pouce en *B*, sur 15 pouces de longueur. La plus petite pourra avoir 9 lignes en *A* & 4 lignes en *B*, sur un pied de longueur. Il est ordinaire d'ajuster celle-ci au villebrequin. Il ne faut pas manquer de les faire faire assez épaisses le long du milieu, afin qu'elles ne risquent pas de se tordre quand on s'en sert.

123. *Les Tarieres ordinaires* (*fig.* 97). Il en faut avoir un assortiment depuis 14 ou 15 lignes de grosseur jusqu'à environ 6 lignes, ce qui fera une douzaine de tarieres.

124. *Les Fers à brûler* (*fig.* 98). Ce sont des verges de fer d'environ 18 pouces de longueur, dont les deux bouts forment une tête en cône. L'une aura environ 15 lignes de diametre, & l'autre 7 à 8. Il en faut deux qui soient égaux.

125. *Un Anémometre* (*fig.* 99). C'est un instrument servant à mesurer

la force du vent. Il confifte en une boîte de cuivre *A B* de deux pouces
de hauteur fur 2 pouces 6 lignes de diametre. Au-deffus du fond fupérieur
il y a trois trous, *D* , *A* , *C* ; le trou *D* doit avoir 10 à 11 lignes de diametre ; le trou *A* , 8 lignes ; & le trou *C* , 6 lignes. On foudera une virole
tant foit peu conique, & faillante d'environ 6 lignes, aux trous *A* & *C*. Les
deux fonds de la boîte feront foudés. On fera un tube *D E B F* de 10 à
11 lignes de diametre. Il aura 5 pouces 6 lignes de *F* à *E* ; & le bout
F fera plus bas de 10 lignes que le fond inférieur de la boîte. De *D* à
E , il y aura 2 pouces 6 lignes. La partie *E D* du tube fera prolongée &
touchera le fond inférieur *B* de la boîte. Ce bout fera limé en façon de
dents de fcie, comme on le voit en *H* , à la coupe géométrale (*fig.* 100)
du même inftrument. Le tube fera foudé dans fon trou *D* du fond fupérieur (*fig.* 99) : & l'autre partie du tube *I B* fera foudée contre la boîte à
laquelle il touche. Toutes ces foudures doivent être en zinc ou en argent,
& faites avec grand foin, afin qu'il n'y ait aucun défaut. On mettra un
bon bouchon de liege dans la virole *C* , & un autre dans celle *A*. On fera
un trou dans celui-ci pour y faire entrer à force un tube de verre de Ba-
rometre bien épais, dont le vuide intérieur ait tout au plus une ligne de
diametre. Ce tube de verre aura 5 pouces de longueur, & fera enfoncé d'un
pouce dans le bouchon. Il fera par conféquent faillant de 4 pouces. On
colera une petite bande de papier le long du tube fur toute fa partie faillante que l'on graduera de demi-ligne en demi-ligne. On notera ces degrés
en commençant en bas de 5 en 5 , & en écrivant 5 , 10 , 15 , 20 , 25 , &c.
La groffeur extérieure de ce tube de verre doit être au moins de 3 lignes
& demi de diametre. On trouve facilement de ces tubes de verre chez
ceux qui font des Thermometres & Barometres.

126. *Un Tuyau de ton.* On l'appelle quelquefois un *Diapafon* (*fig.* 101).
C'eft une petite flûte qui fert à donner le ton à l'Orgue & aux autres inftruments. On le fait de bois dur, comme de buis, ébene verte ou noire,
ivoire, &c. On le travaillera au tour, de 6 lignes & demie de diametre
intérieur, fur 5 pouces 8 lignes de hauteur de *A* en *B*. Ce diametre intérieur doit être parfaitement égal & uni d'un bout à l'autre. On y fait une
bouche en *B* de 4 lignes & demie de large, comme celle d'une flûte à
bec. L'inftrument fera terminé prefqu'en pointe *D E* , avec un trou *E* d'une
ligne de diametre. Il faut que la piece *D E* , qui forme le pied du tuyau,
y foit rapportée en vis. On la voit feparément (*fig.* 103). On met dans
le tuyau une efpece de pifton , *fig.* 102 , où il eft repréfenté hors du
tuyau. Il doit être de trois lignes plus court de *G* en *F* que la longueur
intérieur du tuyau. Son diametre extérieur fera d'un quart de ligne plus
petit que l'intérieur du tuyau. On le creufera de *F* en *H* de deux pouces
de profondeur. On fera ce trou auffi grand que pourra le permettre l'en-

taille circulaire *I K*, autour de laquelle on colle un cuir bien doux que l'on frottera un peu avec du favon ; enfuite on fera entrer ce pifton ainfi fini dans fon tuyau, où il doit couler doux & jufte. On marquera le long du pifton les tons qu'on prendra fur une Orgue bien d'accord & bien au ton.

127. *Les Accordoirs Simples* (*Pl. XIII.*). Ils font repréfentés au nombre de 7 dans toute leur grandeur & leurs mefures, & marqués *A*, *B*, *C*, *D*, *E*, *F*, *G*. Ce font, comme l'on voit, des cônes de cuivre, foudés en foudure forte & écrouis au marteau. Il ne faut point les tourner, parce que s'ils étoient fi exactement ronds, ils ne feroient point leur effet. On peut feulement les polir au tour. Ils feront fuffifamment ronds, lorfqu'on les écrouira au marteau.

128. *Les Accordoirs doubles.* Ils font repréfentés dans toutes leurs grandeurs & dimenfions dans la *Pl. XIV* & marqués *A*, *B*, *C*, *D*, *E*, *F*. On les fait en cuivre, d'une demi-ligne d'épaiffeur, foudés en foudure forte & les cônes bien écrouis, mais non tournés. On peut tourner les tiges & les moulures. Tout doit être creux, même les moulures, afin qu'ils foient plus légers. Le nombre de fix eft fuffifant pour toutes fortes d'Orgues. Si l'on veut faire moins de dépenfe, on peut retrancher les moulures. Il convient qu'ils foient forts pour réfifter aux chûtes & autres accidents. Le bout inférieur de tous ces accordoirs qui eft tout ouvert, doit avoir un peu plus de diametre intérieur que le bout fupérieur n'en a extérieurement.

129. Outre ces accordoirs, il en eft un autre pour accorder les jeux d'anche. Une lime à queue ou toute autre, eft tout ce qu'il faut. Un grand couteau y eft encore propre.

130. *Les Bouchons de foie* (*Pl. XIII. fig.* 106). Ce font des houpes de foie qu'on attache au bout d'un fil de fer. Pour cela, on prend un morceau de frange de foie dont on entoure un bout de fil de fer qu'on écrafe d'un coup de marteau. On lie cette frange avec du fil, & on met un peu de cole fur la ligature. Il faut un bon nombre de ces bouchons de toutes groffeurs & grandeurs.

131. *La Pointe à faire parler les tuyaux* (*fig.* 107). Elle eft repréfentée dans toute fa grandeur. Elle eft ronde. Les deux bouts au moins doivent être d'acier non trempé. Le gros bout eft applati & terminé par un tranchant fait à la lime d'un feul côté, comme les cifeaux de Menuifier.

132. *Un Tourne à gauche* (*fig.* 108). C'eft un outil tout de fer doux qui doit être forgé avec foin. Il doit avoir environ 14 pouces de longueur, 6 lignes en quarré vers le milieu *D*, avec les arêtes abattues ; mais les deux bouts auront au moins 7 lignes en quarré. Le crochet *C E* portera en *E* 4 lignes d'efpace. Les deux boulons *A & B*, qui doivent être ronds, auront 6 lignes de diametre fur 14 lignes de longueur, & 6 à 7 lignes de diftance de l'un à l'autre.

133.

133. *La Ratiſſoire à nettoyer les ſoupapes* (*fig.* 104 *Pl. XII.*). C'eſt un fil de laiton d'environ un pied de longueur, aſſez fort & bien écroui, dont on fait recuire le bout qu'on applatit & élargit, & qu'on replie fort court. Ce repli doit être preſque tranchant.

134. *Deux petits Etaux à main*, l'un pointu & l'autre à mâchoire ordinaire. Un étau portatif à agraffe aſſez fort, & un autre à pied & fixe, qui doit être encore plus fort, du poids de 30 à 40 livres au moins. Un ou deux ciſeaux en pierre qui ſervent aſſez ſouvent ; une cuiller de fer à contenir 4 à 5 livres d'étain & une autre plus petite. Des marteaux à main ; des tenailles, &c.

135. Voilà à peu près tous les outils dont on ſe ſert communément dans la facture de l'Orgue. Chaque Ouvrier en invente quelques autres pour ſa commodité particuliere. Je ne parlerai pas ici du fourneau, de la chaudiere, ni de la table à fondre, &c. Je décrirai tout cela lorſque j'enſeignerai à jetter les tables d'étain & de plomb.

CHAPITRE QUATRIEME.

Deſcription de tous les Jeux de l'Orgue.

136. CE qu'on appelle un *Jeu* dans l'Orgue, eſt une rangée d'un certain nombre de tuyaux de même eſpece, poſés ordinairement ſur un même regiſtre, qui forment une ſuite de tons en progreſſion *chromatique* de l'étendue convenable à ſa qualité. Cette étendue conſiſte le plus ſouvent en quatre octaves. Il y a des Jeux qui n'en ont que trois, d'autres deux, &c. parce que les uns ſont deſtinés à faire toutes les parties de la muſique ; d'autres ne ſont propres qu'à faire des baſſes & d'autres le deſſus ſeulement ; de là vient la différente étendue des uns & des autres. Tous les Jeux de l'Orgue peuvent ſe diviſer en deux principales eſpeces ; les *Jeux à bouche*, & les *Jeux d'Anche*. Comme il faut les décrire ſéparément, je diviſerai ce Chapitre en deux Sections. Dans la premiere, je ferai connoître tous les différents Jeux à bouche ; & dans la ſeconde, j'expliquerai ce que c'eſt que les Jeux d'Anche.

SECTION PREMIERE.

Jeux à Bouche.

137. *Les Jeux à bouche* ſont ainſi nommés, parce qu'ils parlent au moyen de leur bouche, qui eſt conſtruite d'une façon à produire le ſon convenable à la portée du tuyau. Voyons d'abord dans le détail comment eſt fait un tuyau à bouche.

138. La *figure* 108 (*Pl. XV*) repréſente en perſpective un tuyau à bouche, qui eſt toujours compoſé au moins de 3 pieces. *A* eſt le *corps* du tuyau. *B* en eſt le *pied. a C b D* eſt la *bouche. a b* eſt le *biſeau. C* eſt la *levre ſupérieure* de la bouche, & *D* en eſt *la levre inférieure. E* eſt *l'embouchure* du tuyau. C'eſt un petit trou qui eſt au bout inférieur du pied, & par lequel le tuyau prend ſon vent.

La *figure* 109 repréſente la coupe géométrale & en profil du même tuyau. *F* en eſt le corps. *H,* le pied. *G* eſt le biſeau, dont on voit l'épaiſſeur & comment il eſt coupé en talus ſur le bord antérieur *e* ; il eſt mince ſur le derriere *f. K* eſt la levre ſupérieure ; & *I,* la levre inférieure. *d* eſt la hauteur de la bouche. Il faut remarquer un petit jour entre le bord de la levre inférieure *I* & le devant du biſeau *e* ; ce qui fait une ouverture par où le vent (pouſſé dans le pied *H* par l'embouchure *O*) paſſe en forme de lame de toute la largeur de la bouche, & va frapper le bord de la levre ſupérieure *K.* Cette petite ouverture ou fente, s'appelle la *lumiere,* qui eſt formée par l'applatiſſement du bord du pied qu'on appelle *levre inférieure,* contre le biſeau. C'eſt par cet artifice que le tuyau donne le ſon qui lui eſt propre.

La *figure* 110 repréſente le plan géométral du *biſeau* dont nous venons de parler. *e* en eſt le devant qui eſt taillé en talus. *L M N* eſt un chanfrein qu'on fait à l'entour du deſſus du biſeau, pour le ſouder plus aiſément ſur le pied du tuyau.

La *figure* 111 repréſente en perſpective le plan du même biſeau. La *fig.* 112 repréſente le pied du tuyau ſur lequel on a ſoudé le biſeau. *g ,g* eſt la lumiere par où ſort le vent en forme de lame. Après avoir ſoudé le biſeau ſur ce pied, on y ſoude le corps du tuyau ; ainſi l'on voit que le vent n'a point d'autre iſſue que par la lumiere *g g* ; tout le reſte, à l'entour du biſeau, eſt exactement bouché & ſoudé.

La *figure* 113 repréſente le même tuyau en perſpective & vu de profil. *P* eſt le côté de la bouche. *h h* eſt la ſoudure qui joint & attache le corps avec le pied.

La *figure* 114 repréſente le même tuyau vu par derriere. On y voit la ſoudure *Q R* du corps & du pied, auſſi-bien que celle *S T* qui joint ces deux pieces enſemble. On remarque comment le petit bout de chaque pied de tuyau eſt *fraiſé,* pour l'arrondir exactement, afin qu'il joigne bien ſur le trou du ſommier, & pour en reſſerrer l'orifice ou petit trou qu'on appelle *l'embouchure.* Il eſt eſſentiel de ne pas la faire plus grande qu'il ne faut. C'eſt par-là qu'on donne au tuyau la juſte meſure du vent qui lui convient. Toutes ces figures ſont de toute la grandeur naturelle, & ces tuyaux ſont de la plus groſſe taille. Les pieds de tous les Jeux de l'intérieur de l'Orgue ſe font ordinairement de cette hauteur qui eſt de 8, ou, bien ſouvent, de 9 pouces.

139. Les Jeux à bouche se divisent en *Jeux d'octave* ou *de fond*, & en *Jeux de mutation.* Ceux-ci se sou-divisent en *Jeux simples* & en *Jeux composés.* Les matieres dont on fabrique tous ces différents Jeux, sont l'étain ou le bois ou *l'étoffe*, qui est un plomb auquel on mêle une partie peu considérable d'étain pour le consolider.

140. La plûpart des Jeux d'*octave* ou de *fond* sont ou ouverts ou bouchés. S'ils sont ouverts, ils portent ordinairement pour nom la hauteur de leur premier tuyau qui est le plus grand. Ainsi on dit, le 32 *pieds*, le 16 *pieds*, le 8 *pieds*; parce que le plus grand tuyau de ces Jeux a effectivement 32 pieds ou 16 pieds ou 8 pieds. Mais le 4 *pieds* s'appelle *Prestant*, & le 2 pieds porte le nom de *Doublette.*

141. Il faut remarquer qu'un Jeu, qui est au double plus grand qu'un autre, *sonne* une octave plus bas. Ainsi le 32 pieds sonne une octave plus bas que le 16 pieds : celui-ci fait une octave plus bas que le 8 pieds. Le Prestant, qui est un 4 pieds, *raisonne* une octave plus haut que le 8 pieds, & une octave plus bas que la Doublette.

142. Le *Prestant* porte ce beau nom, non pas pour l'excellence de son harmonie, mais uniquement parce qu'on se sert de ce Jeu pour accorder tous les autres. On le préfere pour cette fonction, à cause que tenant le milieu dans son étendue entre les tons les plus *graves* des autres Jeux plus grands, & les plus *aigus* de ceux qui sont plus petits, il est le plus appréciable dans le ton de tous ses tuyaux, le plus sensible à l'oreille, & par conséquent le plus commode.

143. On appelle le 2 pieds *Doublette*, parce qu'il sonne une double octave plus haut que le 8 pieds. Celui-ci est regardé comme le fondement & le véritable ton de l'Orgue. Il est à *l'unisson* de la voix naturelle de l'homme, & de presque tous les instruments de Musique, comme le Clavecin, le Violoncel, le Violon, le Serpent, le Basson, le Hautbois, la Flûte, &c. Les autres Jeux de l'Orgue ne sont, pour ainsi dire, imaginés que pour soutenir & orner le 8 pieds.

144. Ces quatre Jeux principaux, dont je viens de parler, qui sont le 32 pieds, le 16 pieds, le 8 pieds & le Prestant ou 4 pieds, donnent leur nom à l'Orgue entier pour donner une idée de sa qualité. Ainsi on dit d'un Orgue, C'est *un* 32 *pieds en montre*, ou *un* 16 *pieds*, ou *un* 8 *pieds*, ou *un* 4 *pieds*. On met ordinairement ces Jeux en *montre*, autant que l'emplacement peut le permettre & selon la dépense qu'on veut faire. Il arrive quelquefois que le local étant trop bas ou trop étroit pour placer le Jeu de 16 pieds à la montre, on en pose en-dedans les *basses*, tandis qu'il n'y a que le 8 pieds à la montre. Alors on s'explique autrement en parlant d'un pareil Orgue; on dit : C'est *un* 8 *pieds en montre avec un* 16 *pieds ouvert en dedans.* C'est toujours un vrai 16 pieds quant à l'effet, quoique

PLANCHE XV.

ce Jeu ne foit pas en montre. Il faut en dire de même d'un 4 *pieds en montre* lorfqu'il y a un 8 pieds ouvert en dedans ; on tient le même langage à proportion. A l'égard de l'étendue de chaque Jeu de l'Orgue ou du nombre de fes tuyaux, nous l'expliquerons bientôt.

145. Il y a deux efpeces de Jeux *bouchés*. Ce font ceux qui le font entiérement & les tuyaux *à cheminée*. Ceux-ci tiennent le milieu entre les tuyaux bouchés & les ouverts. Les tuyaux bouchés parlent toujours une octave plus bas que ceux qui font ouverts, quoiqu'ils ayent la même hauteur. Ainfi le 16 pieds bouché fonne le 32 pieds ouvert, ou eft à fon uniffon : le 8 pieds bouché fonne le 16 pieds : le 4 pieds bouché fonne le 8 pieds, &c.

146. Tous les Jeux bouchés s'appellent *Bourdons*, quand ils appartiennent au fond de l'orgue ; de même ceux qui font à cheminée : tous ces tuyaux, comme nous l'avons dit (145), parlent une octave plus bas que s'ils étoient ouverts ; parce que le vent, au lieu de fortir par le haut du tuyau, comme il arrive à ceux qui font ouverts, s'y trouve arrêté par le couvercle & eft obligé de revenir pour fortir par la bouche ; ainfi il parcourt deux fois la hauteur du tuyau. Ceux qui font à cheminée étant en partie ouverts & en partie bouchés, on eft obligé de leur donner prefque la même hauteur, y compris celle de la cheminée, que s'ils étoient ouverts ; à caufe qu'une partie du vent fort par la cheminée, & l'autre partie revient par la bouche ; ce qui exige que ces efpeces de tuyaux, je veux dire les bouchés & à cheminée, foient plus *égueulés* que ceux qui font entiérement ouverts. Cela fignifie qu'ils doivent avoir la bouche plus haute.

147. Les Bourdons portent ordinairement le nom de leur ton. Ainfi on appelle le 16 pieds bouché, *Bourdon de 32 pieds*, parce qu'il parle à l'uniffon du 32 pieds ouvert. Le 8 pieds bouché porte le nom de *Bourdon de 16 pieds*, pour la même raifon ; & le 4 pieds bouché s'appelle *Bourdon de 8 pieds*. Cependant celui-ci eft bien fouvent nommé *Bourdon de 4 pieds*, ou *petit Bourdon*, parce que c'eft le plus petit de tous. Il eft à l'uniffon du 8 pieds ouvert.

148. Ces Jeux de fond d'Orgue ou d'octave peuvent quelquefois n'être pas entiers, & cela pour de bonnes raifons. Par exemple, il eft très-rare que le 32 pieds foient complet, c'eft-à-dire, qu'il y ait effectivement un *C fol ut* de 32 pieds. L'Orgue n'en eft pas moins appelé *un 32 pieds.* On retranche toujours de ce Jeu, au moins, les 4 ou 5 premiers tuyaux & le plus fouvent 7 à 8 ou 9. Une des raifons eft que, outre que de fi grands tuyaux feroient d'une grande dépenfe, il feroit difficile ou fort rare de trouver une place affez fpacieufe pour pofer un auffi grand Buffet d'Orgue qu'il le faudroit pour cela. Mais la principale raifon eft que

· ces

ces grands tuyaux exigent une grande quantité de vent qui épuiferoit le
Sommier. On eft borné pour la quantité de vent qu'on peut faire fournir
par le fommier, parce qu'on l'eft pour le degré d'*enfoncement* & de force
des touches du Clavier. S'il étoit permis de faire enfoncer beaucoup les
touches, ou de les rendre dures à baiffer, il feroit aifé de faire jouer les
grands tuyaux du 32 pieds; on rendroit en ce cas le fommier propre à
fournir un vent fuffifant. Il n'en eft pas de même de la *Pédale* qui a fon
fommier particulier : on n'y eft point borné pour la dépenfe du vent ; par
conféquent il n'y a point d'inconvénient à faire jouer un 32 pieds effectif,
qu'on appelleroit alors *Pédale de Flûte de 32 pieds.*

149. Il y a auffi plufieurs Orgues où n'ayant pu mettre que le 12 pieds
en montre, on a été obligé de placer les 4 ou 5 premiers tuyaux du 16
pieds ouvert en dedans, ou bien, ces 4 ou cinq tuyaux font en bourdon
de 16 pieds ; ce n'eft pas moins un Orgue de 16 pieds, en fpécifiant que
c'eft un 12 *pieds en montre.* Il en eft d'autres où tout le 8 pieds n'eft pas
en montre, à laquelle on n'aura pu mettre, par exemple, que le 6 pieds ;
on s'exprimera alors à proportion, comme je viens de le dire, pour le 16
pieds. Il en eft de même du 4 pieds.

150. Les *Jeux de mutation* font ainfi nommés, parce qu'ils ne font pas
ordinairement au ton d'octave des *fonds* de l'Orgue, en étant à la *quinte* ou
à la *tierce.* Parmi tous les Jeux de l'Orgue, on diftingue les *Jeux fimples*
& les *Jeux compofés.* Ceux-ci font toujours des Jeux de mutation. Les
Jeux fimples font ceux qui ne confiftent qu'en une feule rangée de tuyaux,
laquelle on peut jouer féparément de toutes les autres, en forte qu'il
n'y ait qu'un feul tuyau qui réponde à chaque touche du Clavier. On appelle *Jeux compofés* ceux qu'on ne peut pas féparer, confiftants néceffairement en un affemblage de plufieurs rangées de tuyaux ordinairement pofés
fur le même regiftre & qui parlent enfemble fur chaque touche du Clavier ; tels font les *Fournitures,* les *Cymbales* & les *Cornets.* La Fourniture
eft toujours compofée de 3 ou 4, 5, 6 ou 7 rangées de tuyaux (felon
que l'Orgue eft confidérable) comme fi c'étoient autant de Jeux diftincts
& de toute l'étendue du Clavier. S'il y a, par exemple, cinq rangées de
tuyaux, ce font cinq tuyaux qui parlent enfemble fur chaque touche du
Clavier, &c. Les Cornets font toujours compofés de cinq tuyaux *fur mar-*
che, qui parlent enfemble, c'eft-à-dire, qu'ils font compofés de cinq rangées
de tuyaux.

151. On diftingue parmi tous les Jeux de l'Orgue, ceux de *menue* ou
petite taille, de *moyenne taille* & de *groffe taille.* C'eft-à-dire, que les tuyaux
de différents Jeux de l'Orgue n'ont pas les mêmes proportions. Suppofons
un tuyau de chaque Jeu dont le corps aura 6 pouces de hauteur. Je dis
que s'il eft de menue taille, il aura 6 lignes de diametre. S'il eft de moyenne

taille & ouvert, il en aura 9. S'il est de grosse taille & ouvert, il aura 12 lignes. S'il est bouché, il aura 14 lignes de diametre. La taille des Jeux varie encore selon la grandeur de l'Eglise où l'on construit l'Orgue, & selon l'effet que les Jeux doivent faire.

152. Avant de décrire les Jeux à bouche, il convient de présenter non-seulement la figure de chaque espece de tuyaux qui composent les différents Jeux, mais encore leurs proportions ; ce qui donnera une idée de ce qu'on appelle *menue, moyenne & grosse taille.* Il faut les remarquer dans la *Pl. XVI*, où je les ai représentés dans leur grandeur naturelle. J'ai choisi

pour cela un tuyau de 6 pouces de hauteur de chaque espece, non compris le pied. On voit en la *fig.* 115, un tuyau de très-menue taille, tel qu'il convient au Jeu de la *basse de Viole.* La *fig.* 116 est un tuyau de menue taille ordinaire. C'est ainsi que sont les *Fournitures* & les *Cymbales* pour le grand Orgue. On les fait d'un peu plus menue taille pour le *Positif.* La *fig.* 117 représente la moyenne taille, telle qu'il convient aux Jeux de 8 *pieds ouvert, Prestant & Doublette.* Cette proportion est également convenable au 32 *pieds* & 16 *pieds*, en supposant le tuyau plus grand. On voit dans la 118 *fig.* un tuyau ouvert de grosse taille, propre aux *Nasards*, aux *Tierces* & aux *Cornets.* La *fig.* 119 représente un tuyau bouché, comme sont les *Bourdons* & certaines basses qu'on est quelquefois obligé de faire en tuyaux bouchés, n'en pouvant pas placer d'ouverts. Ce tuyau (*fig.* 119) a son couvercle soudé ; mais il est des Facteurs qui aiment mieux les boucher à *calottes* mobiles, comme je l'ai représenté en petit (*fig.* 120) On y voit par-dessus sa calotte séparée. L'une & l'autre méthode sont bonnes. La *fig.* 121 est un tuyau *à cheminée.* Il peut être également à calotte ; on soude alors la cheminée sur la calotte. On met toujours des *oreilles* aux deux côtés de la bouche de tous les tuyaux bouchés & à cheminée, comme on peut le remarquer aux *fig.* 119 & 121.

153. On observera que les proportions des tuyaux à cheminée sont absolument les mêmes que celles des tuyaux bouchés ; ainsi il est aisé de mettre à cheminée tous ceux-ci ; on n'a qu'à y ajouter la *cheminée* sur le couvercle. Elle doit être d'autant plus haute qu'on la fait grosse ; & plus elle est menue, plus elle doit être courte. Les plus grosses ont la moitié du diametre du corps du tuyau. En ce cas elles doivent être presqu'aussi hautes que le corps de leurs tuyaux. Il y a des Facteurs qui leur donnent le quart ou le demi-quart seulement de son diametre, elles sont alors beaucoup plus courtes à proportion. Plus la cheminée est grosse & haute, plus l'harmonie approche de celle d'un tuyau ouvert ; & plus elle est courte & menue, plus l'harmonie du tuyau approche de celle d'un tuyau bouché. Ainsi dans le choix des tuyaux bouchés ou ouverts, on a égard à l'effet qu'on veut qu'ils fassent.

154. La *fig.* 122 (*Pl. XVI.*) repréſente un tuyau à *fuſeau*, qui a à peu près la même harmonie que celui à cheminée. On ne l'emploie gueres que pour les deſſus du *Naſard* lorſque les baſſes ſont à cheminée ; ce qui eſt aſſez l'uſage à préſent pour un poſitif. On voit pourtant encore de bonnes Orgues où le Naſard entier eſt en tuyaux à *fuſeau* ſur le grand ſommier, & fait un bon effet. On ſe ſert rarement des tuyaux *coniques* (*fig.* 123) ; ils ſont bons pour un deſſus de 8 *pieds ouvert* propre à *mélanger* dans les *Flûtes* : ils y ſont bien, parce qu'ils ſont un peu plus éclatants que les autres. La *fig.* 124 repréſente un tuyau ordinaire en bois. Il faut le concevoir beaucoup plus grand qu'il n'eſt dans la figure. Autrefois il étoit fort ordinaire d'en employer de fort petits, même juſqu'à 2 ou 3 pouces de hauteur. Mais ce n'eſt plus l'uſage. On n'en fait gueres de plus petits que d'environ 2 pieds de hauteur ou tout au plus de 18 pouces. J'expliquerai leur conſtruction dans la ſuite.

155. Il eſt à remarquer que la *taille* des tuyaux varie ſelon la place qu'ils occupent, la fonction qu'ils doivent faire & l'effet qu'on veut qu'ils produiſent. Par exemple, un *C ſol ut* de 4 pieds de hauteur qui, appartenant au Jeu de 16 pieds ouvert, ſe trouve répondre au troiſieme *C ſol ut* du Clavier, n'aura en ce cas que 3 pouces de diametre. Mais s'il appartient au *Preſtant*, on lui donnera une proportion différente. Comme il ſe trouve premier *C ſol ut* de ce Jeu, il faut qu'il ait 3 pouces & demi de diametre. Tous les Facteurs d'Orgues ne donnent pas les mêmes proportions aux mêmes Jeux ; les uns les font un peu plus gros que les autres. Il en eſt qui ſont partiſans des *deſſus* gros, d'autres préferent de groſſir les *baſſes*. Il ne faut donc pas tellement compter ſur les dimenſions que je viens de donner aux tuyaux repréſentés dans la *Pl. XVI*, qu'on n'en voie aſſez ſouvent dans des proportions un peu différentes. Mais celles-ci ſont les plus ordinaires ; ce qui ſuffit pour faire entendre en général ce que c'eſt que *menue, moyenne & groſſe taille.*

156. Il s'agit préſentement d'expliquer dans le détail ce que c'eſt que chaque Jeu à bouche, tels qu'ils ſont communément en uſage en France. En voici le nombre. 1°. Le 32 *pieds ouvert.* 2°. Le *Bourdon de 32 pieds.* 3°. Le 16 *pieds ouvert.* 4°. Le *Bourdon de 16 pieds.* 5°. Le 8 *pieds ouvert.* 6°. Le *Bourdon de 8 pieds.* 7°. Le *gros Naſard.* 8°. Le *Preſtant.* 9°. La *groſſe Tierce.* 10°. Le *Naſard.* 11°. La *Doublette.* 12°. La *quarte de Naſard.* 13°. La *Tierce.* 14°. Le *Larigot.* 15°. La *Fourniture.* 16°. La *Cymbale.* 17°. Le *Cornet.* 18°. La *baſſe de Viole.* Tous les autres Jeux à bouche qui rempliſſent un Orgue, ne ſont qu'une répétition de pluſieurs de ceux-ci, auxquels on donne différents noms ſelon leur fonction & le lieu qu'ils occupent.

157. Mais je crois devoir ici avertir & faire bien remarquer que lorſque je déterminerai la matiere ſoit d'étain, ſoit de plomb, avec laquelle ils doi-

vent être fabriqués, je ne prétends que faire connoître l'ufage ordinaire où l'on eft en France à cet égard. On en fait un nombre en étoffe, tels que les deffus des Bourdons, les Cornets, les Nafards, les Quartes, les Tierces, les Larigots & quelques Pédales de Flûte. Je penfe, avec d'habiles Facteurs d'Orgues, que ce n'eft que par efprit d'économie qu'on emploie le plomb pour tous ces Jeux, & qu'il feroit mieux de les faire en étain; ils en auroient plus de fon, plus de tranchant & plus d'harmonie. Les pieds de tous les tuyaux de l'intérieur de l'Orgue fe font toujours d'étoffe; il feroit mieux de les faire en étain. Ce n'eft pas que cette matiere fît rien au fon des tuyaux; mais elle contribueroit beaucoup à la durée de l'accord & de l'harmonie. Le plomb produit une efpece de rouille blanche en forme de fel, qui altere les embouchures des pieds des tuyaux. Le peu de folidité de cette matiere fait que le jour ou la lumiere des bouches ne fe maintient pas long-temps comme l'Ouvrier les a mis; cette efpece de rouille l'altere; auffi voyons-nous qu'en ce Royaume, on eft obligé d'accorder plus fouvent les Orgues qu'en Allemagne, où le plomb eft entiérement banni de cet Inftrument, dont tous les tuyaux avec leurs pieds font faits en étain.

158. Le 32 *pieds* eft un Jeu de moyenne taille, qu'on conftruit en étain fin. C'eft le plus grave ou le plus bas de tous les Jeux de l'Orgue. Voyez *Pl. XVII*, qui contient le tableau de tous les Jeux. Celui-ci parle une octave plus bas que le 16 pieds ouvert, & il répond au fecond Clavier. Il n'en a pas pourtant toute l'étendue comme je l'ai expliqué art. 148. On peut, fi l'on veut en faire la dépenfe, mettre un 32 pieds à la Pédale; il y feroit très-bien. Il n'auroit alors que l'étendue de ce Clavier qui n'eft tout au plus que de trois octaves; on le nommeroit *Pédale de Flûte de 32 pieds.* On peut faire ce Jeu tout en bois fi l'on ne le met pas en montre.

159. *Le Bourdon de 32 pieds.* C'eft un 16 pieds bouché dont les trois premieres octaves fe font toujours en bois & le refte en étoffe. Ce Jeu doit être de groffe taille. Il eft à l'uniffon du 32 pieds ouvert. Il n'a pas toute l'étendue du Clavier, tout de même que le 32 pieds ouvert. On en retranche toujours plufieurs tuyaux de la premiere octave pour les raifons que j'ai détaillées art. 148.

160. *Le 16 pieds ouvert*, qu'on met ordinairement en montre, autant que le local & la dépenfe qu'on veut faire peuvent le permettre, eft un Jeu de moyenne taille qui parle une octave plus haut que le 32 pieds ouvert. On lui donne fans inconvénient toute l'étendue du Clavier, & on le fait en étain fin. Si les grands tuyaux ne font point en montre, on les fait ordinairement en bois. Quelquefois on fait quelques tuyaux de la baffe en 8 pieds bouché lorfque le buffet de l'Orgue eft trop petit. Aux grandes Orgues, on met un 16 pieds ouvert à la Pédale, qu'on nomme *Pédale de Flûte de 16 pieds.* Ce Jeu y fait un bel effet.

161.

161. *Le Bourdon de* 16 *pieds* eſt un 8 pieds bouché qui parle à l'uniſſon du 16 pieds ouvert. On fait les deux premieres octaves en bois, & le reſte en étoffe. Ce Jeu doit être de groſſe taille, comme tous les Bourdons, pour faire un bon effet. Il eſt toujours de toute l'étendue du Clavier, ſi la place le per-met. Dans les grandes Orgues, on met quelquefois un Bourdon de 16 pieds dans le poſitif; on peut en mettre un à la Pédale, ſi la place ne permet pas d'y loger un 16 pieds ouvert. On le nomme *Pédale de Flûte de* 16 *pieds.*

162. *Le* 8 *pieds ouvert*, qu'on met ordinairement en montre, eſt un Jeu de moyenne taille qui parle à l'octave du 16 pieds. On le fait en étain, & on lui donne toute l'étendue du Clavier. Voy. l'art. 143. Dans les Orgues dont la montre eſt un 16 pieds, on met un 8 pieds en montre au Poſitif. Dans celles qui ſont moindres, on ne met qu'une partie du 8 pieds à la mon-tre du poſitif, & on fait en bois les grands tuyaux de la baſſe qu'on met en-dedans. Le 8 pieds du Poſitif doit être de moyenne taille & égal à celui du grand Orgue.

Dans les grandes Orgues, on ne ſe contente pas d'un ſeul 8 pieds ouvert, on en met bien ſouvent deux. On peut faire le ſecond d'une taille un peu plus groſſe. On le nomme, pour le diſtinguer de l'autre, *Flûte ouverte de* 8 *pieds*, ou, *ſecond* 8 *pieds.* On ajoute encore quelquefois un autre 8 pieds dans les deſſus, de l'étendue de deux octaves & demie ſeulement, qu'on nomme *Flûte de* 8 *pieds*, ou, *troiſieme* 8 *pieds.*

163. La principale *Flûte de la Pédale* eſt un 8 pieds ouvert de groſſe taille, dont la baſſe, c'eſt-à-dire, les 12 ou 18 premiers tuyaux ſe font en bois, & le reſte d'étoffe. On nomme ce Jeu, *Pédale de Flûte de* 8 *pieds.* Dans les grandes Orgues, on met un ſecond 8 pieds ouvert tout en étain. Alors pour diſtinguer ces deux Jeux, on nomme l'un *premiere Pédale de Flûte de* 8 *pieds*, & l'autre *ſeconde Pédale de Flûte de* 8 *pieds.*

164. *Le Bourdon de* 8 *pieds*, qui eſt un 4 pieds bouché, qu'on appelle auſſi *petit Bourdon*, ou, *Bourdon de* 4 *pieds*, à l'uniſſon du 8 pieds ouvert. C'eſt un Jeu de groſſe taille, de toute l'étendue du Clavier, dont on fait la premiere octave de la baſſe en bois, & le reſte en étoffe, tout bouché ou à cheminée. On en met un ſemblable au Poſitif. On l'emploie encore à la Pédale dans les petites Orgues lorſqu'il n'y a pas aſſez de place pour une Pé-dale de Flûte de 8 pieds ouverte. Il faut ajouter qu'il n'y a point d'Orgue où il n'y ait au moins un petit Bourdon pareil, pour ſervir de fondement à l'harmonie; ſans quoi l'Orgue parleroit une octave plus haut; ce qui feroit un *aigu* déſagréable.

165. *Le gros Naſard.* C'eſt un Jeu de mutation, de groſſe taille, tout ouvert, & à la quinte du 8 pieds. Son plus grand tuyau eſt de 5 pieds 4 pouces. Il eſt de toute l'étendue du Clavier. On en fait quelques tuyaux de la baſſe en bois, & le reſte d'étoffe. On ne met ce Jeu que dans les Orgues

PLANCHE XVII.

de 16 pieds, à plus forte raison dans les plus grandes. Quelquefois on met un gros Nafard à la Pédale, qu'on nomme *Pédale de gros Nafard*; mais ce n'eft que dans les plus grandes Orgues.

166. Le *Preftant* eft un quatre pieds ouvert, de moyenne taille, qui parle une octave plus haut que le 8 pieds ouvert. On fait ce Jeu en étain fin & de toute l'étendue du Clavier. On en met un femblable dans le Pofitif. On emploie toujours à la Pédale un 4 pieds ouvert, de groffe taille, qu'on fait en étoffe, ou quelquefois les plus grands tuyaux en bois. On nomme ce Jeu *Pédale de Flûte de 4 pieds.* Il y a un autre Jeu dans l'Orgue, qu'on met le plus fouvent au Pofitif, qui eft à l'uniffon du Preftant. C'eft un deux pieds bouché ou à cheminée tout en étoffe. On le nomme fimplement *Flûte*. Il eft plus néceffaire dans le Pofitif que dans le grand Orgue.

167. *La groffe Tierce* eft un Jeu de mutation, de groffe taille, tout ouvert, conftruit en étoffe, de toute l'étendue du Clavier, & qui parle à la tierce du Preftant. Pour que ce Jeu faffe bien dans un Orgue, il faut qu'il y ait au moins un Bourdon de 16 pieds. On ne le met jamais dans le Pofitif. On l'emploie quelquefois à la Pédale, & on le nomme alors *Pedale de groffe Tierce*. Son plus grand tuyau eft de 3 pieds 2 pouces.

168. Le *Nafard* eft un Jeu de mutation, de groffe taille, tout ouvert. On le fait en étoffe & de toute l'étendue du Clavier. Il parle à la quinte du Preftant, ou à l'octave du gros Nafard. On emploie ce Jeu dans toutes les Orgues tant grandes que petites. On en met toujours un dans le Pofitif, qu'on fait en cheminée & de plus menue taille. On peut faire les deffus en fufeau. Dans les grandes Orgues, on emploie quelquefois ce même Nafard ouvert à la Pédale, avec tous les autres Jeux que j'ai dit ci - deffus pouvoir être mis à la Pédale. On le nomme *Pédale de Nafard*. Son premier tuyau a 2 pieds 8 pouces.

169. La *Doublette* eft un Jeu d'octave & ouvert, de moyenne taille. On le fait en étain fin & de toute l'étendue du Clavier. Il parle à l'octave du Preftant, ou à la double octave du 8 pieds ouvert. Son premier tuyau a 2 pieds de hauteur. On met une Doublette femblable dans le Pofitif. On emploie ce Jeu dans toutes les Orgues.

170. La *Quarte de Nafard* eft un Jeu ouvert & de mutation, quoiqu'à l'uniffon de la Doublette; on lui donne toute l'étendue du Clavier. Comme on le fait toujours en étoffe, de groffe taille, & qu'il eft deftiné à être toujours mélangé avec les Nafards & les Tierces préférablement à la Doublette, il eft regardé comme un Jeu de mutation. On le nomme *Quarte de Nafard*, parce qu'il fonne effectivement une quarte au-deffus du Nafard. On emploie auffi ce Jeu dans le Pofitif, & on le fait alors un peu moins gros de taille. Son premier tuyau a 2 pieds. On met quelquefois une Quarte de Nafard à la Pédale.

PLANCHE
XVII.

171. La *Tierce* eſt un Jeu ouvert & de mutation, de groſſe taille, qu'on fait ordinairement en étoffe, quelquefois en étain, & de toute l'étendue du Clavier. Il parle à la Tierce de la Doublette, ou à l'octave de la groſſe Tierce. On emploie auſſi ce Jeu dans le Poſitif, mais d'une taille un peu moins groſſe. On le met quelquefois à la Pédale. La Tierce eſt en uſage dans toutes les Orgues. Son premier tuyau a 19 pouces.

172. Le *Larigot* eſt un Jeu ouvert & de mutation, de groſſe taille, qu'on fait en étoffe & de toute l'étendue du Clavier. Il parle à la quinte de la Doublette, ou à l'octave du Naſard. C'eſt le Jeu le plus aigu de l'Orgue. Il n'eſt en uſage que pour le Poſitif, dans lequel on le met toujours. Son premier tuyau eſt de 16 pouces.

173. La *Fourniture* eſt un Jeu compoſé & de mutation, de menue taille & du meilleur étain fin. On lui donne toute l'étendue du Clavier. Sa progreſſion eſt différente de celle des autres Jeux, comme on peut le remarquer dans le Tableau (*Pl. XVII*). La Fourniture eſt compoſée au moins de trois rangées de tuyaux, dont le nombre de chaque rangée eſt égal à celui des touches du Clavier ; & ſept rangées au plus la rendent complette aux plus grandes Orgues. Quelque nombre de rangées de tuyaux que l'on y mette, ſa progreſſion va ainſi en montant : *ut* 1 ; *ut* ✳ 2 ; *re* 3 ; *mi*♭ 4 ; *mi* 5 ; *fa* 6 ; *fa* ✳ 7 ; *ſol* 8 ; *ſol* ✳ 9 ; *la* 10 ; *ſi*♭ 11 ; *ſi* 12 ; *ut* 13 ; *ut* ✳ 14 ; *re* 15 ; *mi*♭ 16 ; *mi* 17 ; ici le *fa* 6 précédent reprend, & on pourſuit juſqu'au *mi* 17 ſuivant incluſivement ; après lequel le même *fa 6* reprend encore, & on pourſuit juſqu'au dernier tuyau ſans autre repriſe. La ſeconde rangée eſt à la quinte de la premiere avec les mêmes *repriſes*. La troiſieme rangée eſt à l'octave de la premiere avec les mêmes repriſes. La quatrieme rangée eſt à la quinte de la troiſieme, ou ce qui eſt le même à l'octave de la ſeconde, &c. c'eſt ce qu'il faut examiner dans le Tableau. Les nombres qui ſont écrits après chaque note déſignent la progreſſion de ce Jeu, de même que les notes. Ils ont encore une autre utilité dont nous parlerons dans la ſeconde Partie.

174. On ne met pas dans les petites Orgues toutes les ſept rangées de la Fourniture comme elles ſont marquées dans le Tableau ; on ſe contente de prendre la cinquieme, la ſixieme & la ſeptieme rangées. Dans des Orgues plus conſidérables, on en met 4 rangées ; on y ajoute alors la quatrieme rangée ; dans les 16 pieds, on en met cinq rangées, ſavoir, la troiſieme, la quatrieme, la cinquieme, la ſixieme & la ſeptieme rangées. Mais dans les plus grandes Orgues, on emploie la Fourniture entiere telle qu'elle eſt dans le Tableau. Pour le Poſitif, s'il n'y a point de 8 pieds ouvert, on ne met que les trois dernieres rangées de la Fourniture, c'eſt-à-dire, la cinquieme, la ſixieme & la ſeptieme. S'il y a un 8 pieds ouvert, on emploie les quatre dernieres rangées. On mettoit ce Jeu anciennement dans l'Echo, & même à

la Pédale. Mais ce n'est plus l'usage ; on ne l'emploie qu'au grand Orgue & au Positif. Du reste quand on voit en certaines Orgues des Tirans nommés *grosse Fourniture* , ce n'est autre chose que la seule Fourniture, dont on divise les rangées sur deux registres, afin d'éviter la trop grande largeur qu'un seul auroit si l'on y plaçoit la Fourniture entiere, de 4 ou 5 ou 6 ou 7 rangées.

175. La *Cymbale* est un Jeu composé, de mutation, de menue taille, tout ouvert, du meilleur étain fin & de toute l'étendue du Clavier. Ce Jeu est différent de la Fourniture en ce qu'il n'a pas tant de grands tuyaux & par le nombre de ses reprises. Dans la Fourniture, il n'y a que trois reprises à chaque rangée ; mais dans la Cymbale, il y en a sept. La premiere rangée va ainsi en montant : *ut* 1 ; *ut*✳ 2 ; *re* 3 ; *mi*♭ 4 ; *mi* 5 ; *fa* 6 ; *fa*✳ 7 ; *sol* 8 ; *sol*✳ 9 ; *la* 10 ; *si*♭ 11 ; *si* 12 ; ici au lieu de dire *ut*, on reprend le *sol* 8 précédent, & on fait, *sol* 8 ; *sol*✳ 9 ; *la* 10 ; *si*♭ 11 ; *si* 12 : on reprend le *fa* 6 précédent, *fa* 6 ; *fa*✳ 7 ; *sol* 8 ; *sol*✳ 9 ; *la* 10 ; *si*♭ 11 ; *si* 12 : on reprend encore le *sol* 8 précédent, & on fait, *sol* 8 ; *sol*✳ 9 ; *la* 10 ; *si*♭ 11 ; *si* 12 : on reprend le *fa* 6 précédent, *fa* 6 ; *fa*✳ 7 ; *sol* 8 ; *sol*✳ 9 ; *la* 10 ; *si*♭ 11 ; *si* 12 : on reprend le *sol* 8 précédent, & on dit : *sol* 8 ; *sol*✳ 9 ; *la* 10 ; *si*♭ 11 ; *si* 12 : on reprend le *fa* 6 précédent *fa* 6 ; *fa*✳ 7 ; *sol* 8 ; *sol*✳ 9 ; *la* 10 ; *si*♭ 11 ; *si* 12 , & on poursuit sans autre reprise, *ut* 13 ; *ut* ✳ 14 ; *re* 15 , selon l'étendue du Clavier. On voit assez par cette description les sept reprises, qui sont les mêmes à chaque rangée, où l'on remarquera qu'il y a des reprises de sept tuyaux & d'autres de cinq.

Voici comment on compose la seconde rangée, qui fait la Quinte sur la premiere dans les reprises de 7 tuyaux, & la Quarte aux reprises de 5 tuyaux, ce dont il faut toujours se souvenir. *sol* 8 ; *sol*✳ 9 ; *la* 10 ; *si*♭ 11 ; *si* 12 ; *ut* 13 ; *ut*✳ 14 ; *re* 15 ; *re*✳ 16 ; *mi* 17 ; *fa* 18 ; *fa*✳ 19 : jusqu'ici nous avons fait la Quinte sur la premiere rangée, il faut présentement faire la Quarte dans les cinq tuyaux suivants qui forment la petite reprise, & dire, *ut* 13 ; *ut*✳ 14 ; *re* 15 ; *mi*♭ 16 ; *mi* 17 ; ici il faut reprendre la Quinte qui est l'*ut* précédent, & dire pour les sept tuyaux suivans qui font la grande reprise, *ut* 13 ; *ut*✳ 14 ; *re* 15 ; *re*✳ 16 ; *mi* 17 ; *fa* 18 ; *fa*✳ 19 : il faut reprendre la Quarte à la petite reprise, *ut* 13 ; *ut*✳ 14 ; *re* 15 ; *mi*♭ 16 ; *mi* 17 ; reprendre la Quinte, *ut* 13 ; *ut*✳ 14 ; *re* 15 ; *re*✳ 16 ; *mi* 17 ; *fa* 18 ; *fa*✳ 19 : reprendre la Quarte, *ut* 13 ; *ut*✳ 14 ; *re* 15 ; *mi*♭ 16 ; *mi* 17 : reprendre la Quinte, *ut* 13 ; *ut*✳ 14 ; *re* 15 ; *re*✳ 16 ; *mi* 17 ; *fa* 18 ; *fa*✳ 19 ; *sol* 20 ; *sol*✳ 21 ; *la* 22. Voilà donc les sept reprises de la seconde rangée. La troisieme se compose comme la premiere , en la mettant par-tout une octave plus haut. La quatrieme comme la seconde , mais une octave aussi plus haut : c'est ainsi qu'on fera jusqu'à la neuvieme rangée.

rangée. Il faut bien examiner la marche de ce Jeu dans le Tableau, où l'on
en comprendra mieux la difpofition. Il faut remarquer que quoique je parle ici de *Quartes*, ce font réellement des octaves fur le fond ; comme
quand on dit en montant *ut, fol, ut* ; de l'*ut* au *fol* il y a une quinte, &
du *fol* à l'*ut* c'eft une quarte, laquelle eft une octave fur le premier *ut*.

176. La Cymbale va toujours avec la Fourniture ; on ne fépare jamais
ces deux Jeux, qui étant enfemble prennent le nom de *Plein-Jeu*. On met
dans l'Orgue plufieurs rangées de Cymbale à proportion du nombre de rangées de Fourniture qu'on emploie. Dans un 16 pieds, le moindre Plein-Jeu
eft de 9 tuyaux fur *Marche*, c'eft-à-dire, qu'on prend les cinq dernieres
rangées de la Fourniture, & les quatre dernieres de la Cymbale. Si c'eft un
8 pieds, le Plein-Jeu eft de 7 tuyaux fur marche ; on prend les quatre
dernieres rangées de la Fourniture & les trois dernieres de la Cymbale. Si
l'on veut faire le Plein-Jeu de 8 tuyaux fur marche, on met les quatre dernieres rangées de la Fourniture & les quatre dernieres de la Cymbale. Si
l'Orgue eft un 32 pieds ouvert avec un Bourdon de 32 pieds, on met alors
la Fourniture entiere & la Cymbale entiere. Pour un Pofitif, fi c'eft un 8
pieds en montre, on met le Plein-Jeu de 7 tuyaux fur marche. S'il n'y a
point de 8 pieds ouvert, le Plein-Jeu ne fera que de 5 tuyaux fur marche,
c'eft-à-dire, les trois dernieres rangées de la Fourniture & les deux dernieres de la Cymbale. Lorfque le Plein-Jeu n'eft que de 4 tuyaux fur marche ou de trois feulement, on prend les quatre ou les trois dernieres rangées de la Cymbale & point de Fourniture. Si le Plein-Jeu eft de 8 ou de
6 tuyaux fur marche, on prend la moitié dans la Fourniture, & l'autre
moitié dans la Cymbale : voilà les regles ordinaires.

177. Tous les Facteurs ne fuivent pas abfolument les méthodes & les
arrangements que je viens de décrire dans les trois articles précédents pour
la compofition du Plein-Jeu. Il y en a qui ne font que trois reprifes à la
Cymbale comme à la Fourniture ; il y en a d'autres qui font quatre reprifes à la Fourniture & autant à la Cymbale : les uns n'en faifant que trois
à la Fourniture, comme je l'ai dit, n'en font pas le commencement aux
fa, mais aux *fol*, ou, *fol dièfe*, &c. Les autres ne commencent pas la
premiere rangée du Plein-Jeu, qui feroit, par exemple, de 9 tuyaux fur
marche, par un tuyau de deux pieds, mais par une quinte plus haut.
Quelques-uns ne font pas toutes les rangées de quatre octaves comme à
l'ordinaire ; ils en retranchent dans les deffus une octave ou un peu plus,
en forte que le Plein-Jeu fera bien alors, par exemple, de 9 tuyaux fur
marche dans les baffes ; mais il ne fera que de 5, ou 6, ou 7 dans les
deffus, &c. Je ne ferai point remarquer ici toutes les variations de quelques
Facteurs dans la compofition & l'arrangement du Plein-Jeu ; ce font des
pratiques qui ne doivent pas fervir de modele, quoiqu'on en trouve quel-

ORGUES. N

ques exemples dans d'anciennes Orgues. Ce que j'en ai dit ici, n'est que pour donner une idée de ces variations, qui font encore en bien plus grand nombre ; mais tous s'accordent toujours à ne mettre que des Quintes & des Octaves, & jamais des Tierces.

178. Tout ce qu'il y a de plus harmonieux dans l'Orgue, au jugement des connoisseurs & de ceux qui ont du goût pour la vraie harmonie, c'est le *Plein-Jeu*, lorsqu'il est mélangé avec tous les *fonds* qui le nourrissent dans une juste proportion ; & la raison pour laquelle on met toujours ensemble les fonds de l'Orgue avec la Fourniture & la Cymbale est, que si l'on employoit celles-ci seules, dans les différentes combinaisons d'accord que fait un Organiste, elles formeroient des sons désagréables qui disparoissent à l'oreille, lorsque le mélange des sons fondamentaux les mettent au rang des sons harmoniques. Supposons, par exemple, qu'on tienne ensemble sur le Clavier les quatre touches *sol, si, re, fa*, qui est un accord fort ordinaire ; la Fourniture & la Cymbale, qui font toujours des Octaves & des Quintes, sonneront sur le *sol*, les tons *re sol, re sol*, &c. en montant : on entendra sur le *si*, les tons *fa* ✳, *si* ; *fa* ✳, *si*, &c. sur le *re*, on entendra les tons, *la, re la* ; *re la*, &c. on entendra sur le *fa*, les tons, *ut, fa ut* ; *fa ut*, &c. Il s'ensuit que les notes suivantes se feront entendre toutes ensemble, *sol, la, si, ut, re, fa, fa* ✳ ; ce qui fait assurément un accord désagréable à l'oreille. Cependant cette dureté d'harmonie s'évanouit & se change en accord gracieux lorsqu'on y mêle les fonds de l'Orgue qui forment le son fondamental.

179. Le *Cornet* est un Jeu composé, de mutation, de grosse taille & tout en étoffe. Il consiste en cinq rangées de tuyaux, dont chacune porte un nom différent. La premiere rangée s'appelle *Bourdon*, parce qu'elle est à l'unisson des dessus du Bourdon de 8 pieds, autrement dit petit Bourdon. La seconde rangée s'appelle *Prestant*, attendu qu'elle est à l'unisson des dessus de ce Jeu. La troisieme rangée s'appelle *Nasard*, étant à l'unisson des dessus du Nasard, qui sonne la Quinte au-dessus du Prestant. On nomme *Quarte de Nasard* la quatrieme rangée, comme étant à l'unisson des dessus de ce Jeu, ou à l'Octave du Prestant. Et la cinquieme rangée est appellée *Tierce*, puisqu'elle est à l'unisson des dessus de ce Jeu qui sonne la Tierce majeure sur la Quarte de Nasard. On voit par-là que le Cornet n'est autre chose que la répétition des dessus du petit Bourdon, du Prestant, du Nasard, de la Quarte de Nasard & de la Tierce. Ainsi le premier tuyau, par exemple, sonne *ut* ; le second encore *ut*, octave plus haut ; le troisieme, *sol*, une quinte plus haut ; le quatrieme, *ut*, octave plus haut que l'*ut* précédent ; & le cinquieme, *mi*, une tierce majeure plus haut que le dernier *ut*. Voyez le Tableau (*Pl. XVII*), où le Cornet est tout noté. Quoique les cinq rangées, qui composent le Cornet, soient

à l'uniſſon des Jeux dont nous venons de parler, elles en différent pourtant pour la qualité de l'harmonie, étant de plus groſſe taille. Le Cornet eſt un Jeu brillant & éclatant, qui n'a lieu que pour les deſſus de l'Orgue.

Planche XVII.

180. On met ordinairement pluſieurs Cornets dans l'Orgue, ſur-tout s'il eſt conſidérable. On en met un de deux octaves d'étendue dans le Poſitif, lorſqu'il y a une Trompette & un Clairon. On en met un autre dans le grand Orgue, qu'on nomme *grand Cornet*, parce qu'on le fait plus gros de taille que les autres. On lui donne deux octaves d'étendue; il commence à la *clef* de *C ſol ut*, c'eſt-à-dire, au milieu du Clavier. On en met un autre égal au précédent, & qui répond au troiſieme Clavier, lorſqu'il y a une *Bombarde* ſur un Clavier ſéparé. Il y en a un qui eſt relatif au quatrieme Clavier, s'il y a cinq Claviers; ou au troiſieme s'il n'y en a que quatre. Ce dernier Cornet s'appelle, *Cornet de Récit*, auquel on donne plus d'étendue qu'aux précédents. Il commence à la clef d'*f ut fa*, ou au moins au *ſol*, un ton plus haut, ce qui fait deux octaves & demie. On le fait d'un peu plus menue taille que le grand Cornet. On en poſe un autre ſur le Sommier de l'*Echo*, qui ſe nomme *Cornet d'Echo*. On peut le faire de la même taille que celui de Récit, ou plus petit ſi l'on veut. On lui donne l'étendue que l'on juge à propos, ſoit de deux octaves, ou deux octaves & demie, ou trois octaves au plus.

181. Un autre Jeu à Bouche, qui n'eſt pas encore bien commun en France, c'eſt la *baſſe de Viole*, qu'on fait en étain, & auquel on donne toute l'étendue du Clavier. On le met indifféremment au grand Orgue ou au Poſitif. C'eſt un 8 pieds pour la hauteur des tuyaux; mais pour la groſſeur, on ſuit la taille du Preſtant. Il eſt aſſez difficile de le mettre au point qu'il faut pour qu'il imite vraiment la baſſe de Viole. Quoique ce ſoit un 8 pieds, on le fait *Octavier*, & il parle à l'uniſſon du Preſtant. Il y en a qui en font un Jeu compoſé, en y ajoutant une autre rangée de tuyaux qui ſonnent une octave plus haut ſur la premiere rangée juſqu'au troiſieme *C ſol ut*, & la ſuite reprend à l'uniſſon de la premiere rangée; on fait par conſéquent cette ſuite toute ſemblable à la premiere; d'autres diſpoſent autrement cette ſeconde rangée, & font la repriſe autrement.

Section Seconde.

Deſcription des Jeux d'Anche.

182. Les Jeux d'Anche ſont ainſi nommés, parce qu'ils parlent au moyen d'une *Anche*. Ce ſont les plus brillants, & qui font le principal éclat de l'Orgue. On peut les comparer à pluſieurs autres inſtruments de Muſique fort connus, comme le Baſſon, le Haut-bois, qui ont une Anche que l'on

presse entre les levres ; le Chalumeau qui a une languette qui doit mouvoir librement, & qu'on met toute entiere dans la bouche pour faire parler cet instrument ; le Serpent, le Cor-de-Chasse, la Trompette, &c. ont aussi leur Anche, consistant en leur embouchure qu'on appelle le *Bocal*, qui s'applique contre les levres & servent de languette. Tout de même il y a des Jeux dans l'Orgue qui ne donnent leur son que par leur Anche ; tels sont : la *Bombarde*, la *Trompette*, le *Clairon*, le *Cromorne* & la *Voix Humaine*. Ce sont les Jeux ordinaires. Il en est deux autres plus nouveaux qui sont le *Haut-bois* & la *Musette*. A l'égard de la *Régale*, c'est le Jeu d'Anche le plus ancien, qui n'est plus d'usage dans les Orgues d'Eglise. On ne l'emploie que dans de petits Cabinets portatifs, à cause que ce Jeu est très-petit. Nous en parlerons pour le faire connoître. Les Anches des tuyaux d'Orgues sont fort différentes de celles des autres instrumens que nous avons nommés ci-dessus. On les fait toujours en laiton ; & toutes celles des différents Jeux sont de la même figure & de la même construction. Elles ne différent entre elles que par leur grandeur. Je vais en décrire une médiocre ; il suffira de bien connoître celle-là pour se former l'idée de toutes les autres.

183. La *fig.* 125, (*Pl. XVIII*) représente une Anche toute montée dans son *Noyau* soudé à sa *boîte*. C'est dans le haut de cette boîte qu'on ajuste le bout inférieur *I* d'un grand tuyau de Trompette. *A* est l'*Anche* ; *B*, la *Languette* ; *C C*, la *Rasete* ; *D*, le *Noyau* qui est soudé à la boîte *E E*. L'Anche *A*, avec la Languette *B*, sont enfoncés bien juste dans le Noyau *D*, & affermis au moyen du *coin* de bois *F*. Le tout est renfermé dans le *pied H H*, que j'ai représenté coupé sur le devant de haut en bas pour laisser voir l'Anche avec tout ce qui l'accompagne. *I* est l'embouchure du pied, auquel il faut remarquer le bout conique *H I*. On voit en la *figure* 126, le même pied, qui est représenté entier. Tous les pieds des Jeux d'Anche se font presque toujours en étoffe, & ont la même figure. Ils ne different entr'eux que pour la grosseur. J'avertis au reste que les pieds de toutes les autres figures de cette *Pl. XVIII*, sont représentés transparents, pour laisser voir l'Anche, &c.

184. Une *Anche*, que quelques-uns ont autrefois appellée *Echalote*, est un canal de cuivre jaune, assez solide, fermé par le bout inférieur. Cette piece donne son nom à tout cet assemblage de l'Anche, de la Languette, la Rasete & son coin. La *fig.* 127 représente en perspective l'Anche vue de face du côté du creux. La *fig.* 128 en fait voir le profil géométral, où l'on juge par le dehors de sa profondeur intérieure. La *fig.* 129 représente la Languette vue de face, ou sur son plat ; & la *fig.* 130 en fait voir le profil & l'épaisseur. C'est une lame de cuivre jaune mince, dont l'épaisseur doit être proportionnée à la grandeur de l'Anche. Cette épaisseur varie

encore

encore felon que la Languette eft plus ou moins écrouie ; car fi elle l'eft beaucoup, elle doit être plus mince ; & fi elle eft moins écrouie, elle fera plus épaiffe.

185. On peut remarquer dans la *fig.* 130, que la Languette ne doit pas être droite ou plane, mais un peu en portion circulaire. Si elle étoit droite, elle feroit la fonction d'une Soupape ; le vent la feroit exactement appliquer contre l'Anche, & par conféquent fon iffue y feroit entiérement fermée. Mais étant de figure un peu circulaire, le vent, qui tend à la faire redreffer pour l'appliquer contre l'Anche, trouve de la réfiftance par le reffort de la Languette, & l'oblige à faire un mouvement de vibration qui produit le fon du tuyau, & le paffage de l'air par l'Anche fe trouve confervé. Le fon eft d'autant plus aigu que les vibrations de la Languette font accélérées, & d'autant plus grave qu'elles font lentes. La *fig.* 131 repréfente de profil l'Anche, la Languette avec fon coin de bois, de la même maniere que le tout eft fiché dans le Noyau. Ces trois pieces y font enfoncées jufqu'à la ligne *A B*. La *fig.* 132 repréfente le coin de bois en perfpective.

186. La *Rafete* (*fig.* 133 & 134) eft un fil de fer écroui, dont le bout fupérieur a une hochè, ou échancrure, comme en la *figure* 133, ou un crochet (*fig.* 134) pour donner prife à l'*Accordoir*. Le bout inférieur eft contourné de façon qu'il fait une preffion horizontale fur la Languette, comme on le voit dans la *fig.* 125. La Rafete entre à frottement dans le petit trou du noyau, & y eft maintenue affez fixe, pour qu'elle ne puiffe jamais changer de place d'elle-même. On baiffe ou l'on rehauffe cette Rafete, au moyen de l'Accordoir, felon qu'on veut que le tuyau hauffe ou baiffe fon ton. Il eft facile de concevoir que lorfqu'on baiffe la Rafete, la Languette accélere fes vibrations, parce qu'elle devient plus courte, par conféqûent le ton du tuyau monte ; & lorfqu'on la rehauffe, la Languette devenant plus longue, fait fes vibrations plus lentes ; alors le ton baiffe. La groffeur du fil de fer dont on fait les Rafetes varie felon la grandeur des Anches. Il faut qu'il foit plus gros pour les grandes Anches & plus menu pour les petites. La *fig.* 135 repréfente les plus petites Anches dont on faffe ufage.

187. La figure des tuyaux des Jeux d'Anche leur donne la qualité de l'harmonie ; car le fon de l'Anche (fans le tuyau qu'on y joint toujours) eft le même dans tous les Jeux ; puifque toutes les Anches font femblables, comme je l'ai dit art. 182. Lorfque le tuyau eft *conique*, c'eft-à-dire, plus large en haut qu'en bas, le fon de l'Anche eft augmenté de beaucoup ; cette figure étant propre à produire cet effet, par les mêmes caufes qui augmentent le fon dans le Porte-voix. Si le tuyau eft *cylindrique*, l'augmentation du fon n'eft pas auffi grande. Si le tuyau a une figure de *cône renverfé*, c'eft-à-dire, plus étroit en haut qu'en bas, le fon de l'Anche eft un

PLANCHE
XVIII.

peu diminué. L'augmentation du son n'est pas le seul effet de la figure du tuyau, elle change encore sa qualité. Un Jeu Conique a une harmonie très-différente de celle d'un Jeu Cylindrique indépendamment de l'éclat.

188. La *Bombarde*, la *Trompette* & le *Clairon* ont leurs tuyaux coniques; aussi ce sont les Jeux les plus éclatants de l'Orgue. Quoiqu'ils ayent tous la même figure, ils ne sont pas également construits. Les plus grands, les médiocres & les petits sont différents en ce que les premiers sont à *Noyaux quarrés* & *à boîte* : les médiocres sont *à Noyaux ronds* & *à bague*, & les petits sont simplement *à Noyaux ronds sans bague*.

189. La *figure* 136 représente en petit un grand tuyau à Noyau quarré & à boîte, soit de Bombarde ou de Trompette. Il faut le supposer de 16 pieds de haut, ou de 12, ou de 8, ou de 6 pieds ; car sa construction est la même. On y remarque que le bout inférieur *a*, du grand tuyau *b*, *a*, entre juste (sans y être soudé) dans la boîte *d*, d'environ un pouce de profondeur. Celle-ci *d*, est soudée sur le Noyau quarré *c*, dans lequel est fiché l'Anche avec sa Languette, son Coin & sa Rasete *e* ; ce Noyau est soutenu par un pied *f*, dans lequel il est ajusté, en sorte que l'Anche avec ce qui l'accompagne, ne touche à rien dans le pied, & la Languette a un espace suffisant pour faire librement ses vibrations lorsque le vent est poussé dans l'embouchure du bout inférieur *g*, du pied *c f g*. On construit les tuyaux à noyaux quarrés & à boîte pour les deux premieres octaves de la Bombarde & la premiere de la Trompette.

190. La *fig.* 137 représente en petit un tuyau soit de Bombarde, de Trompette ou de Clairon, à *Noyau rond* & à *Bague*. On appelle *Bague* une espece d'anneau de pur plomb *B C*, qu'on soude à l'entour du corps du tuyau, pour remplir le bout supérieur du pied *F*, & empêcher par ce moyen que le Noyau *D* & le tuyau *A* n'y enfoncent trop. *A* est le corps du tuyau. *B C* est la Bague qu'on voit séparément en perspective & dans sa grandeur naturelle dans la *figure* 138. On y remarque une séparation verticale *a b*, qui est la place de la Rasete *E* (*fig.* 137). On fait cette Bague tantôt d'une ligne d'épaisseur ou de deux lignes selon que le tuyau se trouve gros à l'endroit *B C*. Plus le corps du tuyau est court, plus il se trouve gros à l'endroit *B C* ; & plus il est long, plus il s'y trouve étroit. Cette Bague doit être toujours d'une figure un peu conique, comme on le voit dans la *fig.* 138 ; afin que le tuyau *A* soit mieux arrêté sur son pied *F*. On fait des tuyaux à Noyaux ronds & à Bague aux deux dernieres octaves de la Bombarde, à la seconde de la Trompette & à la premiere du Clairon.

191. La *fig.* 139 représente en perspective & en petit, un tuyau à Noyau rond sans Bague, comme on les fait à la derniere octave de la Bombarde, aux deux dernieres octaves de la Trompette & aux trois dernieres du Clairon. On voit assez par cette *fig.* 139, que le tuyau ne pouvant pas trop enfoncer dans le pied, la Bague n'y est point nécessaire. C'est une regle

générale qu'on n'emploie de Bague aux tuyaux coniques que lorfqu'ils en-
fonceroient trop dans le pied fans cette piece.

192. La *fig.* 140 repréfente en petit un tuyau de *Cromorne.* C'eft un Jeu
dont tous les tuyaux font cylindriques & terminés dans leur partie inférieure par un cône que l'on y foude, à la pointe duquel on foude le Noyau
rond. On comprend affez fa conftruction à l'infpection de la figure.

193. La *fig.* 141 repréfente à moitié grandeur naturelle un tuyau ordinaire de voix humaine. Il eft conftruit comme le Cromorne ; mais il eft
couvert à moitié par deffus, afin qu'il foit moins criard, & qu'il imite mieux
la voix naturelle de l'homme. On en fait quelquefois de différente figure ;
chacun en imagine felon fon génie: mais ils ne réuffiffent pas mieux. Ce
Jeu n'a point de grands tuyaux. Le premier n'a ordinairement que 6 pouces
de hauteur, & le plus fouvent moins encore.

194. La *fig.* 142 repréfente en petit & en perfpective un tuyau de *Hautbois.* C'eft un tuyau conique de deux pieces. *C D B* eft un cône fort
étroit ; & *A B* en eft un autre beaucoup plus large. L'un & l'autre font
foudés enfemble en *B.* On voit que ce tuyau imite affez la figure du vrai
Hautbois. On eft obligé d'ajufter en *D* une Bague affez épaiffe pour bien
remplir le pied *E* ; parce que le cône *C D B* eft fort étroit.

195. La *fig.* 143 repréfente un tuyau de *Mufette* dont la forme eft un
cône renverfé. Il eft la moitié plus petit en haut *P*, qu'en bas *O.* A cette
différence près, il eft femblable au Cromorne.

196. La *fig.* 144 repréfente un tuyau de *Régale*, où l'on voit qu'il n'y
a que l'Anche, fans tuyau pour modifier le fon. J'ai vu des Facteurs qui y
ajoutoient un cône affez court (*fig.* 145) qu'ils ajuftoient d'une façon
mobile fur le petit tube *R* (*fig.* 144), ce qui contribuoit à augmenter le
fon affez confidérablement.

197. Après avoir ainfi expliqué ce que c'eft qu'un tuyau d'Anche, &
avoir fait voir la figure & la conftruction de chaque efpece, je donnerai
la defcription de chaque Jeu pour faire entendre l'ufage qu'on en fait dans
l'Orgue. La *Bombarde* eft un Jeu d'Anche de 16 pieds, qui parle à l'uniffon
du 16 pieds ouvert. Tous les tuyaux en font coniques & faits en étain fin.
C'eft le Jeu le plus éclatant de tous & celui qui a le fon le plus plein. On
ne l'emploie que dans les grandes Orgues, & le plus ordinairement on le
fait jouer par un Clavier féparé, qui fe place le troifieme. On donne à
ce Jeu toute l'étendue du Clavier. On emploie encore ce Jeu à la Pédale,
& alors on le nomme *Pédale de Bombarde.* On peut le faire defcendre jufqu'à l'*F ut fa* du *Ravalement* ; ce qui eft difficile & rare. Cet *F ut fa*
fait un tuyau d'environ 24 pieds de hauteur qui parleroit à l'uniffon du
premier *F ut fa* du 32 pieds ouvert. Ce Jeu alors auffi-bien que tous les
autres qui fervent à la Pédale, fe fait de plus groffe taille pour cette fonction que pour toute autre.

198. La *Trompette* est un Jeu d'Anche de 8 pieds. On le fait en étain fin, & tous ses tuyaux sont coniques. Il parle une octave plus haut que la Bombarde, & à l'unisson du 8 pieds ouvert. Ce Jeu est fort éclatant & le plus brillant de l'Orgue dont il fait le plus bel ornement par son grand effet. On lui donne toute l'étendue du Clavier. On met deux Trompettes aux grandes Orgues & quelquefois trois qui jouent par le même Clavier. Quand les Orgues sont un peu considérables, on pose une Trompette dans le Positif. On emploie encore la Trompette à la Pédale, qu'on nomme alors *Pédale de Trompette*, & qu'on fait pour cette raison de plus grosse taille que les autres. On lui donne plus d'étendue dans la basse qu'aux autres Trompettes, & on appelle cette étendue de surplus *Ravalement*. On le fait descendre jusqu'en *F ut fa*, qui fait un tuyau de 12 pieds de hauteur. On met bien souvent deux Trompettes à la Pédale. On ajoute, dans les plus grandes Orgues, une Trompette à la Bombarde à la main, qui joue sur le même Clavier séparé. On se sert encore de la Trompette pour les Récits, & on la joue par le Clavier de Récit. On l'appelle alors *Trompette de Récit*. On lui donne l'étendue du Clavier de Récit, qui n'a jamais de basses.

199. Le *Clairon* est un Jeu d'Anche de 4 pieds. On le fait en étain fin & de figure conique comme la Trompette à laquelle il ressemble entiérement; mais il parle une octave plus haut. Il porte le nom de *Clairon*, parce qu'étant à l'octave de la Trompette, il en rend le son plus clair & plus brillant. On lui fait ordinairement une reprise dans la derniere octave, en mettant quelques-uns de ses derniers tuyaux à l'unisson de la Trompette. On emploie le Clairon au grand Orgue. On en met deux lorsqu'il y a trois Trompettes dans les plus grandes Orgues. On met aussi un Clairon avec la Bombarde à la main lorsqu'on y ajoute une Trompette. On l'emploie aussi très-souvent au Positif. On donne toujours au Clairon toute l'étendue du Clavier auquel il répond. On met presque toujours un Clairon à la Pédale, & quelquefois deux. On le nomme alors *Pédale de Clairon*.

200. Le *Cromorne* est un Jeu d'Anche cylindrique & de 4 pieds, sonnant 8 pieds, comme la Trompette. On en fait tous les tuyaux en étain fin, & on lui donne toute l'étendue du Clavier, auquel il répond. Il est rare qu'on mette un Cromorne dans le grand Orgue; on l'emploie principalement au Positif. Comme ce Jeu ne tient pas beaucoup de place, & qu'il n'a pas un grand éclat, il est fort ordinaire de le mettre dans les petites Orgues; il convient dans des chambres & dans de petites Eglises. On en mettoit un autrefois dans l'Echo; mais ce n'est plus l'usage. On fait quelquefois un Cromorne de deux pieds, sonnant quatre pieds, pour servir de Clairon au Cromorne de 4 pieds. On y fait une reprise comme au Clairon

ron de la Trompette. Ce Jeu est principalement en usage dans de petites Orgues où l'on ne peut pas placer une Trompette : mais il est rare qu'on le mette dans les grandes Orgues.

PLANCHE XVIII.

201. La *Voix Humaine* est un Jeu d'Anche qu'on fait en étain. On lui donne toute l'étendue du Clavier auquel il répond. Quoique ses tuyaux soient fort courts, il sonne pourtant 8 pieds, parce que ses Anches sont semblables à celles des Trompettes. C'est pour la même raison que le Cromorne sonne 8 pieds, aussi bien que la Régale dont nous allons parler. Ce Jeu n'a aucune mesure fixe ; chaque Facteur lui donne les dimensions & la figure qu'il s'imagine être la meilleure ; aussi il n'est pas question d'y chercher de l'harmonie. Sa bonté consiste à imiter aussi parfaitement qu'on peut le desirer, la voix naturelle de l'homme. On y réussit rarement ; mais quand on en vient à bout, c'est un Jeu fort agréable. On le place indifféremment dans le Positif ou dans le grand Orgue. On en mettoit autrefois un à l'Echo, & même à la Pédale ; mais ce n'est plus l'usage.

202. Le *Hautbois* est un Jeu d'Anche, qu'on fait en étain fin & conique. On le place ordinairement au Récit, & on lui donne son étendue. Il est à l'unisson des dessus de Trompette. Il a une harmonie gracieuse & imite assez bien le vrai Hautbois.

203. La *Musette* est un Jeu d'Anche en cône renversé, qu'on fait en étain fin, & auquel on donne toute l'étendue du Clavier, soit du Positif, soit du grand Orgue. On le pose indifféremment à l'un ou à l'autre. Ce Jeu sonne 8 pieds, quoiqu'il n'ait que quatre pieds. Il a le son un peu plus foible que le Cromorne, & imite assez bien la vraie Musette. Ce Jeu est encore peu connu dans le Royaume.

204. La *Régale* est un Jeu d'Anche dans lequel il n'y a que l'Anche qui donne le son sans aucune modification, n'y ayant point de tuyau. On lui donne toute l'étendue du Clavier. C'est le plus ancien Jeu d'Anche ou celui qui a été inventé le premier. On fut si content de cette découverte, qu'on lui donna, par excellence, le nom de *Régale*, ou, *Jeu Royal*. Depuis l'invention des autres Jeux d'Anche, il n'est plus d'usage dans les Orgues d'Eglise ; il a effectivement une harmonie fort seche & maigre, ce qu'on reconnoît bien facilement quand on le compare avec les autres Jeux d'Anche.

205. La description que je viens de faire de tous les Jeux de l'Orgue n'est que pour en donner une simple connoissance, qui seroit très-insuffisante pour leur construction. J'entrerai dans un plus grand détail, lorsqu'il s'agira de les fabriquer & de les faire parler. C'est ce qu'on verra dans la seconde Partie de cet Ouvrage. Je ferai seulement remarquer ici qu'il ne convient pas de faire aucun Jeu d'Anche en fer blanc, quoiqu'ils puissent être d'une bonne harmonie ; cette matiere étant sujette à la rouille, les

tuyaux fe percent & par conféquent ne durent pas long-temps. Si l'on voit quelque Cromorne, quelque Trompette ou quelqu'autre Jeu d'Anche conftruit de cette matiere, il ne faut pas en attribuer la bonté au fer blanc dont il eft compofé. Il feroit certainement meilleur en étain, s'il avoit été fait & traité par la même main & dans les mêmes circonftances.

CHAPITRE CINQUIEME.

Diapafons des Jeux de l'Orgue.

206. LE mot *Diapafon*, eft tiré du Grec. La progreffion, ou, la fuite des tons de l'octave, eft fa propre fignification; ou bien, la mefure des tons de l'octave ou de la *Gamme*. Les Diapafons, felon les Facteurs d'Orgues, contiennent les mefures & les dimenfions de chaque tuyau: ou plutôt ces mefures & ces dimenfions font elles-mêmes ce qu'on appelle le *Diapafon*. Chaque Jeu a le fien qui lui eft propre. C'eft par fon moyen qu'on donne la jufte proportion à chaque tuyau.

207. Avant de paffer outre, il eft bon de remarquer qu'il y a bien des perfonnes qui penfent qu'on peut, par le fecours de la Géométrie, donner une fi jufte proportion à chaque tuyau, qu'ils fe trouvent tous d'ac_ cord lorfqu'on les a fait parler & pofés dans leur place. On conçoit d'abord que cette idée eft jufte dans la théorie; mais dans l'exécution, elle fe trouve impraticable; parce que, 1°. il feroit d'une difficulté prefque in_ furmontable d'exécuter effectivement les tuyaux avec cette précifion ma- thématique, telle qu'il la faudroit pour cela. Il feroit néceffaire qu'il y eût une jufte gradation dans les épaiffeurs de la matiere; que le tuyau fût parfaitement rond & précifément cylindrique; il faudroit une gradation bien réguliere dans la hauteur des bouches & dans l'épaiffeur des *bifeaux*; car ces circonftances font confidérablement au ton des tuyaux; une autre jufte gradation pour la grandeur des embouchures des pieds des tuyaux & pour le jour des *lumieres* des bouches. 2°. Tout cela fuppofé d'une exé- cution bien exacte, il ne refteroit aucune reffource pour faire bien parler les tuyaux, les mettre dans leur véritable harmonie & les *égalifer*, &c. attendu qu'on eft obligé d'altérer toutes les gradations ci-deffus pour leur donner la qualité du fon convenable, ce qui feroit néceffairement chan- ger le ton en quelque degré fenfible. Or les opérations qu'il faut faire pour mettre un tuyau à fon point, font d'élargir ou rétrécir le jour de la lumiere: ouvrir plus ou moins l'embouchure du pied pour lui faire pren- dre plus ou moins de vent; retrancher de la lévre fupérieure ou l'aug- menter; l'enfoncer en-dedans ou la relever en dehors; baiffer ou rehauffer

le biſeau, &c. Tout cela, comme je viens de le dire, change le ton du tuyau & altere les juſtes meſures de la gradation géométrique. Il faut encore obſerver que quelque imperceptible que fût cette altération, le tuyau perdroit ſon accord. Il ne faut preſque rien pour faire diſcorder un tuyau; il ſuffit de l'ôter de ſa place & le remettre tout de ſuite, pour qu'il ne ſoit plus d'accord. Si on le tourne un peu d'un côté ou de l'autre, il perd ſon accord. Bien plus, on ne le croiroit pas, ſi l'expérience ne nous le démontroit tous les jours, un Orgue ſe *diſcorde* de lui - même, ſans qu'on y touche & ſans qu'il arrive aucun changement ſenſible aux tuyaux. 3°. Toute la rigueur géométrique ſuppoſée non - ſeulement poſſible, mais bien exécutée dans les tuyaux, il faudroit encore une condition eſſentielle qui eſt, qu'ils devroient être iſolés chacun dans leur place de tous autres tuyaux & corps quelconques, d'environ un pied tout à l'entour, ce qui exigeroit, pour un Orgue de 16 pieds, un emplacement d'environ 80 pieds de longueur ſur 30 pieds de profondeur; & pour le buffet du Poſitif à proportion. Tout ce que je viens de dire ſuppoſé poſſible & ſans inconvénient, la ſeule dépenſe qu'il faudroit faire, qui ſeroit au moins décuple, pour exécuter un Orgue dans ce goût, rendroit l'entrepriſe trop rare & trop difficile; & enfin on n'en ſeroit pas plus avancé avec toutes ces dépenſes & ces difficultés immenſes On auroit fait un fort mauvais Orgue, ne pouvant pas le rendre harmonieux, pour conſerver ce prétendu accord.

208. On trouvera encore que dans la façon méchanique de faire les Diapaſons, telle que je vais l'enſeigner, les tuyaux ne ſe ſuivent pas dans leur diametre, ſelon les regles géométriques. Il faudroit, par exemple, qu'un tuyau qui doit faire une octave plus haut qu'un autre, fût non-ſeulement la moitié plus court, mais encore d'un diametre la moitié plus petit. Si l'on ſuivoit cette regle à l'égard du diametre, un Orgue feroit un mauvais effet ſur-tout dans les deſſus. L'expérience a fait voir qu'il faut altérer cette proportion ſelon la fonction que les Jeux doivent faire & le ſon qu'ils doivent rendre. Je m'en tiendrai donc aux méthodes uſitées qu'une longue expérience a démontré être les meilleures & telles que les bons Facteurs d'Orgues les pratiquent le plus ordinairement.

209. Ce n'a pas été une petite difficulté de faire trouver les Diapaſons juſtes ſur les planches. Elle conſiſte en ce qu'étant néceſſaire de mouiller le papier pour tirer les *épreuves*, c'eſt-à-dire, pour y imprimer la gravure du cuivre, il ſe retire enſuite en ſéchant, & alors les meſures ſe trouvent fort différentes. J'ai été chez l'Imprimeur en taille-douce, où ayant confronté un nombre d'épreuves avec leurs Planches de cuivre, j'ai trouvé une grande variation dans le retirement du papier; lequel eſt plus ou moins ſenſible ſelon que le papier eſt plus ou moins épais, plus ou moins

imbibé d'eau, plus ou moins ferré par la preſſe. Il a fallu donc prendre un milieu que j'ai déterminé à deux lignes par pied. Je me ſuis réglé là-deſſus dans toutes les meſures que j'ai fait donner à la gravure ſur le cuivre. J'ai pris la précaution d'écrire ce Chapitre après que les Planches ont été gravées & ayant les épreuves devant moi. J'ai ſoin d'avertir quand le retirement du papier a été plus grand que je ne l'avois prévu.

Je diviſerai ce Chapitre en deux Sections. Dans la premiere, je traiterai des Diapaſons des Jeux à bouche ; & dans la ſeconde, de ceux des Jeux d'Anche.

SECTION PREMIERE.

Diapaſons des Jeux à Bouche.

210. L E *Diapaſon* d'un Jeu doit contenir les deux principales dimenſions des tuyaux, la longueur & la largeur. Quand on veut tailler un Jeu, on a des tables ou planches d'étain ou d'étoffe, dans leſquelles on coupe la longueur & la largeur de chaque tuyau, qu'on arrondit enſuite ſur un moule de bois ; lequel tuyau a pour lors le diametre convenable. Pour trouver les longueurs, (car nous expliquerons enſuite les largeurs,) il ne s'agit que de déterminer celles d'une ſeule octave.

211. L'octave ou la gamme eſt *Diatonique* ou *Chromatique*. La Diatonique eſt compoſée de cinq tons & deux demi-tons ; ſavoir, *ut*, *re*, *mi*, *fa*, *ſol*, *la*, *ſi*, *ut*. La Chromatique, dans laquelle la Diatonique eſt toujours compriſe, eſt compoſée de 12 demi-tons ; ſavoir, *ut*, *ut*✳, *re*, *mi*♭, *mi*, *fa*, *fa*✳, *ſol*, *ſol*✳, *la*, *ſi*♭, *ſi*, *ut*. C'eſt ainſi qu'elle eſt toujours dans l'Orgue. Il eſt d'uſage de déſigner ces notes par des lettres de l'Alphabet, de la maniere ſuivante, C, C✳, D, E♭, E, F, F✳, G, G✳, A, B♭, B, C. Ce qui ſignifie *C ſol ut*, *C ſol ut dieſe*; *D la re*, *E ſi mi bemol*, *E ſi mi*, *F ut fa*, *F ut fa dieſe*, *G re ſol*, *G re ſol dieſe*; *A mi la*, *B fa ſi bemol*, *B fa ſi*, *C ſol ut*. Les touches du Clavier ſe nomment de même auſſi-bien que les tuyaux de chaque Jeu.

212. Les demi-tons, dont nous venons de parler dans l'article précédent, ne ſont pas tous égaux entr'eux. Le *Tempérament*, que les Facteurs d'Orgues appellent plus communément *Partition*, en détermine les différences. Ce que j'expliquerai dans la ſeconde Partie, quand nous en ſerons à l'accord. On n'en ſeroit pas plus avancé quand nous aurions égard à la petite différence de ces intervalles dans la diviſion des Diapaſons, pour les raiſons que j'ai détaillées art. 207 ; ainſi nous nous en tiendrons à la méthode la plus facile & la plus ſimple.

213. Il eſt néceſſaire de dire quelque choſe du *Clavier*, en attendant que nous en faſſions en ſon lieu la deſcription entiere. Il eſt compoſé de quatre Octaves ou quatre Gammes. On nomme la premiere Octave, celle

qui

qui le commence à gauche. La suivante s'appelle seconde Octave ; ensuite viennent la troisieme & la quatrieme qui est la derniere à droite. Ainsi pour distinguer les touches, on dit, par exemple, premier *C sol ut*, second *C sol ut* ; c'est la premiere touche à gauche & le *C sol ut* son octave plus haut, c'est-à-dire, la huitieme touche, ne comptant point les *feintes*. On appelle, *feintes*, les *dieses* & les *bemols*. On dit le second *C sol ut* diese, le troisieme *E si mi* bemol, &c. ce qui signifie le *C sol ut* diese de la seconde octave ; l'*E si mi* bemol de la troisieme octave, &c. On dit de même, second *G re sol*, troisieme *G re sol*, ce qui désigne le *G re sol* de la seconde octave, celui de la troisieme, &c. Les tuyaux portent le même nom que les touches ; ainsi l'on dit, le premier *C sol ut* d'un tel Jeu ; c'est le plus grand tuyau de ce Jeu, &c.

214. Pour la construction du Diapason d'un Jeu, il faut connoître trois choses. 1°. La longueur & la largeur du premier ou plus grand tuyau ; 2°. la largeur seulement du plus petit ou dernier ; 3°. les rapports de l'octave, de la quarte & de la quinte. Pour la premiere & la seconde dimension, je les déterminerai toujours pour chaque Jeu. Pour la troisieme, voici comment il faut l'entendre. Le rapport de l'octave est comme un à deux ; c'est-à-dire, que si un tuyau est la moitié plus court qu'un autre, il sonnera une octave plus haut que celui-ci. Par exemple, s'il s'agit de la Doublette, le premier *C sol ut* a deux pieds de longueur, son octave plus haut n'aura que la moitié de cette longueur, c'est à-dire, un pied. Le rapport de la quarte est comme 3 à 4 ; c'est-à-dire, que si un tuyau a les trois quarts de la longueur d'un autre, il sonnera la quarte plus haut : par exemple, dans la Doublette ; son premier *C sol ut* a deux pieds, sa quarte *F ut fa*, n'aura que les trois quarts de deux pieds, qui est 18 pouces. Le rapport de la quinte est comme 2 à 3, c'est-à-dire, que si le premier tuyau a deux pieds de hauteur, il faudra que celui qui doit sonner sa quinte, ou *G re sol*, ait les deux tiers de deux pieds, c'est-à-dire, 16 pouces. Voici une Table où l'on pourra remarquer le développement de ces rapports pour toute une octave.

Table pour trouver les longueurs d'une Octave, servant à la Construction des Diapasons.

215. *C*, est connu, ... *C*
Les $\frac{3}{4}$ de *C*, donnent la quarte, qui est . . . . *F*
Les $\frac{2}{3}$ de *C*, donnent la quinte, qui est . . . . *G*
Les $\frac{4}{3}$ de *G*, donnent la quarte en descendant . . . . . *D*
Les $\frac{2}{3}$ de *D*, donnent la quinte . . . . *A*
Les $\frac{4}{3}$ de *A*, donnent la quarte en descendant . . . . . *E*
Les $\frac{2}{3}$ de *E*, donnent la quinte . . . . *B*

Les ¼ de *F*, donnent la quarte . . . . *B* ♭

Les ¼ de *B* ♭, donnent la quinte en defcendant . . . . . *E* ♭

Les ¼ de *E* ♭, donnent la quarte . . . . *G* ✹

Les ¼ de *G* ✹, donnent la quinte en defcendant . . . . . *C* ✹

Les ¼ de *C* ✹, donnent la quarte . . . . *F* ✹

Divifion d'un Diapafon.

216. Voici l'explication & la pratique de cette Table dans la divifion du Diapafon de la Doublette que je prends pour exemple. Tirez la ligne droite *X* 1, (*Pl. XIX*, *fig.* 149) ; partagez-la juftement au milieu, 13 ; cela donnera l'octave plus haut ; c'eft-à-dire, que le tuyau 13, *X*, fonnera une octave plus haut que 1, *X*, parce qu'il eft la moitié plus court.

Divifez en quatre parties égales l'efpace 13, *X*, & portez trois de ces parties de *X* à 18 ; ce fera la quarte *F ut fa*, 18, au deffus de *C fol ut*, 13.

Divifez en trois parties égales l'efpace 13, *X*, & portez-en deux de *X* à 20, & vous aurez la quinte *G re fol*, 20, au deffus de *C fol ut*, 13.

Divifez en trois parties l'efpace 20, *X*, & vous porterez une de ces trois parties de 20 à 15 ; ce fera *D la re*, 15, quarte plus bas que *G re fol*, 20.

Divifez l'efpace 15, *X*, en trois parties égales, & portez-en deux de *X* à 22 ; cela fera la quinte *A mi la*, 22, au deffus de *D la re*, 15.

Divifez en trois parties l'efpace 22, *X*, & portez-en une de 22 à 17 ; vous aurez la quarte en defcendant *E fi mi*, 17.

Divifez en trois parties l'efpace 17, *X*, & portez-en deux de *X* à 24 ; ce fera la quinte *B fa fi*, 24. Voilà pour la gamme *Diatonique*, *ut*, *re*, *mi*, *fa*, *fol*, *la*, *fi*, *ut*. Il s'agit préfentement de trouver les cinq divifions qui manquent pour faire la gamme *Chromatique*, ce qui fe fera de la maniere fuivante.

Divifez l'efpace *X*, 18, en 4 parties, & portez-en 3 de *X* à 23 ; ce fera la quarte *B fa fi bemol*, 23.

Divifez en deux parties égales l'efpace *X*, 23, & portez une de ces deux moitiés de 23 à 16 ; vous aurez une quinte plus bas, *E fi mi bemol*, 16.

Divifez en quatre parties égales l'efpace *X*, 16, & portez-en trois de *X* à 21 ; ce fera une quarte au deffus *G re fol diefe*, 21.

Divifez en deux parties égales l'efpace *X*, 21, & portez une de ces deux moitiés de 21 à 14 ; ce fera une quinte en defcendant *C fol ut diefe*, 14.

Divifez en quatre parties égales l'efpace *X*, 14, & portez-en 3 de *X* à 19 ; ce fera une quarte plus haut *F ut fa diefe*, 19. Voilà donc toute la feconde octave de la Doublette divifée en fes 12 demi-tons. Cette divifion va fervir à faire les autres octaves de la maniere fuivante.

217. Pour divifer la troifieme octave, prenez le point du milieu entre X & 14; ce point fera *C fol ut diefe*, 26.

Prenez le milieu entre X & 15 ; ce point fera *D la re*, 27.

Prenez le milieu entre X & 16 ; ce point fera *E fi mi bemol*, 28.

Prenez le milieu entre X & 17 ; ce point fera *E fi mi*, 29.

Prenez le milieu entre X & 18 ; ce point fera *F ut fa*, 30.

Prenez le milieu entre X & 19 ; ce point fera *F ut fa diefe*, 31.

Prenez le milieu entre X & 20 ; ce point fera *G re fol*, 32.

Prenez le milieu entre X & 21 ; ce point fera *G re fol diefe*, 33.

Prenez le milieu entre X & 22 ; ce point fera *A mi la*, 34.

Prenez le milieu entre X & 23 ; ce point fera *B fa fi bemol*, 35.

Prenez le milieu entre X & 24 ; ce point fera *B fa fi*, 36.

Prenez le milieu entre X & 25 ; ce point fera *C fol ut*, 37.

On fera de même pour la quatrieme Octave.

Prenez le milieu entre X & 26 ; ce point fera *C fol ut diefe*, 38.

Prenez le milieu entre X & 27 ; ce point fera *D la re*, 39.

Prenez le milieu entre X & 28 ; ce point fera *E fi mi bemol*, 40.

Prenez le milieu entre X & 29 ; ce point fera *E fi mi*, 41.

Prenez le milieu entre X & 30 ; ce point fera *F ut fa*, 42.

Prenez le milieu entre X & 31 ; ce point fera *F ut fa diefe*, 43.

Prenez le milieu entre X & 32 ; ce point fera *G re fol*, 44.

Prenez le milieu entre X & 33 ; ce point fera *G re fol diefe*, 45.

Prenez le milieu entre X & 34 ; ce point fera *A mi la*, 46.

Prenez le milieu entre X & 35 ; ce point fera *B fa fi bemol*, 47.

Prenez le milieu entre X & 36 ; ce point fera *B fa fi*, 48.

Prenez le milieu entre X & 37 ; ce point fera *C fol ut*, 49.

Prenez le milieu entre X & 38 ; ce point fera *C fol ut diefe*, 50.

Prenez le milieu entre X & 39 ; ce point fera *D la re*, 51.

218. On peut de même faire une cinquieme octave, en divifant en deux chaque efpace entre X & chaque point de la quatrieme. Si l'on vouloit une fixieme octave, on diviferoit également en deux chaque point de la cinquieme, &c.

219. Pour divifer la premiere octave de ce même Diapafon de la Doublette, l'opération fera encore plus facile. Il ne s'agit que de doubler toutes les longueurs de la feconde octave, par laquelle nous avons commencé la divifion de ce Diapafon. C'eft ce qu'on exécutera de la maniere fuivante.

Prenez avec un Compas toute la longueur de 13 à X, & portez-la de 13 à 1 ; vous aurez le premier *C fol ut*.

Prenez la longueur de 14 à X, & portez-la de 14 à 2 ; vous aurez *C fol ut diefe*.

Prenez la longueur de 15 à *X*, & portez-la de 15 à 3; vous aurez
D la re.

Prenez la longueur de 16 à *X*, & portez-la de 16 à 4; vous aurez
E si mi bemol.

Prenez la longueur de 17 à *X*, & portez-la de 17 à 5; vous aurez
E si mi.

Prenez la longueur de 18 à *X*, & portez-la de 18 à 6; vous aurez
F ut fa.

Prenez la longueur de 19 à *X*, & portez-la de 19 à 7; vous aurez
F ut fa diese.

Prenez la longueur de 20 à *X*, & portez-la de 20 à 8; vous aurez
G re sol.

Prenez la longueur de 21 à *X*, & portez-la de 21 à 9; vous aurez
G re sol diese.

Prenez la longueur de 22 à *X*, & portez-la de 22 à 10; vous aurez
A mi la.

Prenez la longueur de 23 à *X*, & portez-la de 23 à 11; vous aurez
B fa si bemol.

Prenez la longueur de 24 à *X*, & portez-la de 24 à 12; vous aurez
B fa si.

220. Si l'on vouloit faire un 4 pieds, il faudroit encore doubler les
longueurs totales de la Doublette ou du 2 pieds. Si l'on vouloit faire un
8 pieds, on doubleroit toute la premiere octave du 4 pieds. Il faudroit
doubler toute la premiere octave du 8 pieds, si l'on vouloit un 16 pieds.
On doubleroit celui-ci, s'il s'agissoit d'un 32 pieds. Ceci est une regle
générale pour tous les Diapasons. Je le répete encore; il suffit de diviser
une seule octave, telle que l'on voudra, par les trois rapports, comme
je l'ai expliqué art. 216. On partagera ensuite en deux parties égales chaque longueur de cette octave, pour faire la suivante en montant. On partagera encore celle-ci, pour faire celle qui doit suivre comme je l'ai en-
seigné art. 217. Pour faire les octaves en descendant, on doublera toutes
les longueurs, comme dans l'art. précédent. On aura toujours l'attention,
avant de commencer aucune division, de déterminer la longueur du premier ou du plus grand tuyau.

221. Pour les largeurs des tuyaux, une seule ligne les donnera toutes.
Il faut avoir seulement celles du premier & du dernier. Le premier tuyau
de la Doublette (c'est le premier *C sol ut*) doit avoir 2 pouces 1 ligne
& demie de diametre; & le cinquieme *C sol ut*, qui est le dernier de la
quatrieme octave, doit avoir 3 lignes ¼ de diametre. Il ne s'agit que de
trouver les circonférences de ces deux tuyaux; ce seront les largeurs re-
quises. Le diametre de tout cercle est à sa circonférence comme 100 est

à

PLANCHE
XIX.

à 314 ; (Voyez l'art. 46) c'eſt-à-dire , que ſi un cercle a 100 lignes ou 100 pouces de diametre , il aura 314 lignes ou 314 pouces de circonférence. Sur ce rapport du diametre du cercle à la circonférence, on fera une regle de trois , & on dira : 100 ſont à 314 , comme 2 pouces 1 ligne & demie , (c'eſt le diametre du premier *C ſol ut* de la Doublette) eſt au quatrieme terme qu'il faut trouver. On réduira les 2 pouces 1 ligne $\frac{1}{2}$ en demi-lignes , pour éviter la fraction de la demi-ligne , ce qui fera 51 demi-lignes qu'on multipliera par le ſecond terme 314 , le produit ſera 16014, dont on retranchera les deux derniers chiffres, qui ſont 14 ; il reſtera 160, ce qui fera 160 demi-lignes , ou 80 lignes , ou 6 pouces 8 lignes.   C'eſt le quatrieme terme cherché & la circonférence requiſe.

Pour avoir la circonférence ou la largeur du dernier *C ſol ut* , il faut d'abord réduire ſon diametre 3 lignes $\frac{1}{4}$ en quarts de lignes pour éviter la fraction $\frac{1}{4}$; ce ſera 15 quarts de ligne , & l'on dira , comme ci-deſſus , 100 ſont à 314 , comme 15 ſont au quatrieme terme cherché. On multipliera 314 par 15 , du produit 4710 on retranchera les deux derniers chiffres 10 , il reſtera 47 quarts de ligne ; ce ſera le quatrieme terme & la circonférence requiſe. Or 47 quarts de ligne font 11 lignes $\frac{3}{4}$.

222. On tirera à angle droit la ligne *C* 1 *Z* , ſur laquelle on marquera la largeur du premier *C ſol ut* , 6 pouces 8 lignes, de 1 à *Z* ; on tirera une autre ligne à angle droit au point *C* 49 , *Y*, ſur laquelle on marquera la largeur du dernier *C ſol ut* , qui eſt 11 lignes $\frac{3}{4}$. On tirera enſuite la ligne droite de *Z* à *Y* prolongée juſqu'à l'extrémité *V* du Diapaſon qu'on termine par une perpendiculaire *X V*.

On tirera des perpendiculaires ſur chaque point de diviſion de la ligne *C* 1 *X*, qu'on terminera ſur l'autre ligne oblique *Z Y*.

223. Il convient , pour des raiſons qu'on verra dans la ſuite, de marquer ſur chaque Diapaſon le diametre des tuyaux ; ainſi on tirera la ligne *S T* , dont la diſtance *S* , 1 , ſoit le diametre du premier *C ſol ut*, c'eſt-à-dire , 2 pouces 1 ligne $\frac{1}{2}$ & *C* 49 , *T*, ſoit le diametre du dernier *C ſol ut*.   On la prolongera juſqu'au dernier tuyau ſeulement. C'eſt ainſi que ce Diapaſon ſera fini.

224. Je donnerai ici , ſur le Pied-de-Roi , les longueurs d'une octave de 4 pieds, ce qui ſera utile en certaines occaſions.

C ſol ut	4 pieds	0 pouces	0 lignes	0 points
C ſol ut ✳	3	9	6	9.
D	3	6	8	0.
E ♭	3	4	6	0.
E	3	1	11	1.
F	3	0	0	0.
F ✳	2	10	2	0.

ORGUES.   R

G	. . .	2 pieds	. .	8 pouces	. .	0 lignes	. . .	0. points
G×	. . .	2	. . .	6	. . .	4	. . .	6.
A	. . .	2	. . .	4	. . .	5	. . .	4.
B♭	. . .	2	. . .	3	. . .	0	. . .	0.
B	. . .	2	. . .	1	. . .	3	. . .	4.
C	. . .	2	. . .	0	. . .	0	. . .	0.

Tout le monde fait que le Pied-de-Roi fe divife en 12 pouces ; le pouce en 12 lignes, & la ligne en 12 points.

225. J'ai mis fur la même Planche XIX, le Diapafon de la *Quarte de Nafard*. C'eft un Jeu de 2 pieds ; mais étant de groffe taille, il doit être un peu plus court. Ainfi je ne lui ai donné que 22 pouces 10 lignes depuis le premier *C fol ut*, jufqu'à la ligne qui termine le Diapafon. Les divifions des 4 octaves fe font de même que je l'ai décrit art. 216, 217, 218, 219. Il s'agit d'y marquer les largeurs des tuyaux. Le premier *C fol ut* doit avoir 2 pouces 8 lignes de diametre. On trouvera la circonférence comme je l'ai expliqué art. 221. Elle fera de 8 pouces 4 lignes ¼, que l'on portera fur la ligne perpendiculaire tirée fur le point du premier *C fol ut*. Le diametre du dernier *C fol ut* eft de 5 lignes, & fa circonférence de 16 lignes qu'on marquera fur la perpendiculaire tirée fur le point du dernier *C fol ut* 49. Ces deux points détermineront toutes les largeurs par l'oblique tirée de l'un à l'autre. On y marquera les diametres, comme l'on voit dans la *fig.* 150.

226. Cette *Quarte de Nafard* eft de groffe taille. Elle convient dans le grand Orgue, auffi-bien que pour la Pédale. Mais pour le Pofitif, on fe fervira de la menue taille, telle qu'elle eft marquée fur le même Diapafon. Celle-ci fera propre pour de petites Orgues.

227. Sur le même Diapafon de la Doublette, j'ai tracé celui des deffus des *Bourdons à cheminée*, auxquels je donne les mêmes longueurs qu'à la Doublette, afin que les tuyaux ayant plus de dimenfion dans leur corps, & par conféquent les cheminées plus courtes, ils aient plus d'harmonie. Le premier *C fol ut* de ces deffus eft marqué 13, parce que c'eft le fecond *C fol ut* du Bourdon de 4 pieds, ou le troifieme du Bourdon de 16 pieds, qui feroit marqué 26, ou le quatrieme du Bourdon de 32 pieds, qui feroit marqué 37 ; il a de diametre 3 pouces 1 ligne ¼ ; & fa circonférence a 9 pouces 10 lignes. (Il y a une faute dans le Diapafon pour ce diametre ci-deffus, qui eft marqué un peu plus grand). Le diametre du dernier *C fol ut* 49, eft de 9 lignes ¼, & fa circonférence eft de 1 pouce 6 lignes ¼.

228. Ces deffus des Bourdons font de la plus groffe taille, telle qui convient aux grandes Orgues pour de grandes Eglifes. Elle convient auffi au Pofitif, pour rendre les accompagnements plus moëlleux & plus fenfibles.

J'ai ajouté à cette grosse taille une autre plus menue, dont on pourra se servir pour de moindres Orgues ou pour le Positif, lorsqu'on le jugera à propos. Je n'ai marqué pour cette menue taille que le premier tuyau, 13, & les trois ou quatre derniers, pour éviter la confusion. On tirera la ligne entiere quand on voudra s'en servir. Le premier tuyau de cette menue taille a 2 pouces 8 lignes ⅓ de diametre, & 8 pouces 8 lignes de circonférence. Le dernier *C sol ut* 49, a 8 lignes ¼ de diametre & 2 pouces 3 lignes ⅓ de circonférence.

229. On trouvera, sur le Diapason de la quarte de Nasard, celui des dessus des *Bourdons bouchés*, qui ont le même diametre & la même circonférence que les précédents, soit pour la grosse, soit pour la menue taille. Ils ne sont différents que pour la longueur, ne devant avoir que celle de la quarte de Nasard; ce qui est suffisant. Les basses des Bourdons se font toujours en bois & les dessus en étoffe.

230. Il faut remarquer que ces dessus des Bourdons, soit bouchés, soit à cheminée, de grosse ou menue taille, peuvent servir pour des basses de plusieurs autres Jeux, comme pour les Nasards, pour les Flûtes & dans d'autres cas où l'on est obligé d'en employer. On peut aisément faire monter ces Bourdons une octave de plus, si l'on en a besoin. Il suffira de prolonger l'oblique qui marque les circonférences, &c, & cela sur la taille qu'on voudra.

231. La *Planche XX* contient le Diapason du 32 *pieds ouvert* lorsqu'on le fait en étain. J'ai été obligé de le mettre en raccourci, n'ayant que deux pieds de longueur. Il faut observer que ce Diapason est en deux parties. La premiere contient la premiere octave depuis *C*, 1, jusqu'à *C*, 13. J'ai retourné les trois autres octaves en les faisant revenir à côté de la premiere. Ce retour commence à *C*, 13, que j'ai répété, & finit à *D*, 51. Il faut concevoir que pour avoir la longueur d'un tuyau de la premiere octave, on prendra celle des trois autres octaves, c'est-à-dire, 2 pieds, & on y ajoutera la longueur marquée dans la premiere. Par exemple, si l'on veut avoir la longueur du premier *C sol ut*, on prendra les deux longueurs des deux parties du Diapason. Si l'on veut celle du premier *G re sol*, 8, on prendra toute la longueur depuis *C*, 13, jusqu'à la petite extrémité du Diapason, c'est-à-dire, les trois octaves, & on y ajoutera la distance depuis *C*, 13, de l'autre côté, jusqu'à *G*, 8. C'est ainsi qu'il faudra faire dans plusieurs autres Diapasons que j'ai été obligé de redoubler de même. Il faut les considérer comme si l'on avoit coupé le papier pour séparer ces deux parties selon leur longueur, pour les joindre ensemble bout à bout avec de la colle, faisant convenir les deux grandes lignes; en sorte que les deux perpendiculaires marquées *C*, 13, & *C*, 13 fussent l'une sur l'autre, & ne fissent qu'une seule perpendiculaire. On verroit alors que le Diapason auroit 4 pieds de longueur.

PLANCHE XIX.

PLANCHE XX. Diapason du 32 pieds ouvert.

Planche
XX.

232. J'ai fait graver au bas de cette Planche comment il faut entendre ce Diapason. On y lira qu'il faut octupler toutes les longueurs lorsqu'il s'agira du 32 pieds ; qu'il faut répéter six fois toutes les circonférences & doubler les diametres. Par exemple , si l'on veut le premier *F ut fa , 6 ,* on prendra d'abord toute la longueur des trois dernieres octaves, à laquelle on ajoutera , de la premiere octave, la distance de *C*, 13 , jusqu'à *F* 6 , ce qui fera 3 pieds ; on octuplera ces trois pieds, & on aura 24 pieds qui feront la véritable longueur du premier *F ut fa* du 32 pieds. Pour avoir la largeur , on prendra toute la longueur de la perpendiculaire *F* 6 (je me sers du même exemple) jusqu'à la ligne oblique intitulée, *Sixieme Partie de la circonférence du 32 pieds ouvert* : on la répétera six fois , cela fera la largeur requise du premier *F ut fa* du 32 pieds ouvert. Cette perpendiculaire a sur le Diapason 7 pouces 10 lignes , qui étant répétés six fois , donneront 3 pieds 11 pouces ; ce sera la largeur requise. Pour avoir le diametre , on prendra sur la même perpendiculaire *F* 6 , la distance depuis *F* 6 , jusqu'à l'oblique intitulée , *demi - diametre du 32 pieds ouvert.* On y trouvera la longueur de 7 pouces 5 lignes ½ , qu'on doublera , ce sera 14 pouces 11 lignes ; on aura par-là le diametre cherché. On fera de même dans plusieurs autres Diapasons que j'ai été obligé de donner en raccourci. Le premier *C sol ut* du 32 pieds ouvert a 18 pouces 7 lignes ⅓ de diametre , & 4 pieds 10 pouces 6 lignes de circonférence.

Diapason du 16 pieds ouvert.

233. Le même Diapason contient celui du 16 pieds ouvert. On trouvera au bas de la même Planche comment il faut s'en servir. Les diametres des tuyaux y sont marqués dans toute leur grandeur ; on en quadruplera toutes les longueurs aussi-bien que les circonférences. Le premier *C sol ut* du 16 pieds ouvert a 11 pouces 4 lignes de diametre & 2 pieds 11 pouces 8 lignes de circonférence. Le dernier *C sol ut* 49 , a 13 lignes ½ de diametre & 3 pouces 7 lignes de circonférence. J'ai mis le Diapason de la Voix Humaine sur cette Planche, pour n'en pas faire une exprès. Je l'expliquerai lorsque nous en serons aux Jeux d'Anche.

Planche
XXI.

Diapason du Prestant & du 8 pieds ouvert.

234. La *Pl. XXI* contient le Diapason du *Prestant* & du 8 *pieds ouvert.* Celui du Prestant y est dans toute sa grandeur. Le diametre de son premier *C sol ut* est de 3 pouces 6 lignes , & sa circonférence est de 11 pouces. Le diametre du dernier ou cinquieme *C sol ut* 49 , est de 5 lignes de diametre , & de 15 lignes ¼ de circonférence.

235. Le premier *C sol ut* du 8 pieds ouvert est de 5 pouces 9 lignes de diametre , & de 18 pouces de circonférence. Son dernier *C sol ut* 49 , a 9 lignes ½ de diametre , & 2 pouces 6 lignes de circonférence. On est averti au bas du Diapason qu'il faut doubler toutes les longueurs & les largeurs du 8 pieds. Les diametres y sont entiers.

236. Nous avons déjà vu, art. 227, 228 , 229, la description & le Diapason

des

des deſſus des Bourdons, en voici les baſſes dans la *Planche XXII.* On y trouvera le Diapaſon des trois premieres octaves du Bourdon de 32 pieds ou 16 pieds bouché. J'y ai encore tracé le Diapaſon des deux premieres octaves du Bourdon de 16 pieds, ou 8 pieds bouché, & celui de la premiere octave du 4 pieds bouché. Le premier *C ſol ut* du Bourdon du 32 pieds a en dedans 14 pouces 4 lignes. Son dehors n'eſt pas marqué, faute de place. On lui donnera 2 pouces de plus pour que chaque Planche ait un pouce d'épaiſſeur. Son quatrieme *C ſol ut* marqué 37, a en dedans 2 pouces 7 lignes. On lui donnera en dehors 9 lignes de plus, afin que le bois ait 4 lignes ½ d'épaiſſeur.

237. Le dedans du Bourdon de 16 pieds a 7 pouces 4 lignes, pour ſon premier *C ſol ut*, avec 1 pouce 6 lignes en dehors. Son troiſieme *C ſol ut* marqué 25, a en dedans 2 pouces 7 lignes ½, & 9 lignes de plus en dehors.

238. Le premier *C ſol ut* du Bourdon de 4 pieds a en dedans 4 pouces 7 lignes, & un pouce de plus en dehors. Son ſecond *C ſol ut* marqué 13, a en dedans 2 pouces 8 lignes, & en dehors 9 lignes de plus.

239. On eſt averti au bas de la Planche, que pour le Bourdon de 32 pieds on quadruplera toutes les longueurs, & qu'on doublera toutes les largeurs. Pour le Bourdon de 16 pieds, on doublera toutes les longueurs; mais les largeurs ſeront priſes comme elles ſont marquées. Le Bourdon de 4 pieds eſt dans toutes ſes dimenſions naturelles.

240. On doit avoir déjà remarqué que le *C ſol ut* 37 du Bourdon de 32 pieds; le *C ſol ut* 25 du Bourdon de 16 pieds, & le *C ſol ut* 13 du Bourdon de 4 pieds différent un peu dans leur taille, quoiqu'ils ſoient tous les trois à l'uniſſon. La raiſon de cette différence de taille eſt que plus un tuyau, quoiqu'à l'uniſſon d'un autre, répond bas au Clavier, plus il doit être gros. Le *C ſol ut* en queſtion du Bourdon de 4 pieds, repondant à la treizieme touche du Clavier, doit être plus gros que ſon uniſſon du Bourdon de 16 pieds qui ſe trouve répondre une octave plus haut, c'eſt-à-dire, à la vingt-cinquieme touche du Clavier. Celui du 32 pieds doit être un peu plus petit, parce qu'il répond à la trente-ſeptieme touche du Clavier, c'eſt-à-dire, qu'il eſt poſé une octave plus haut à l'égard du Clavier, que ſon uniſſon du 16 pieds. Voyez l'art. 155.

241. Ces baſſes en bois des Bourdons peuvent ſervir pour d'autres Jeux; pour des baſſes de gros Naſard; pour des Pédales de Flûte; pour des baſſes de 8 pieds ouvert ou de 16 pieds ouvert, lorſqu'on ne peut pas placer ces Jeux entiers ouverts, &c.

242. La *Planche XXIII*, contient les Diapaſons des *Naſards* à la quinte du Preſtant. J'en ai tracé de quatre eſpeces, qui ſont, les Naſards à fuſeau de groſſe & de menue taille, & les Naſards ouverts de groſſe & de menue

ORGUES. S

taille. Les Nafards à fufeau font plus étroits dans le bout fupérieur que dans l'inférieur à la bouche du tuyau. Les diametres & les circonférences du bas des tuyaux font marqués par des lignes à l'ordinaire ; mais les circonférences du haut des tuyaux font marquées par de petites parties de lignes interrompues, pour éviter la confufion. Je n'ai point marqué les diametres du haut des tuyaux , parce que cela feroit inutile. On fait bien fouvent des Nafards en cheminée. Si l'on veut en employer, on fe fervira du Diapafon des deffus des Bourdons en cheminée , foit de groffe ou menue taille , felon que le Jeu fera deftiné pour le grand Orgue , ou pour le Pofitif.

243. Le *Nafard à Fufeau* de groffe taille a , dans le bas du tuyau où eft la bouche , pour fon premier *C fol ut*, 3 pouces 5 lignes ½ de diametre , & 10 pouces 10 lignes de circonférence. Le haut du même tuyau a 7 pouces 3 lignes de circonférence. Le bas du dernier *C fol ut*, 49 , a 6 lignes de diametre & 19 lignes de circonférence. Le haut du même tuyau a 9 lignes ½ de circonférence.

244. Pour la menue taille , le bas du premier *C fol ut* a 2 pouces 7 lignes ½ de diametre , & fa circonférence eft de 8 pouces 3 lignes ½. Le haut du même tuyau a 5 pouces 7 lignes de circonférence. Le diametre du bas du dernier *C fol ut*, 49 , eft de 5 lignes , & fa circonférence eft de 15 lignes ½. Le haut du même tuyau a 7 lignes ½ de circonférence. La longueur du premier *C fol ut* de ces deux Nafards eft de 2 pieds 4 pouces 8 lignes.

245. Le *Nafard ouvert* de groffe taille a , pour fon premier *C fol ut*, 3 pouces 2 lignes de diametre , & 9 pouces 11 lignes ½ de circonférence. Le dernier *C fol ut*, 49 , a 5 lignes ½ de diametre , & 18 lignes ½ de circonférence. Pour la menue taille , le premier *C fol ut* a 2 pouces 7 lignes ½ de diametre , & 8 pouces 3 lignes ½ de circonférence. Le dernier *C fol ut*, 49 , a 5 lignes ½ de diametre , & 16 lignes ½ de circonférence. La longueur du premier *C fol ut* de ces deux Nafards ouverts eft de deux pieds 7 pouces. Le Nafard ouvert de groffe taille fe deftine pour le grand Orgue , & celui de menue taille pour le Pofitif.

246. On peut faire fervir le Nafard ouvert de groffe taille à la Pédale , fi l'on doit y en mettre un. Je ne donne point de Diapafon particulier pour le gros Nafard à la quinte du 8 pieds ; parce qu'on peut prendre fes trois dernieres octaves dans les Nafards de la même Planche XXIII ; & la premiere , dans les baffes des Bourdons ; ou fi l'on veut les baffes ouvertes, on emploiera des tuyaux ouverts en bois dont je donnerai bientôt les Diapafons.

247. J'ai tracé dans la XXIVe Planche les Diapafons des *Tierces*. Il y en a de trois efpeces, la groffe Tierce , à la tierce du Preftant , & enfuite les deux Tierces à la tierce de la Doublette , l'une de groffe taille pour le

grand Orgue, & l'autre de menue taille pour le Poſitif. On voit que la
premiere octave de la groſſe Tierce eſt repliée à côté des trois autres octaves, comme on peut s'en appercevoir par l'ordre & la ſuite des chiffres ;
mais les deux autres Tierces ſont entieres dans une ſeule colonne, comme
on le voit par la ſuite des chiffres. J'ai diſtingué la Tierce de menue taille
par de petites lignes interrompues.

248. La *groſſe Tierce* a, pour ſon premier *C ſol ut*, 3 pouces 6 lignes de
diametre, & 11 pouces de circonférence. Le dernier *C ſol ut*, 49, à 5
lignes de diametre & 15 lignes ¼ de circonférence. La longueur du premier
C ſol ut eſt de 3 pieds. On fait toujours cette Tierce en étoffe. On peut
s'en ſervir pour la Pédale.

249. La *Tierce* de groſſe taille a, pour ſon premier *C ſol ut*, 2 pouces
2 lignes ¼ de diametre, & 6 pouces 10 lignes ¼ de circonférence. Son
dernier *C ſol ut*, 49, a 4 lignes ¼ de diametre, & 14 lignes de circonférence. La longueur du premier *C ſol ut* eſt de 18 pouces. On peut employer cette Tierce à la Pédale.

La *Tierce* de menue taille a, pour ſon premier *C ſol ut*, 2 pouces de
diametre, & 6 pouces 3 lignes ¼ de circonférence. Son dernier *C ſol ut*,
49, a 3 lignes ¼ de diametre & 12 lignes de circonférence. Ces deux
Tierces ſe font ordinairement en étoffe & quelquefois en étain ; ce qui
eſt mieux.

250. J'ai mis ſur la même Planche XXIV, le Diapaſon particulier du
Larigot, lequel a, pour ſon premier *C ſol ut*, 1 pouce 9 lignes de diametre, & 5 pouces 6 lignes de circonférence. Son dernier *C ſol ut*, 49,
a 4 lignes ¼ de diametre, & 13 lignes ¼ de circonférence. La longueur du
premier *C ſol ut* eſt de 15 pouces 3 lignes. Ce Jeu ſe fait toujours en
étoffe.

251. La *Planche XXV*, contient le Diapaſon du *grand Cornet* qui eſt compoſé de 5 rangées ou de 5 Jeux, qui ont chacun leur Diapaſon particulier.
J'ai mis enſemble le Bourdon & le Preſtant du Cornet qui ont les mêmes
longueurs, mais les largeurs ſont différentes ; auſſi il y a une ligne pour
le Bourdon & une autre pour le Preſtant. Le Naſard, la Quarte & la Tierce, ont chacun leur Diapaſon ſéparé, auſſi-bien que les cheminées du
Bourdon. Voici les principales meſures de ces cinq rangées du Cornet ;
auquel j'ai donné l'étendue ordinaire, qui commence au troiſieme *C ſol ut*
au milieu du Clavier.

Le Bourdon a, pour ſon premier *C*, 1, un pouce 8 lignes ¼ de diametre, & 5 pouces 5 lignes de circonférence. Le dernier *C ſol ut*, 25, a
9 lignes ¼ de diametre, & 2 pouces 6 lignes de circonférence. Les cheminées ont la moitié de la hauteur du tuyau & le quart du diametre & de
la circonférence.

Le Prestant a, pour son premier tuyau, 17 lignes ½ de diametre, & 4 pouces 7 lignes de circonférence. Le dernier *C sol ut*, 25, a 8 lignes de diametre, & 2 pouces une ligne de circonférence. La longueur du premier tuyau du Bourdon & du Prestant est de 11 pouces 8 lignes.

Le Nasard a, pour son premier tuyau, 15 lignes de diametre, & 3 pouces 11 lignes de circonférence. Son dernier *C sol ut*, 25, a 7 lignes ½ de diametre, & 2 pouces de circonférence. La longueur de son premier tuyau est de 7 pouces 6 lignes.

La Quarte a, pour son premier tuyau, 12 lignes ½ de diametre, & 3 pouces 4 lignes de circonférence. Son dernier *C sol ut*, 25, a 6 lignes ½ de diametre, & un pouce 8 lignes ½ de circonférence. La longueur de son premier tuyau est de 5 pouces 5 lignes.

La Tierce a, pour son premier tuyau, 10 lignes ¼ de diametre, & 2 pouces 10 lignes de circonférence. Son dernier *C sol ut*, 25, a 5 lignes ¼ de diametre, & 16 lignes ½ de circonférence. La longueur de son premier tuyau est de 4 pouces 5 lignes. Les Cornets se font toujours en étoffe.

252. Le Diapason du *Cornet de Récit* est tracé sur la *Planche XXVI*. Je lui ai donné la plus grande étendue dont on ait fait usage jusqu'à présent. Il commence au second *F ut fa* du Clavier. Du reste, ce Cornet est composé comme le précédent ; il n'en est différent que pour l'étendue & pour la taille. On pourra remarquer que le Cornet de Récit est de plus petite taille dans les dessus que le grand Cornet, & plus gros vers les basses. Par exemple, le premier *C sol ut* du Bourdon du grand Cornet a un pouce 8 lignes ¼ de diametre ; & le même *C sol ut*, qui fait le huitieme du Bourdon du Cornet de Récit, a un pouce 10 lignes de diametre ; ainsi celui-ci est de plus grosse taille que son unisson du grand Cornet. Le dernier *C sol ut* du Bourdon du grand Cornet a 9 lignes ½ de diametre ; & le même *C sol ut* du Bourdon du Cornet de Récit n'a que 9 lignes ¼ de diametre. On voit par-là, comme je viens de le dire, que le Cornet de Récit est plus gros dans les basses & plus petit dans les dessus que le grand Cornet. La raison de cette différence est que la fonction du grand Cornet est de fortifier & fournir dans les dessus du *Grand Jeu*, dans lequel on fait jouer les Trompettes & les Clairons. Ces Jeux sont naturellement plus foibles dans les dessus que dans les basses ; & comme ils sont encore assez forts jusques vers le milieu de la troisieme octave qui se trouve vers la basse du grand Cornet, on n'a pas besoin que celui-ci y soit si fort. En un mot, il faut que le grand Cornet soit d'autant plus fort, que les Trompettes & Clairons sont foibles ; & qu'il soit d'autant plus foible que ces Jeux se trouvent forts. Ce seroit même un défaut que le grand Cornet se fît trop entendre vers ses basses, parce que dans le passage de la seconde octave à la troisieme on entendroit un changement d'harmonie trop marqué ; ce qui seroit disgracieux.

Le

Le Cornet de Récit fait une fonction bien différente ; il doit être auſſi fort dans les baſſes que dans les deſſus. Il joue & fait ſa partie tout ſeul. Il convient qu'il tranche également dans toute ſon étendue ; & comme le propre des Jeux à Bouche eſt d'être moins éclatants dans les baſſes que dans les deſſus, on tâche d'y ſuppléer dans le Cornet de Récit, en augmentant la taille ou la groſſeur des baſſes. Il faut au reſte entendre par les baſſes du Cornet, ſa partie la plus grave ou ſes plus grands tuyaux que j'appelle improprement de ce nom, ce Jeu n'ayant lieu que pour les deſſus, comme je l'ai dit art. 179.

253. Les principales meſures du Cornet de Récit ſont telles : le *F*, 1, du Bourdon a 17 pouces 5 lignes de hauteur, 2 pouces 6 lignes $\frac{1}{4}$ de diametre, & 7 pouces 11 lignes de circonférence. Le *C*, 32, a 9 lignes $\frac{1}{4}$ de diametre, & 2 pouces 5 lignes de circonférence. Les cheminées du Bourdon ont la moitié de la hauteur des tuyaux & le quart de leur diametre & celui de leur circonférence.

Le *F*, 1, du Preſtant, qui a la même hauteur que le Bourdon, a 2 pouces 2 lignes de diametre, & 6 pouces 10 lignes de circonférence. Le *C*, 32, a 7 lignes $\frac{1}{4}$ de diametre, & un pouce 11 lignes $\frac{1}{4}$ de circonférence.

Le *F*, 1, du Naſard, qui a 11 pouces 3 lignes de hauteur, a un pouce 9 lignes $\frac{1}{4}$ de diametre, & 5 pouces 7 lignes $\frac{1}{4}$ de circonférence. Le *C*, 32, a 7 lignes de diametre & un pouce 10 lignes de circonférence.

Le *F*, 1, de la Quarte, qui a 8 pouces 4 lignes $\frac{1}{4}$ de hauteur, a un pouce 7 lignes de diametre, & 4 pouces 11 lignes $\frac{1}{4}$ de circonférence. Le *C*, 32, a 6 lignes de diametre, un pouce 7 lignes de circonférence.

Le *F*, 1, de la Tierce, qui a 6 pouces 8 lignes $\frac{1}{4}$ de hauteur, a 16 lignes $\frac{1}{4}$ de diametre, & 4 pouces 4 lignes de circonférence. Le *C*, 32, a 5 lignes de diametre, un pouce 3 lignes $\frac{1}{4}$ de circonférence. Ce Jeu ſe fait en étoffe.

254. Le Cornet de Récit peut être employé pour l'Echo, en lui donnant toute l'étendue ci-deſſus. Ou ſi l'on veut lui en donner davantage, on prolongera les lignes. Cette taille eſt bonne pour les grandes Egliſes. Mais ſi c'étoit pour une petite Egliſe, on pourroit ſe ſervir pour l'Echo des mêmes Bourdon, Preſtant, Naſard, Quarte & Tierce, qu'on emploie pour le Poſitif.

255. A l'égard du Cornet qui répondroit au Clavier de la Bombarde, le grand Cornet, art. 251, y eſt très-convenable. Mais pour le Poſitif, le Cornet de Récit n'y conviendroit pas, ſes baſſes étant trop fortes, il faut diminuer un peu la taille du grand Cornet, en ſorte que les deſſus ſoient égaux à celui du Récit, & les baſſes un peu plus petites que celles du grand Cornet.

ORGUES.   T

256. La *Planche XXVII*, contient le Diapaſon du *Plein-Jeu*, ou Fourniture & Cymbale, auquel on remarquera cinq octaves, quoique les autres Diapaſons n'en aient que quatre. Comme c'eſt un Jeu dont l'arrangement eſt différent des autres, il eſt des cas où ces cinq octaves ſont néceſſaires, comme on peut le voir dans le Tableau de tous les Jeux de l'Orgue, à l'endroit où on lit ces mots, *Fourniture, Cymbale (Pl. XVII.)* J'expliquerai plus particuliérement l'uſage de ce Diapaſon, auſſi-bien que celui de tous les autres, quand nous en ſerons à la maniere de tailler les Jeux dans la ſeconde Partie. Il nous ſuffira préſentement, qu'il ne s'agit que de la conſtruction des Diapaſons, de remarquer que pour faire celui-ci, il eſt néceſſaire d'avoir la meſure de trois *C ſol ut* ; du premier, du 13 & du 61, à cauſe que la ligne oblique ne doit être droite que de 61 à 13. Depuis le point 13 juſqu'à 1 , on doit tirer une autre ligne droite ; en ſorte que ces deux qui aboutiſſent au même point 13 , ne font pas une ſeule ligne droite, comme aux autres Diapaſons. La raiſon en eſt que ſi l'on tiroit une ligne de 61 à 13, prolongée en droiture juſqu'au gros bout du Diapaſon, les tuyaux de la premiere octave ſeroient trop gros ; ainſi l'on eſt obligé de dévoyer cette ligne de 13 à 1 , pour diminuer la taille des tuyaux de la premiere octave.

257. Le premier *C ſol ut* de ce Diapaſon doit avoir 4 pieds 0 pouces & 6 lignes de longueur. Il n'a pourtant que 4 pieds & 2 lignes , à cauſe que le papier s'eſt retiré plus que je ne penſois, ou, j'ai manqué de donner aſſez de longueur ſur la Planche de cuivre. Quand on voudra copier les longueurs de ce Diapaſon, il faudra les marquer ſur une bande de papier d'environ un pouce de largeur & ſuffiſamment longue. Les meſures étant ainſi priſes ſur les traits de la Planche, & marquées avec un crayon , on étendra cette bande de papier ſur une regle de bois ; on marquera ſur la même regle les deux extrémités ; enſuite on humectera la bande de papier en tapant également ſur toute ſa longueur avec un linge mouillé; & lorſqu'on verra qu'elle ſe ſera allongée de la quantité qu'on demande , on l'appliquera ſur une planche de bois ou de plomb, comme c'eſt l'uſage, ſur laquelle on tranſportera tous les points de la bande de papier ; après quoi on tracera tout le reſte du Diapaſon tel qu'il eſt dans la Planche XXVII.

258. Voici les principales meſures de ce Diapaſon. Le premier *C ſol ut* a 2 pouces 11 lignes ½ de diametre, & ſa circonférence a 9 pouces 3 lignes. Le ſecond *C ſol ut*, 13, a un pouce 8 lignes ½ de diametre, & 5 pouces 4 lignes de circonférence ; il doit avoir 2 pieds 0 pouces 3 lignes de longueur. Le dernier *C ſol ut*, 61, a 3 lignes de diametre & 9 lignes ½ de circonférente. Ce Jeu ſe fait toujours en étain le plus fin, le plus doux & le plus neuf.

259. On remarquera ſur le même Diapaſon une plus menue taille, qui

eft toujours deftinée pour le Pofitif. Elle ne commence qu'à *C*, 13 , & finit à 61 ; il n'y a point de menue taille fur la premiere octave , parce qu'elle n'a jamais lieu pour le Pofitif.

260. Le Diapafon des tuyaux à Bouche coniques doit fe prendre fur les deffus du 8 pieds ouvert (*Pl. XXI*). On doublera les largeurs pour le haut des tuyaux. Pour les longueurs , elles feront prifes un demi-ton plus bas ; c'eft-à-dire , que pour avoir la longueur , par exemple , d'un *C fol ut* , il faut prendre celle du *B fa fi* ; fi c'eft pour un *G re fol* , on prendra la longueur de *F ut fa*✳ ; fi c'eft pour un *D la re* , on prendra celle du *C fol ut*✳ , &c. Mais les largeurs de leur bout inférieur , comme je viens de le dire , fe prendront comme pour les autres tuyaux du 8 pieds , & on en doublera la largeur de leur bout fupérieur.

261. Je ne donne point de Diapafon particulier pour *la Baffe de Viole* ; parce que , comme je l'ai dit ailleurs , on en prend toutes les largeurs & diametres fur le Diapafon du Preftant , & les longueurs fur celui du 8 pieds ouvert ; mais il faut l'augmenter au moins de 3 pouces , c'eft-à-dire , que le premier *C fol ut* , doit avoir 8 pieds 3 pouces. On fera les divifions fur une regle , comme je l'ai décrit art. 216 , pour avoir toutes les longueurs. Il ne fera pas néceffaire de marquer les largeurs , puifqu'on les trouvera fur le Diapafon du Preftant.

262. La *Planche XXVIII* contient les Diapafons des tuyaux quarrés en bois, ouverts , tels qu'il les faut pour les Pédales de Flûte de 32 pieds , de 16 pieds , de 8 & de 4 pieds. J'ai donné à ces quatre Jeux la plus grande étendue en haut qu'on foit en ufage d'exécuter en tuyaux de bois , puif- que je les ai marqués jufqu'à *F ut fa* , de 18 pouces de longueur. Si l'on veut donner plus d'étendue dans la baffe du 16 pieds , on en prendra les mefures dans l'octave du 32 pieds ; fi c'eft au 8 pieds , on fe fervira du 16 pieds , &c. En voici les principales mefures.

263. Le premier *C fol ut* du 32 pieds a en dedans 16 pouces 4 lignes. Son dernier tuyau *F ut fa* , 54 , a un pouce 11 lignes ÷. Quoiqu'on ne donne jamais une pareille étendue à la Pédale , j'ai cru pourtant devoir marquer ainfi ce Diapafon , afin qu'on puiffe comparer plus facilement les tailles.

Le premier *C fol ut* du 16 pieds a en dedans 10 pouces 7 lignes , & fon dernier *F ut fa* , 42 , à un pouce dix lignes ÷.

Le premier *C fol ut* du 8 pieds a en dedans 6 pouces 3 lignes , & fon dernier *F ut fa* , 30 , a un pouce dix lignes ÷.

Le premier *C fol ut* de 4 pieds a en dedans 3 pouces 6 lignes ÷ , & fon dernier *F ut fa* , 18 , a un pouce dix lignes ÷.

264. Pour les deffus qu'on fait en étoffe , pour les Pédales de Flûte , foit de 8 pieds , ou de 4 pieds , on en prendra les mefures fur le Diapa-

PLANCHE XXVII.

Diapafon des tuyaux à Bouche coniques.

Diapafon de la baffe de Viole.

PLANCHE XXVIII.

Diapafon des tuyaux de bois pour les Pédales de Flûte.

son du Nasard ouvert (*Pl. XXIII*) ; mais on regardera son premier *C sol ut* comme *G re sol*, 8, du 4 pieds : ce tuyau est effectivement à l'unisson du premier *G re sol*, 8, du Prestant. Si, par exemple, on veut faire en bois toute la premiere octave de la Pédale de Flûte de 4 pieds, & que son der‑nier tuyau de bois soit le second *C sol ut* de 2 pieds, on prendra pour la suite en étoffe, sur le Nasard ouvert de grosse taille, le premier *F ut fa*✳, 7 ; ce sera le *C sol ut*✳ & la suite de ces tuyaux de bois. On continuera ainsi après *F ut fa*✳7, en montant 8, 9, 10, 11, &c. Si l'on ne vouloit aucun tuyau de bois à cette Pédale de Flûte de 4 pieds, mais qu'elle fût toute en étoffe, le même Diapason du Nasard ouvert serviroit. Il faudroit en ce cas prolonger les lignes du côté de la basse jusqu'à 16 pouces de plus, en sorte que le premier *C sol ut* de 4 pieds eût 4 pouces de diametre & 12 pouces 3 lignes de circonférence.

265. Il arrive assez souvent qu'on ne peut pas mettre en montre les premiers tuyaux de la basse du 8 pieds ouvert ou du 16 pieds ouvert, & qu'on est obligé de les placer en dedans & de les faire en bois ; il est cer‑tain qu'il les faut alors de plus menue taille que des Pédales de Flûte ; voici la maniere de trouver leur juste grosseur. On se servira du Diapason ordinaire comme pour faire des tuyaux ronds en étain, dont on prendra les diametres comme ils y sont marqués ; on divisera ce diametre par 9, & ce qui viendra au quotient sera ce qu'il faudra retrancher de ce diametre pour avoir la juste mesure du quarré en dedans de ces tuyaux de bois. Par exemple, s'il s'agit du premier *C sol ut* du 16 pieds ouvert, il a 11 pou‑ces 4 lignes de diametre. Ces 11 pouces 4 lignes, réduits en lignes, font 136 lignes, qui, divisées par 9, donnent 15 au quotient. En retranchant 15 de 136, il restera 121, ou 10 pouces une ligne ; ce sera la mesure du dedans du premier *C sol ut* du 16 pieds ouvert, qui formera un quarré à peu près égal au cercle du premier *C sol ut* en étain du 16 pieds ou‑vert. S'il s'agit du premier *C sol ut* du 8 pieds ouvert, on trouvera sur son Diapason qu'il a 5 pouces 9 lignes de diametre ou 69 lignes, qui divisées par 9, donneront $7\frac{1}{3}$ au quotient, lequel étant retranché de 69, il restera $61\frac{1}{3}$, c'est-à-dire, 5 pouces une ligne $\frac{1}{3}$; ce sera la mesure du dedans du premier *C sol ut* quarré en bois du 8 pieds ouvert : ainsi des autres.

Récapitulation des Diapasons des Jeux à Bouche.

266. J'ai cru devoir rassembler ici en une Table les principales mesures des Jeux à bouche pour servir à la construction des Diapasons.

DIAMETRE

Longueur / Registre	Jeu	Note	Diam. pouces	Diam. lignes	Circ. pieds	Circ. pouces	Circ. lignes
32 pieds ouvert.		Premier C sol ut	18	7 1/3	4	10	6
		49, C sol ut	1	10	0	5	9
16 pieds ouvert.		1, C	11	4	2	11	8
		49, C	1	1 1/3	0	3	7
Bourdon de 32 pieds en bois.		1, C	14	4	0	0	0
		37, C	2	7	0	0	0
Bourdon de 16 pieds en bois.		1, C	7	4	0	0	0
		26, C	2	7 1/2	0	0	0
8 pieds ouvert.		1, C	5	9	1	6	0
		49, C	0	9 1/2	0	2	6
Bourdon de 4 pieds en bois.		1, C	4	7	0	0	0
		13, C	2	8	0	0	0
Longueur 2 pieds.	Dessus des Bourdons à cheminée grosse taille, en étoffe.	13, C	3	1 1/3	0	9	10
		49, C	0	9 3/4	0	1	6 1/2
	Menue taille.	13, C	2	8 1/2	0	8	8
		49, C	0	8 3/4	0	2	3 1/2
Longueur 22 pouc. 10 lignes.	Dessus des Bourdons bouchés grosse taille, en étoffe.	13, C	3	1 1/4	0	9	10
		49, C	0	9 3/4	0	1	6 1/2
	Menue taille.	13, C	2	8 1/4	0	8	8
		49, C	0	8 1/4	0	2	3 1/2
	Preſtant.	1, C	3	6	0	11	0
		49, C	0	5	0	1	3 3/4
Longueur 3 pieds.	Grosse Tierce ouverte.	1, C	3	6	0	11	0
		49, C	0	5	0	1	3
Longueur 2 pieds 7 pouc.	Nasard ouvert grosse taille.	1, C	3	2	0	9	11
		49, C	0	5 1/4	0	1	6
	Menue taille.	1, C	2	7 1/4	0	8	3
		49, C	0	5 1/4	0	1	4
Longueur 2 pieds 4 pouc. 8 lignes.	Nasard à fuseau grosse taille. Bas des tuyaux.	1, C	3	5 1/2	0	10	10
		49, C	0	0	0	1	7
	Le haut des tuyaux.	1, C	0	0	0	7	3
		49, C	0	0	0	0	9
	Menue taille. Bas des tuyaux.	1, C	2	7 3/4	0	8	3
		49, C	0	5	0	1	3
	Le haut des tuyaux.	1, C	0	0	0	5	7
		49, C	0	0	0	0	7 1/2
	Doublette.	1, C	2	1 1/3	0	6	8 1/2
		49, C	0	3 3/4	0	0	11 1/4
Longueur 22 pouc. 10 lignes.	Quarte grosse taille.	1, C	2	8	0	8	4 1/2
		49, C	0	5	0	1	4
	Menue taille.	1, C	2	5 1/3	0	7	8
		49, C	0	6	0	1	7
Longueur 18 pouc.	Tierce de grosse taille.	1, C	2	2 1/4	0	6	10 1/4
		49, C	0	4 1/4	0	1	2
	Menue taille.	1, C	2	0	0	6	3 1/2
		49, C	0	3 3/4	0	1	0
Long. 15 pouc. 3 lig.	Larigot.	1, C	1	9	0	5	6
		49, C	0	4 1/4	0	1	1 1/4
Grand Cornet.	Bourdon, long. 11 pouc. 8 lig.	1, C	1	8 1/4	0	5	5
		25, C	0	9 1/4	0	2	6
	Preſtant, long. 11 pouc. 8 lig.	1, C	1	5 1/2	0	4	7
		25, C	0	8	0	2	1
	Nasard, long. 7 pouc. 6 lig.	1, C	1	3	0	3	11
		25, C	0	7 3/4	0	2	0
	Quarte, long. 5 pouc. 6 lig.	1, C	1	0 1/4	0	3	4
		25, C	0	6 1/4	0	1	8 1/2
	Tierce, long. 4 pouc. 5 lig.	1, C	0	10 1/4	0	2	10
		25, C	0	5 1/4	0	1	4 1/2
Cornet de récit.	Bourdon, long. 17 pouc. 5 lig.	1, F	2	6	0	7	11
		32, C	0	9 1/4	0	2	5
	Preſtant, long. 17 pouc. 5 lig.	1, F	2	2	0	6	10
		32, C	0	7 1/2	0	1	11 1/2
	Nasard, long. 11 pouc. 3 lig.	1, F	1	9 1/2	0	5	7 1/2
		32, C	0	7	0	1	10
	Quarte, long. 8 pouc. 4 l. 1/2.	1, F	1	7	0	4	11 1/2
		32, C	0	6	0	1	7
	Tierce, long. 6 pouc. 8 l. 1/2.	1, F	1	4 1/2	0	4	4
		32, C	0	5	0	1	3 1/2
Plein Jeu.	longueur 4 pieds 6 l.	1, C	2	11 1/3	0	9	3
	longueur 26 lignes.	13, C	1	8 1/3	0	5	4
		61, C	0	3	0	0	9 2/3
Pédales de flûte ouvertes. Tuyaux quarrés, en bois.	32 pieds.	1, C	16	4	0	0	0
		54, F	1	10 1/2	0	0	0
	16 pieds.	1, C	10	7	0	0	0
		42, F	1	10 1/2	0	0	0
	8 pieds.	1, C	6	3	0	0	0
		30, F	1	10 1/2	0	0	0
	4 pieds.	1, C	3	6	0	0	0
		18, F	1	10 1/2	0	0	0

SECTION SECONDE.

Diapasons des Jeux d'Anche.

267. ON pourroit donner en un seul Diapason, les trois Jeux de la Bombarde, de la Trompette & du Clairon; ces trois Jeux étant de même nature & de même forme. La Bombarde n'est autre chose, pour ainsi dire, qu'une Trompette de 16 pieds, & le Clairon une autre espece de Trompette de 4 pieds. Ainsi un seul Diapason de 6 octaves suffiroit. On y trouveroit la Bombarde en prenant les 4 premieres octaves seulement; on auroit la Trompette, en retranchant la premiere & la sixieme octave; enfin en supprimant les deux premieres octaves, on auroit le Clairon. Cependant pour être plus clair, je vais donner séparément les longueurs de ces trois Jeux par le nombre des pieds, pouces, lignes & points. On trouveta les largeurs & toutes les autres mesures sur la Planche XXIX.

LONGUEURS DE LA BOMBARDE.

Note	N°	Pieds	Pouces	Lignes	Points	Groupe
D	51	0	9	7	0	Sans Bague
C𝄪	50	0	10	4	0	Sans Bague
C	49	0	10	9	6	Sans Bague
B	48	0	11	7	0	Sans Bague
B♭	47	1	0	3	3	Sans Bague
A	46	1	0	10	0	Sans Bague
G𝄪	45	1	1	9	0	Sans Bague
G	44	1	2	5	6	Sans Bague
F𝄪	43	1	3	4	0	Sans Bague
F	42	1	4	2	6	Sans Bague
E	41	1	5	2	6	Sans Bague
E♭	40	1	6	1	6	Sans Bague
D	39	1	7	4	0	Sans Bague
C𝄪	38	1	8	6	6	Sans Bague
C	37	1	9	7	3	A Bague
B	36	1	10	11	3	A Bague
B♭	35	2	0	6	0	A Bague
A	34	2	2	3	9	A Bague
G𝄪	33	2	3	8	3	A Bague
G	32	2	5	4	6	A Bague
F𝄪	31	2	7	1	9	A Bague
F	30	2	9	0	6	A Bague
E	29	2	11	4	0	A Bague
E♭	28	3	1	5	0	A Bague
D	27	3	4	4	3	A Bague
C𝄪	26	3	6	6	9	A Bague
C	25	3	8	5	3	A Bague
B	24	4	0	1	9	A Bague
B♭	23	4	4	3	0	A Bague
A	22	4	2	11	0	A Boîte
G𝄪	21	4	7	8	0	A Boîte
G	20	4	10	1	3	A Boîte
F𝄪	19	5	1	8	3	A Boîte
F	18	5	5	1	6	A Boîte
E	17	5	8	10	6	A Boîte
E♭	16	6	0	11	9	A Boîte
D	15	6	6	8	3	A Boîte
C𝄪	14	7	0	4	6	A Boîte
C	13	7	4	1	0	A Boîte
B	12	7	11	6	3	A Boîte
B♭	11	8	4	11	9	A Boîte
A	10	8	10	6	9	A Boîte
G𝄪	9	9	5	6	9	A Boîte
G	8	10	0	4	3	A Boîte
F𝄪	7	10	7	8	3	A Boîte
F	6	11	6	1	0	A Boîte
E	5	12	3	6	0	A Boîte
E♭	4	13	1	11	0	A Boîte
D	3	14	0	5	0	A Boîte
C𝄪	2	14	8	10	0	A Boîte
C	1	15	4	1	0	A Boîte
B	R	15	11	0	6	Ravalement
B♭	S	16	9	11	0	Ravalement
A	T	17	9	1	6	Ravalement
G𝄪	V	18	10	3	6	Ravalement
G	X	20	0	8	6	Ravalement
F𝄪	Y	21	3	4	6	Ravalement
F	Z	23	0	3	0	Ravalement

LONGUEURS DE LA TROMPETTE.

Note	N°	Pieds	Pouces	Lignes	Points	Groupe
D	51	0	4	1	9	Sans Bague
C𝄪	50	0	4	5	0	Sans Bague
C	49	0	4	8	3	Sans Bague
B	48	0	5	0	6	Sans Bague
B♭	47	0	5	5	6	Sans Bague
A	46	0	5	11	3	Sans Bague
G𝄪	45	0	6	4	6	Sans Bague
G	44	0	6	10	0	Sans Bague
F𝄪	43	0	7	3	9	Sans Bague
F	42	0	7	8	6	Sans Bague
E	41	0	8	3	3	Sans Bague
E♭	40	0	8	10	3	Sans Bague
D	39	0	9	7	0	Sans Bague
C𝄪	38	0	10	4	0	Sans Bague
C	37	0	10	9	6	Sans Bague
B	36	0	11	7	0	Sans Bague
B♭	35	1	0	3	3	Sans Bague
A	34	1	0	10	0	Sans Bague
G𝄪	33	1	1	9	0	Sans Bague
G	32	1	2	5	6	Sans Bague
F𝄪	31	1	3	4	0	Sans Bague
F	30	1	4	2	6	Sans Bague
E	29	1	5	2	6	Sans Bague
E♭	28	1	6	1	6	Sans Bague
D	27	1	7	4	0	Sans Bague
C𝄪	26	1	8	6	6	Sans Bague
C	25	1	9	7	3	A Bague
B	24	1	10	11	3	A Bague
B♭	23	2	0	6	0	A Bague
A	22	2	2	3	9	A Bague
G𝄪	21	2	3	8	3	A Bague
G	20	2	5	4	6	A Bague
F𝄪	19	2	7	1	9	A Bague
F	18	2	9	0	6	A Bague
E	17	2	11	4	0	A Bague
E♭	16	3	1	5	0	A Bague
D	15	3	4	4	3	A Bague
C𝄪	14	3	6	6	9	A Bague
C	13	3	8	5	3	A Bague
B	12	4	0	1	9	A Bague
B♭	11	4	4	3	0	A Bague
A	10	4	2	11	0	A Boîte
G𝄪	9	4	7	8	0	A Boîte
G	8	4	10	11	3	A Boîte
F𝄪	7	5	1	8	3	A Boîte
F	6	5	5	1	6	A Boîte
E	5	5	8	10	6	A Boîte
E♭	4	6	0	11	9	A Boîte
D	3	6	6	8	3	A Boîte
C𝄪	2	7	0	4	6	A Boîte
C	1	7	4	1	0	A Boîte

LONGUEURS DU CLAIRON.

Note	N°	N°	Pieds	Pouces	Lignes	Points	Groupe
D	51	51	0	4	1	9	Sans Bague
C𝄪	50	50	0	4	5	0	Sans Bague
C	49	49	0	4	8	3	Sans Bague
B	48	48	0	5	0	6	Sans Bague
B♭	47	47	0	5	5	6	Sans Bague
A	46	46	0	5	11	3	Sans Bague
G𝄪	45	45	0	6	4	6	Sans Bague
G	44	44	0	6	10	0	Sans Bague
F𝄪	43	43	0	7	3	9	Sans Bague
F	42	42	0	7	8	6	Sans Bague
E	41	41	0	8	3	3	Sans Bague
E♭	40	40	0	8	10	3	Sans Bague
D	39	39	0	9	7	0	Sans Bague
C𝄪	38	38	0	10	4	0	Sans Bague
C	37	37	0	10	9	6	Sans Bague
B	36	36	0	11	7	0	Sans Bague
B♭	35	35	1	0	3	3	Sans Bague
A	34	34	1	0	10	0	Sans Bague
G𝄪	33	33	1	1	9	0	Sans Bague
G	32	32	1	2	5	6	Sans Bague
F𝄪	31	31	1	3	4	0	Sans Bague
F	30	30	1	4	2	6	Sans Bague
E	29	41	0	8	3	3	A Bague
E♭	28	40	0	8	10	3	A Bague
D	27	39	0	9	7	0	A Bague
C𝄪	26	38	0	10	4	0	A Bague
C	25	37	0	10	9	6	A Bague
B	24	36	0	11	7	0	A Bague
B♭	23	35	1	0	3	3	A Bague
A	22	34	1	0	10	0	A Bague
G𝄪	21	33	1	1	9	0	A Bague
G	20	32	1	2	5	6	A Bague
F𝄪	19	31	1	3	4	0	A Bague
F	18	30	1	4	2	6	A Bague
E	17	29	1	5	2	6	A Bague
E♭	16	28	1	6	1	6	A Bague
D	15	27	1	7	4	0	A Bague
C𝄪	14	26	1	8	6	6	A Bague
C	13	25	1	9	7	3	A Bague
B	12	24	1	10	11	3	A Bague
B♭	11	23	2	0	6	0	A Bague
A	10	22	2	2	3	9	A Bague
G𝄪	9	21	2	3	8	3	A Bague
G	8	20	2	5	4	6	A Bague
F𝄪	7	19	2	7	1	9	A Bague
F	6	18	2	9	0	6	A Bague
E	5	17	2	11	4	0	A Bague
E♭	4	16	3	1	5	0	A Bague
D	3	15	3	4	4	3	A Bague
C𝄪	2	14	3	6	6	9	A Bague
C	1	13	3	8	5	3	A Bague

Diametres & circon-férences du ravale-ment de la Bombar-de.

		DIAMETRES.		CIRCONFERENCES.	
		Pouces.	Lignes.	Pouces.	Lignes.
B . .	R . . .	10 . . .	1 . .	. . . 31 . . .	8
B♭ . .	S . . .	10 . . .	6 . . ⅔	. . 33 . . .	2
A . .	T . . .	11 . . .	0 . . ⅔	. . 34 . . .	9
G✗ .	V . . .	11 . . .	7 . .	. . . 36 . . .	5
G . .	X . . .	12 . . .	1 . . ¾	. . 38 . . .	2
F✗ .	Y . . .	12 . . .	10 . . ¾	. . 40 . . .	0
F . .	Z . . .	13 . . .	4 . . ⅔	. . 42 . . .	0

268. La premiere Table à gau-che contient les longueurs de tous les tuyaux de la Bombarde. Il y a ſix colonnes. La premiere déſigne le nom de chaque tuyau; la ſe-conde ſon quantieme, c'eſt-à-dire,

quel rang il tient dans ſon Jeu; la troiſieme, le nombre de pieds de la longueur du tuyau; la quatrieme, le nombre de pouces; la cinquieme, le nombre de lignes, & la ſixieme, le nombre des points. On remarquera ſur cette ſixieme colonne qu'il n'y a jamais que 3, ou 6, ou 9 points; ce qui ſignifie un quart, ou, une demie, ou trois quarts de lignes. Du reſte l'on voit aſſez par les accolades qu'il faut diſtinguer différentes parties de la Bombarde, les tuyaux à boîte, ceux qui ſont ſans boîte & auxquels on met une bague, & ceux qui ſont ſans boîte ni bague. J'ai ajouté à ce Jeu les longueurs de ſon Ravalement, que j'ai coté par des lettres au lieu de chiffres, pour le mieux diſtinguer des autres tuyaux du même Jeu; & com-me on ne trouvera point ſes largeurs & ſes diametres dans la *Planche XXIX*, j'en ai placé ici une petite Table ſéparée.

269. La ſeconde Table contient les longueurs de la Trompette. Voyez dans l'art. précédent l'explication des colonnes. On trouvera une colonne de plus à la Table des longueurs du Clairon. C'eſt la troiſieme colonne que j'ai miſe pour déſigner par l'ordre des chiffres comment ſe fait la re-priſe. Ces chiffres ſont relatifs à la Trompette, & font voir que tous les tuyaux du Clairon ne ſont que des tuyaux de Trompette, dont le premier *C ſol ut* eſt le **13**, ou le ſecond *C ſol ut* de la Trompette.

270. Il faut compter les longueurs des tuyaux à boîte depuis l'extrémité ſupérieure, *b*, (*fig.* 136, *Pl. XVIII*), juſqu'au bout inférieur qui entre dans la boîte, *d*. Pour les tuyaux ſans boîte & qui ſont à bague, comme celui de la *fig.* 137, auſſi-bien que ceux qui ſont ſans boîte ni bague, comme celui de la *fig.* 139, il faut compter leur longueur depuis l'extré-mité ſupérieure juſqu'au noyau.

271. On verra dans la *Planche XXIX* (*fig.* 147), les circonférences des gros bouts des mêmes Bombarde, Trompette & Clairon ci-deſſus pour la groſſe taille, qui ſera également bonne pour une Pédale, ſoit de Bom-barde, ſoit de Trompette & de Clairon. La Bombarde commence au pre-mier *C ſol ut H*, & finit au cinquieme *D la re I*. La Trompette commence au ſecond *C ſol ut K*, & finit au ſixieme *D la re L*. Si c'eſt une Trom-pette pour la Pédale, & qu'on y veuille ajouter le *Ravalement* juſqu'en *F ut fa*, elle commencera au premier *F ut fa M*, & finira ſelon l'étendue qu'on voudra donner à cette Pédale. On trouvera auſſi les longueurs de ce Ravalement dans celles de la Bombarde, art. 267. Le Clairon commence

au troisieme *C sol ut* N, & finit au sixieme *D la re* L, comme la Trompette. Au moyen de la reprise que l'on y fait, les 4 octaves s'y trouvent. Si ce Clairon est destiné pour la Pédale, & avec le Ravalement jusqu'en *F ut fa*, on le commencera au second *F ut fa*, O.

272. La *figure* 148 contient les largeurs des gros bouts d'une Trompette & d'un Clairon de moyenne taille, qui convient aux Orgues ordinaires, dans des Eglises qui ne sont pas bien vastes. Cette taille peut servir pour un Positif d'un très-grand Orgue, pour des Pédales dans de petites Eglises, &c.

273. On verra dans la *figure* 149 les largeurs des gros bouts d'une Trompette de menue taille. Elle convient dans de petites Eglises, pour un Positif d'un Orgue médiocre.

274. Il est un langage parmi les Facteurs d'Orgues pour désigner la taille des Trompettes. Ils disent une *Trompette de 6 pouces*, *de 5* ou *de 4 pouces*. Ils entendent par cette expression, une Trompette dont le premier *C sol ut* a dans son gros bout 6 pouces, ou 5 ou 4 pouces de diametre. Ainsi, pour nous servir de la même façon de parler, nous disons que la Trompette de la *fig.* 147 est de 5 pouces 9 lignes : celle de la *fig.* 148 est de 4 pouces 9 lignes, & celle de la *fig.* 149 est de 4 pouces 2 lignes.

275. Il faut remarquer qu'il arrive bien souvent qu'on fait de petites Orgues dans de grandes Eglises, soit pour raison d'économie, soit que la place se trouve défavorable. Dans ce cas, il convient que le petit nombre de Jeux qu'on est résolu d'y mettre soit de grosse taille. Ainsi tout ce que j'ai dit précédemment & que je dirai dans la suite au sujet des tailles des Jeux convenables pour de petites Orgues, doit s'entendre des Orgues posées dans de petites Eglises.

276. Les dimensions que je viens de donner pour les largeurs & hauteurs des Bombardes, Trompettes & Clairons, ne suffisent point; il faut encore plusieurs autres mesures. Ces tuyaux étant coniques, c'est-à-dire, plus gros dans leur partie supérieure que dans l'inférieure, il est nécessaire de donner les largeurs de leur petit bout. On doit distinguer ceux qui sont à boîte & ceux qui sont sans boîte. On trouvera dans la même *Planche XXIX* (*fig.* 150), la largeur du petit bout des cinq premiers tuyaux à boîte de la Bombarde ; savoir, *c*, *c*✻, *d*, *e*^{b}, *e*. (Ces largeurs seront les mêmes pour le ravalement de ce Jeu). Ce qu'on lit dans cette *fig.* 150, n°. 1. 1. signifie qu'on doit employer pour ces cinq premiers tuyaux, le n°. premier des gros noyaux quarrés, tels qu'ils sont représentés par la *fig.* 51, (*Pl. VI*) dans leur grandeur naturelle & marqués G. On voit dans la *fig.* 151, la largeur du petit bout des 4 tuyaux suivants à boîte de la Bombarde, *f*, *f*✻, *g*, *g*✻ ; & l'on doit employer pour ces 4 tuyaux le n°. 2. 2. c'est-à-dire, le second numero des gros noyaux quarrés, comme ils

font

font repréfentés dans la *fig.* 52 (*Pl. VI*) , dans leur grandeur naturelle, & marqués *F*. Si ces quatre tuyaux font deftinés à fervir de Ravalement pour une Pédale de Trompette, au lieu d'être la fuite de la Bombarde, il n'y a aucun changement à faire.

La *figure* 152 eft la largeur du petit bout des cinq tuyaux fuivants à boîte de la Bombarde, ou d'unePédale de Trompette. Ce font a, b^b, b, c, c✕, pour lefquels on fe fervira des noyaux quarrés, du n$_o$. 1. c'eft-à-dire, du plus gros quarré du petit moule, tel qu'il eft repréfenté de grandeur naturelle, (*Pl. VI*, *fig.* 49), coté O, A.

La *figure* 153 eft la largeur des petits bouts de la fuite des tuyaux à boîte de la Bombarde ou de la Trompette. Il y en a 8, qui font d, e^b, e, f, f✕, g, g✕, a. Leurs noyaux doivent être du n°. 2, quarrés du petit moule, (*Pl. VI*, *fig.* 49), coté P, B. Tout cela eft bon lorfque c'eft pour la fuite d'une Bombarde ou d'une Trompette de Pédale ; mais s'il faut commencer un Jeu de Trompette, c'eft-à-dire, fi c'eft pour les premiers tuyaux d'une Trompette ou d'une Trompette de Pédale fans Ravalement, il y aura alors deux tuyaux de plus, favoir, c, c✕; ce qui fera dix tuyaux au lieu de huit, qui feront c, c✕, d, e^b, e, f, f✕, g, g✕, a; c'eft pourquoi on lit dans cette *fig.* 153, 10 *Noyaux quarrés du* n°. 2. Cependant s'il faut commencer par les premiers tuyaux d'une Pédale fans Ravalement, il fera mieux d'employer pour les trois premiers c, c✕, d, les Noyaux quarrés du n°. 1 du petit moule, parce qu'on fait les Anches un peu plus groffes.

La *fig.* 154 eft la largeur du petit bout de la fuite des tuyaux fans boîte & qui font à bague, de la Bombarde, ou de la Pédale de Trompette & de Clairon, ou de la Trompette, tout cela eft égal. Il y en a 9 ; favoir, b^b, b, c, c✕, d, e^b, e, f, f✕, pour lefquels on fe fervira du n°. 2 des Noyaux ronds, (*Pl. VI*, *fig.* 49), coté R, D.

La *figure* 155 eft la largeur du petit bout de la fuite des tuyaux fans boîte de la Bombarde, ou de la Pédale de Trompette & de Clairon, ou de la Trompette & du Clairon. Il y en a 12, qui font g, g✕, a, b^b, b, c, c✕, d, e^b, e, f, f✕; les 6 premiers doivent être à bague, & leurs Noyaux ronds du n°. 2. Les 6 autres feront fans bague & leurs Noyaux ronds du troifieme numero, comme ils font repréfentés (*Pl. VI*, *fig.* 49), coté S, E.

La *figure* 156 eft la largeur du petit bout des tuyaux fans bague de la Bombarde, ou de la Pédale de Trompette & de Clairon, ou de la Trompette & du Clairon. Il y en a 20, qui font g, g✕, a, b^b, b, c, c✕, d, e^b, e, f, f✕, g, g✕, a, b^b, b, c, c✕, d. Tous les Noyaux de ces tuyaux doivent être ronds du numero 3 ; en forte qu'il en faut 26 en tout fans bague, y compris les 6 précédents, c'eft ce qu'on voit écrit au deffus de la même *figure* 156.

O*RGUES*.

X

Toutes ces largeurs marquées par les *figures* 153, 154, 155 & 156, doivent être les mêmes pour les Trompettes & Clairons de la grosse, moyenne & menue taille. Mais il faut un plus grand nombre de tuyaux à bague, pour la Trompette & le Clairon de menue taille. Il faut observer qu'il est mieux de faire de grosse taille la Trompette de Récit, quoique bien des Facteurs d'Orgues aient une pratique contraire. On demande dans ce Jeu tout l'éclat possible avec le tendre & le moëlleux dans la qualité du son. Or la grosse taille est plus propre à produire cet effet que la menue.

277. La *figure* 157 est la largeur du bout inférieur des boîtes, par lequel elles sont soudées au Noyau. Je ne donne point la largeur du bout supérieur ; on la prend quand le corps du tuyau est soudé. On fait un anneau d'étain qui environne juste le petit bout du corps du tuyau ; ensuite on le redresse, & on a par-là la mesure du bout supérieur de la boîte dans laquelle le petit bout du corps du tuyau doit entrer. On prend ainsi cette mesure sur chaque tuyau en particulier, avec une petite bande d'étain qui soit de la même épaisseur que doit être la boîte. Cette largeur (*fig.* 157), sert pour toutes les boîtes des tuyaux dont les Noyaux sont du n°. 1. 1.

La *figure* 158 est la largeur du bout inférieur des boîtes, dont les tuyaux ont le Noyau du n°. 2. 2. La *figure* 159 est la largeur du bout inférieur des boîtes, pour les tuyaux dont le Noyau est du n°. 1 quarré. La *figure* 160 est la largeur des bouts inférieurs des boîtes, pour les tuyaux dont le Noyau est du n°. 2 quarré.

278. La *figure* 161 est la hauteur des mêmes boîtes, qui s'emploient depuis les tons les plus bas de la Bombarde, soit qu'elle commence au premier *C sol ut H* (*fig.* 147), soit par tout autre ton plus bas dans le Ravalement, jusqu'au premier *F ut fa* de 12 pieds *M* (*fig.* 147) exclusivement. La *fig.* 162 est la hauteur des boîtes depuis *F ut fa* de 12 pieds, jusqu'à *C sol ut* de 8 pieds exclusivement. La *fig.* 163 est la hauteur des boîtes depuis *C sol ut* de 8 pieds inclusivement, jusqu'à *A mi la* de 4 pieds & demi inclusivement. C'est-là où finissent les boîtes.

279. On fait toujours les noyaux des Jeux d'Anche en plomb ou en étoffe. C'est l'usage assez général de tous les Facteurs d'Orgues. Mais je pense qu'il seroit mieux de les faire en étain aussi-bien que les bagues. Nous avons lieu de remarquer souvent que les Anches, les Rasettes & les Languettes ne se maintiennent pas long-temps dans leur ajustage. Le plomb est une matiere qui travaille toujours ; elle cede & se relâche. Les noyaux d'étain ne seroient pas sujets à ces inconvéniens, & les Jeux d'Anche ne se dérangeroient pas si facilement ni si souvent. J'avertis, au reste, que les largeurs marquées dans la *fig.* 147, se sont raccourcies de 3 lignes dans la longueur totale ; ainsi il faudra user de l'expédient indiqué dans l'art. 257.

280. On trouvera dans le haut de la *Planche XXIX* le Diapason du Cromorne. J'en ai marqué les longueurs dans la *fig.* 164. Ce Diapason est redoublé un peu plus de deux fois. Ces longueurs font feulement pour le corps du tuyau, c'est-à-dire, pour la partie cylindrique jusqu'au cône exclufivement.

281. La *figure* 165 marque les largeurs des tuyaux du Cromorne, qui est de groffe taille & qu'on met quelquefois dans de grandes Orgues & auffi dans de petites lorfqu'on ne peut pas placer une Trompette. On ne voit que quatre largeurs de tuyaux. On en taille 12 de la plus grande largeur de *P* à *Q* : 12 de la feconde largeur de *P* à *R* : 12 de la troifieme de *P* à *S* ; & 15 de la quatrieme de *P* à *T*.

282. J'ai marqué une feconde taille par la *fig.* 166, dont on prend les largeurs comme dans la *figure* précédente. La *fig.* 167 est une troifieme taille dont plufieurs Facteurs d'Orgues font le plus partifans. Cependant il me paroît que la feconde taille doit produire des baffes plus nourries d'harmonie étant un peu plus groffes. La raifon pour laquelle la troifieme taille a fes partifans est, que les baffes étant de plus menue taille, elles imitent mieux les baffes du *Baffon* dont le fon est affez maigre ; ce qui me paroît un défaut dans cet Inftrument. Chacun pourra fuivre fon goût, & choifir celle qui lui conviendra le mieux. Pour moi je préférerois la feconde taille. J'ai encore donné dans la *figure* 168 une quatrieme taille qui est la plus menue. Elle fert pour de petits cabinets d'Orgue.

283. Comme les tuyaux du Cromorne font faits de deux pieces, l'une cylindrique dont je viens de donner les Diapafons, & l'autre conique, à la pointe de laquelle on foude le noyau, je donne le Diapafon de ces cônes en la *figure* 169, qui contient leur hauteur & la largeur du petit bout. La largeur du gros bout qu'on foude au corps du tuyau fe prend fur le tuyau même. Ces largeurs du petit bout des cônes changent felon la groffeur des noyaux qu'on doit y fouder. On voit d'abord la hauteur des plus grands cônes de *S* à *X* ; & la largeur du petit bout est la longueur de la ligne *S*. Il en faut 11 de cette mefure qui fe foudent fur 11 noyaux ronds du premier numero (*Pl. VI*, *fig.* 49), coté *Q*, *C*, *X*. On en fait 10 autres dont la hauteur est de *T* à *X*, & la largeur du petit bout est la longueur de la ligne *T*. Les 10 fuivans ont la hauteur de *V* à *X* ; la largeur du petit bout *V* est la même que celle *T*. Ainfi il faut 20 noyaux ronds du fecond numero (*Pl. VI*, *fig.* 49), coté *R*, *D*, *Y*. Il y en a enfuite dix dont la hauteur est de *Y* à *X*, & dix autres de *Z* à *X*, dont la largeur du petit bout est la même, puifque les lignes *Y* & *Z* font d'égale longueur. Ces derniers 20 cônes doivent fe fouder fur 20 noyaux ronds du troifieme numero (*Pl. VI*, *fig.* 49), coté *S E Z*.

284. J'ai tracé au bas de la même *Planche XXIX*, le Diapafon du Haut-

PLANCHE
XXIX.
Diapafon du
Cromorne.

Diapafon du
Hautbois.

bois : c'est un Jeu qu'on met presque toujours au Récit. Je lui ai donné la plus grande étendue dans le bas qu'on ait donnée jusqu'à présent aux Jeux de ce Clavier. Il va jusqu'à la clef d'*F ut fa* , ce qui fait 34 tuyaux. Ceux du Hautbois sont faits de deux pieces , (voyez-en la forme , *Planche XVIII* , *fig.* 142). L'une est une tige un peu conique *B* , *C* , & l'autre *A B* est un cône dont le petit bout *B* est soudé au gros bout de la tige *B C*. La *fig.* 169* , (*Pl. XXIX*) , contient la hauteur & la largeur du haut des tiges ou de leur gros bout. La distance entre les lignes *S V* & *R O* , marque cette largeur. Celle des lignes *T Y* , & *R O* , sont les largeurs du bas , ou bout inférieur des gros cônes , dont la hauteur est à la *fig.* 170 ; & la largeur de leur gros bout ou partie supérieure est à la *fig.* 171. Il faut observer que la largeur du petit bout des cônes marquée par la distance entre les lignes *T V* & *R O* , est plus grande que la largeur du gros bout des tiges de tout l'intervalle de la ligne *T Y* , à la ligne *S V* ; par conséquent il paroît que ces deux pieces ne peuvent pas s'ajuster ensemble lorsqu'on veut les souder. Cette inégalité est faite pour mieux donner la forme au tuyau. On élargit avec un accordoir conique le gros bout de la tige , (lorsqu'elle est soudée dans sa longueur) jusqu'à ce qu'il se trouve parfaitement égal en diametre avec le petit bout de son cône.

285. A l'égard du petit bout des tiges qui se soude sur le noyau , les largeurs n'en sont pas différentes des petits bouts des Trompettes. On en trouvera les mesures , même Planche , aux *fig.* 155 & 156 , avec les mêmes noyaux. On observera qu'il faut des bagues presqu'à tous les tuyaux , excepté quelques-uns des plus petits. Remarquez que ce Diapason du Hautbois s'est raccourci dans le total de sa longueur de 4 lignes trois quarts. On lui redonnera sa juste mesure en opérant comme il est dit art. 257.

286. On trouvera dans la *Pl. XX* , le Diapason de la Voix Humaine , dont les tuyaux sont faits de deux pieces. (Voyez-en la forme *Pl. XVIII* , *fig* 141). L'une est cylindrique & l'autre conique. Le Diapason , (*fig.* 172) de la Voix Humaine , (*Pl. XX*) , contient les hauteurs de la partie cylindrique des tuyaux , & la *fig.* 173 en marque les largeurs. La *figure* 174 donnera les hauteurs & les largeurs du petit bout des cônes ou pointes. Les plus grandes hauteurs sont de *S* à *X* , & la largeur du petit bout est la longueur de la ligne *S*. Il en faut 6 de cette mesure qu'on soudera à 6 noyaux ronds du premier numero. Il y en aura 6 autres dont la hauteur est de *T* à *X* , & la largeur du petit bout est la longueur de la ligne *T* ; il y faut 6 noyaux ronds du second numero. Il faut ensuite 12 autres pointes de *V* à *X* ; 12 autres de *Y* à *X* , & enfin 15 de *Z* à *X* , ce qui fait 29 de 3 longueurs différentes , mais dont la largeur inférieure est la même , c'est-à-dire , comme la longueur de la ligne *V* , semblable à *Y* ou à *Z*. Ces 29 cônes seront soudés sur 29 Noyaux ronds du troisieme numero. La largeur

geur du gros bout des cônes fe prend fur celle de la partie cylindrique des
tuyaux.

Il faut remarquer que je n'ai fuivi d'autres regles que l'expérience dans
toutes les mefures que je viens de donner aux Diapafons des Jeux d'Anche. Je donnerai dans la feconde Partie celui des Anches, lorfque j'enfeignerai à les fabriquer. A l'égard des pieds, tant des tuyaux à Bouche que
de ceux des Jeux d'Anche, j'y décrirai aufli la maniere de les faire, en y
joignant toutes les inftruétions convenables.

CHAPITRE SIXIEME.

*Defcription particuliere de chaque piece qui entre dans la compo-
fition de la Méchanique de l'Orgue.*

APRÉS avoir donné une idée fuffifante de tous les Jeux de l'Orgue,
il eft néceffaire de faire connoître comment on les fait jouer. Il faut donc
décrire le méchanifme qui produit cet effet & par lequel un feul homme,
qui eft l'Organifte, étant affis fur fon fiege, gouverne toutes les parties
de ce grand Inftrument, & les met en jeu felon fa volonté & les regles de
fon art.

On voit d'abord l'extérieur de l'Orgue, qui confifte en un grand corps
de Menuiferie, décoré de divers ornements & d'un nombre confidérable
de grands tuyaux d'étain poli, qu'on appelle *la Montre*, qui en rempliffent
les ouvertures extérieures. Au dedans de ce corps de Menuiferie eft une
principale piece qu'on appelle *le Sommier*, fur lequel on pofe les Jeux.
Cette piece reçoit le vent des Soufflets, & le diftribue à chaque tuyau felon la volonté de l'Organifte. Les parties les plus remarquables du Sommier font, la *Laye*, les *Gravures* & les *Regiftres*. La *Laye* eft le réfervoir
où le vent des Soufflets va fe rendre, & elle contient les Soupapes avec leurs
refforts, &c. Les *Gravures* font des conduits ou raînures (felon la largeur
du Sommier) dont le bout antérieur, qui fe trouve dans la laye, eft bouché par une des Soupapes. Il y a autant de Soupapes que de Gravures. Les
Regiftres font des regles mobiles (felon la longueur du Sommier) qui
fervent à ouvrir ou fermer le vent aux Jeux, au moyen des tringles quarrées qu'on appelle *Tirants*, qu'on tire ou qu'on repouffe & qui font placés aux deux côtés de la *fenêtre* du Clavier. Ces Tirants communiquent
leur mouvement aux *Pilotes tournants*, lefquels le tranfmettent aux *Balanciers* & ceux-ci aux Regiftres auxquels ils font accrochés. C'eft ainfi que
l'Organifte ouvre & ferme les Jeux. Quand il veut toucher l'Orgue, il
ouvre les Jeux dont il a deffein de fe fervir, en tirant les Tirants relatifs

à leurs Regiſtres ; il baiſſe avec ſes doigts les touches du Clavier, qui font ouvrir les Soupapes au moyen de l'*Abrégé*, (c'eſt une machine faite pour tranſmettre le mouvement des touches aux Soupapes). Le vent entre alors dans les Gravures ouvertes, & fait parler les tuyaux des Jeux dont les Regiſtres ſont ouverts. A meſure que l'Organiſte leve ſes doigts, les Soupapes, en ſe relevant au moyen d'un reſſort placé deſſous chacune, bouchent les Gravures comme auparavant & les touches ſe relevent en même temps.

En un endroit ordinairement ſéparé de l'Orgue, mais auſſi près qu'il eſt poſſible, on place la *Soufflerie* compoſée de pluſieurs gros Soufflets, depuis deux juſqu'à douze ou quatorze Soufflets, ſelon la qualité de l'Orgue, leſquels un homme & quelquefois deux, font jouer continuellement tandis que l'Organiſte touche ; ce qui fournit au Sommier tout le vent qu'il dépenſe à faire parler les tuyaux.

Outre le grand Buffet de l'Orgue, il en eſt ordinairement un autre plus petit, poſé au devant du grand, dans lequel il y a un Sommier & des tuyaux propres à faire la fonction à laquelle ils ſont deſtinés. Ce petit Orgue, s'appelle le *Poſitif*. Le ſiege de l'Organiſte ſe place entre les deux Orgues qui ont chacun leur Clavier particulier.

On ne ſe contente pas d'un ſeul ou de deux Claviers, il y en a quelquefois juſqu'à cinq qui ont chacun leur deſtination & leur uſage particulier. On place auſſi dans le grand Orgue pluſieurs Sommiers, ſur leſquels on poſe des Jeux pour faire des fonctions particulieres, & relatifs aux différents Claviers.

Comme un Organiſte ne pourroit point avec ſes ſeules mains, faire toutes les parties & tout l'effet dont l'inſtrument eſt ſuſceptible, on établit, à la portée de ſes pieds, un autre Clavier, qu'on appelle *Clavier de Pédale*, qui eſt relatif à un Sommier particulier ſur lequel ſont poſés les Jeux propres à faire les parties & à produire l'effet que l'Organiſte deſire. Chaque Clavier a ſon Sommier, ou du moins ſes Soupapes particulieres. La diſpoſition des Claviers eſt telle que, quoiqu'ils jouent chacun ſéparément, on peut en toucher deux, ou même trois tout à la fois, de ſorte que les Jeux auxquels ils répondent jouent enſemble.

La deſcription, que je viens de donner ci-deſſus, eſt trop générale pour être bien entendue par ceux qui n'ont aucune connoiſſance de l'Orgue. Il convient que je reprenne le tout pour l'expliquer en détail. Je diviſerai donc ce Chapitre en ſix Sections. Dans la premiere, je traiterai des Buffets de l'Orgue qui en contiennent toute la méchanique. Dans la ſeconde, je décrirai la principale piece de tout l'Inſtrument qui eſt le *Sommier*. J'expliquerai dans la troiſieme les *Claviers*, l'*Abrégé*, les *Tirants*, les *Pilotes tournants* & les *Balanciers*. Dans la quatrieme, je ferai connoître la *Soufflerie*, les *Goſiers* & les *Porte-vents*. Dans la cinquieme, le *Tremblant doux* & le *Tremblant fort.* La fixieme contiendra la defcription de l'*enfemble* de toutes les pieces, machines & tuyaux, le tout monté & mis en place.

S E C T I O N P R E M I E R E.

Defcription des Buffets d'Orgue.

287. Il faut diftinguer différentes parties dans un Buffet d'Orgue. Voyez la *Planche XXX* qui repréfente un 16 pieds en montre ordinaire. Le corps d'en bas *A*, *A*, s'appelle *le Maffif.* On y place une *fenêtre* au milieu pour pofer les Claviers. On ne peut pas la voir dans cette Planche. Le refte du Maffif eft un compartiment de panneaux. Au deffus de ce Maffif eft un entablement compofé d'une Corniche *B*, *B*, d'une Frife *C*, *C*, & d'une Architrave *D*, *D*. Les planches qui fervent de Frife *C*, *C*, font ordinairement mobiles, pour que l'on puiffe vifiter les *layes* du grand Sommier qu'on pofe vis-à-vis. Au deffus de cet entablement, on éleve un autre corps de Menuiferie tout à jour dans fa façade. On appelle *Tourelles E*, *E*, *E*, *E*, *E*, les parties les plus élevées en forme de demi-colonnes faillantes d'un peu plus de leur demi-diametre. On nomme *Plates-faces* les efpaces *F*, *F*, *F*, *F*, qui fe trouvent entre les Tourelles. Tous les ouvrages en fculpture, le plus fouvent à jour, qui fervent à foutenir le *devers* des tuyaux de la montre, tant des Tourelles que des Plates-faces comme *a*, *a*, *a*, *a*, *a*, fe nomment *Clairs-voirs.* Les Tourelles font foutenues ou paroiffent l'être par des culs-de-lampe ornés. On conftruit un entablement *G*, *G*, *G*, *G*, *G*, par deffus chaque Tourelle que l'on fait ordinairement en maniere de corniche architravée. On pofe des figures ou des ornements au deffus de ces entablements. Une façon de confole ornée termine ordinairement la partie fupérieure des Plates-faces & leur fert de Clair-voir. La partie des Tourelles, qui excede les Plates-faces, eft fermée par les côtés jufqu'au derriere du Buffet. Le tout eft couvert par un plancher. Les côtés extérieurs des dernieres Tourelles, auffi-bien que ceux du Maffif, font fermés par un compartiment de montants, traverfes & panneaux.

288. Le Pofitif paroît fur le devant du grand Buffet. Il a trois Tourelles & deux Plates-faces. Ce petit Buffet cache la fenêtre du Clavier, que je décrirai bientôt. Du refte, on remarquera que les ornements d'un côté de ces Buffets font différents de ceux de l'autre. C'eft pour donner à choifir.

289. Au bas de la même Planche, on remarquera le plan des grand & petit Buffets dans toutes leurs proportions. *P*, *Q*, *R*, *S*, *T*, *V*, *X*, *Y*, font les Tourelles. 1, 2, 3, 4, 5, 6, font les Plates-faces. 7, 8, eft le plan du derriere du grand Buffet, dont l'élévation fe verra dans la Planche fuivante. 9, 10, 11, 12, eft la place du grand Sommier divifé en quatre

PLANCHE
XXIX.

parties, où l'on voit la grandeur de chacune. 13, 14, sont les deux parties du Sommier de Pédale. 15, est le Sommier du Positif, dont la Laye, qui se place du côté ou vers 16, 17, se trouve dessous le siege de l'Organiste. L'espace de 18 à 19, qui est le derriere du Buffet du Positif, doit être fermé par des portes brisées. Tous les cercles qui sont tracés sur ce Plan, désignent la grosseur & la position des tuyaux des deux montres. Je ne parle point des mesures & dimensions de toutes les parties de ces deux Buffets; on les trouvera aisément au moyen de l'échelle qui est au bas de la Planche.

290. Le derriere du grand Buffet (*Pl. XXXI*) est tout fermé. On ne met ordinairement qu'une porte *H*, dans le milieu du massif. La traverse *I, I*, qui doit servir de seuil aux portes *K, K, K, K, L, K, K, K, K*, du corps d'en haut, doit être posée vis-à-vis de l'architrave *D, D, (Pl. XXX)*; & sans avoir égard aux Tourelles ni aux Plates-faces, on divise en espaces égaux toute la longueur du Buffet (*Pl. XXXI*), pour faire ces portes *K, K*, &c. entre chacune desquelles on ne laisse qu'un montant *M, M*, &c. Tous les montants soutiennent une autre traverse *N, N*, au dessus de laquelle on fait un compartiment de panneaux pour fermer tout ce qui reste en haut du derriere des Tourelles & des Plates-faces. Sur le derriere du grand Buffet, on construit un plancher dont on voit la véritable place *O, O*, avec ses soliveaux. Pour trouver toutes les mesures dans cette Planche, on se servira de l'échelle de la Planche XXX, qui est faite pour l'une & pour l'autre.

291. La *Planche XXXII* représente un autre Buffet d'Orgue d'une nouvelle composition, beaucoup plus riche que celui de la Planche **XXX**. Il est fait pour un 32 pieds dont l'*F ut fa* de 24 pieds est en montre. L'échelle qui est au bas, avec le plan, en indiquera toutes les mesures. On voit dans le plan la place & la grandeur des Sommiers, avec l'arrangement & la grosseur des tuyaux. Il faut remarquer que les deux grandes Tourelles des extrémités de ce Buffet doivent être posées sur un cul-de-lampe saillant hors du bord extérieur de la tribune ou voûte, comme le plan l'indique assez. On y voit la place de la Balustrade, qui tient d'un bout au Buffet du Positif, & de l'autre à l'encoignure du pied de la grande Tourelle du grand Buffet. Du reste, le tout doit être exécuté par des gens intelligents.

292. La premiere *figure* de la *Planche XXXIII* représente dans les mêmes proportions l'élévation du Buffet du *Positif* appartenant au grand Orgue de la Planche XXXII. Je l'ai fait graver séparément (*Pl. XXXIII*), pour laisser voir la disposition de la fenêtre du Clavier du grand Orgue, (*Pl. XXXII*) où elle est vue trop en petit pour la bien entendre. Je l'ai fait dessiner plus en grand dans la seconde figure de la Planche XXXIII.

A

A, défigne les quatre Claviers. Il en faudroit cinq pour un auffi grand Orgue. *L, L*, font les deux boutons appliqués fur le premier Clavier appellé
du *Pofitif*, pour le tirer ou repouffer ; *B*, le Pupitre attaché fur fes deux
crochets ; *C & D*, deux autres crochets pour accrocher le Pupitre plus haut
dans le befoin. *E* eft un panneau mobile qui bouche la fenêtre du Clavier,
auquel eft attaché le Pupitre. *F, F*, font les tirants des Regiftres. *I*, le
Clavier de Pédale. Il devroit être beaucoup plus étendu pour cet Orgue.
G, le panneau mobile, qui eft néceffaire pour couvrir les *tirages* des Pédales, afin que les genoux ou les pieds de l'Organifte ne les touchent point.
On en a déchiré un morceau pour laiffer voir une partie de la double *échelle*
H, qui contient les équerres defdits tirages auxquelles font accrochées les
Vergettes pour porter le mouvement du Clavier jufqu'aux Soupapes des
Sommiers de Pédales. *K*, plancher que l'on conftruit entre les deux Buffets
pour couvrir tout le méchanifme qui fait jouer le Pofitif, & fur lequel on
fixe le Clavier de Pédale. Dans la feconde partie, je dirai quelque chofe de
plus fur la conftruction des Buffets d'Orgue.

PLANCHE
XXXIII.

Section II.

Description du Sommier.

293. *Le Sommier* eft le fondement de toute la méchanique intérieure
de l'Orgue. Les Soufflets, les Tirants extérieurs & les Claviers ne font
faits que pour *gouverner* le Sommier, & pour faire jouer les tuyaux des différents Jeux qu'on pofe fur fa furface fupérieure. Il y a toujours plufieurs
Sommiers, lorfque l'Orgue eft un peu confidérable. Je décrirai d'abord
le principal ; & pour le faire mieux entendre, j'expliquerai fommairement
comment on s'y prend pour le conftruire ; je décrirai enfuite les autres
Sommiers, qui pourront avoir quelque différence de celui-là.

Grand Sommier.

294. La *figure* 1 de la *Planche XXXIV*, qui repréfente feulement la
moitié d'un Sommier, tout comme les fuivantes, fait voir les premieres pieces qui le compofent. *A B C D* eft un Chaffis dont *B C & A D* font les
traverfes. *A B & C D* font les *battants* qui portent des *Denticules F, F*,
dans lefquelles on fait entrer bien jufte les deux bouts des *barres*, qui y
doivent être bien collées. Les *barres* font des tringles de bois dont la largeur eft la même que l'épaiffeur des battants & des traverfes, c'eft-à-dire,
de 2 à 3 pouces, felon les circonftances que j'expliquerai dans la feconde
Partie. A l'égard de leur épaiffeur, elle varie encore comme la largeur.
Ici elles font repréfentées d'une épaiffeur égale, ce qui ne doit pas tirer
à conféquence, parce qu'il ne s'y agit que de faire entendre le Sommier.

PLANCHE
XXXIV.

On voit que ce Chaffis eft affemblé à double tenon aux quatre coins. Chaque efpace entre les barres s'appelle *gravure*. Ces gravures doivent être encore de différentes largeurs, comme je l'expliquerai dans la fuite. Il faut remarquer dans cette figure, qu'il y a quelques barres comme *E*, *E*, *E*, *E*, qui font affemblées à tenon chevillé & collé dans les battants du Chaffis. J'ai laiffé l'efpace *F*, *F*, fans y mettre les barres pour faire voir les denticules.

295. La *grille* du Sommier étant faite, comme on le voit en cette premiere figure, on y colle la *Table*, une piece l'une après l'autre; c'eft une planche d'environ 4 lignes d'épaiffeur, que l'on fait de plufieurs pieces, dont le fil du bois eft felon la longueur du Sommier & au travers des barres & des gravures. C'eft ce qu'on peut remarquer dans la *fig.* 2. On ne fe contente pas de coller la Table fur les barres, on y enfonce encore un grand nombre de petits clous à tête, faits avec du fil de fer, qu'on appelle *Pointes* ou *Clous d'épingle*. Dans cette feconde figure, la Table eft en fix pieces, dont les *joints G*, *G*, *G*, *G*, *G*, doivent toujours fe rencontrer fous les *faux Regiftres*; nous dirons bientôt ce que c'eft : & afin que ces joints ne puiffent point fe féparer, il faut obferver de mettre deux rangées de pointes, une à chaque côté defdits joints, comme on le voit en *G*, *G*, *G*, *G*, *G*, auffi-bien que fur les deux battants *H*, *I* & *L*, *M*; & que toutes les pointes foient exactement fichées dans les barres. On en met encore une autre rangée vers le milieu de chaque piece de la Table, & quelquefois deux & même trois rangées, fi elles doivent être couvertes par de faux Regiftres, comme en *K*, *K*, *K*, *K*, *K*, *K*.

296. Il y a des Facteurs d'Orgue qui opérent autrement pour la conftruction de ce fondement du Sommier. Le Chaffis étant affemblé, ils y attachent la Table, dont les différentes pieces qui la compofent font auparavant collées enfemble, en forte qu'elle eft toute en une piece. Ils la collent, & fichent un nombre convenable de pointes fur toute la partie qui recouvre le Chaffis & les deux ou trois barres déjà affemblées & chevillées. Enfuite ils pofent & collent les autres barres l'une après l'autre, & les arrêtent avec des pointes fichées par deffus la Table, comme je l'ai dit ci-deffus. Je décrirai dans la feconde Partie comment & avec quels foins on doit exécuter l'une ou l'autre opération qui demande la plus grande attention, pour éviter les *emprunts*, défaut très-grand dans un Sommier, & qui confifte en ce que le vent qui entre dans une gravure fe communique à la gravure voifine. Pour faire voir les barres & les gravures qui font fous la Table, on en a déchiré un morceau en *H* & *M*.

297. La Table étant bien arrêtée, on enfonce d'une demi-ligne toutes les pointes, au moyen d'un *Repouffoir* qui eft une efpece de poinçon émouffé & un peu creux au petit bout. On retourne le Sommier pour

encoller les gravures, ce qui fe fait en rempliffant de colle bien chaude 4
ou cinq gravures, qu'on vuide un moment après en renverfant le Sommier,
qu'il faut bien égouter. On continue cette opération jufqu'à ce que toutes les gravures foient encollées. Cette premiere couche de colle étant bien
feche, on en pofe une feconde de la même maniere. Lorfque tout eft
parfaitement fec, c'eft-à-dire, lorfque la colle eft devenue dure, on paffe
la *Varlope* fur toute la Table; laquelle étant bien dreffée & parfaitement
unie, on y colle & on y cloue les *faux Regiftres* que quelques-uns appellent *Regiftres dormants.* Ce font des tringles ou regles de bois d'environ
trois lignes d'épaiffeur fur environ un pouce de largeur. On doit obferver
que les pointes qu'on y fiche entrent toujours dans les barres. Les faux
Regiftres qu'on met fur les Battants *H I* & *L M*, doivent être plus larges
que les autres, & tous doivent être de la même longueur que le Sommier.

298. Tous les faux Regiftres étant pofés & arrêtés à leur place en *I K*,
G K, *G K*, &c. il ne paroît plus alors aucune pointe, toutes font fuppofées
couvertes; on marquera une rangée de trous fur la Table, au deffus &
vis-à-vis des gravures entre chaque faux Regiftre; on les percera avec une
petite meche de Villebrequin; & après en avoir ôté exactement toutes les
bavochures, qui font les afpérités qui fe forment à l'entour du bord des
trous fur la Table, on pofera les *Regiftres.*

299. *Les Regiftres* (*Pl. XXXV, fig. 6*), font des tringles ou regles
de bois dont la largeur varie, comme je l'expliquerai ailleurs; mais l'épaiffeur eft toujours égale à celle des faux Regiftres. Ils doivent être plus longs
que le Sommier de quelques pouces à chaque bout. Ces Regiftres doivent
remplir les intervalles qui fe trouvent entre les faux Regiftres, & leur être
parfaitement *affleurés.* On prend bien des précautions pour s'affurer que
les Regiftres joignent parfaitement fur la Table. Il eft bien des Facteurs
qui les doublent de peau; d'autres qui n'y en veulent point. Nous examinerons cette queftion dans la feconde Partie: il fuffit préfentement de
comprendre qu'il eft important que les Regiftres joignent, ou, comme
difent les ouvriers, *plaquent* exactement fur la Table; ce qui étant bien
exécuté, l'on pofera les *Chapes.*

300. *Les Chapes* font des planches (*fig. 5*) d'environ un pouce d'épaiffeur, de la même longueur que le Sommier, & dont la largeur doit être
telle qu'elle aille de la moitié de la largeur d'un faux Regiftre à la moitié
du faux Regiftre fuivant; par conféquent toutes les Chapes fe touchent mutuellement. Il faut autant de Chapes que de Regiftres. Quand elles font
pofées, on ne voit plus les faux Regiftres, & les Regiftres ne paroiffent
que par les deux bouts qui excedent de quelques pouces la longueur du
Sommier. On arrête les Chapes qui doivent exactement plaquer fur les Re-

PLANCHE
XXXIV.

PLANCHE
XXXV.

PLANCHE
XXXV.

giftres, par des clous ordinaires qu'on garnit à leur tête de quelques ron-
delles de cuir, & qu'on appelle alors *Clous à chape*. On les met de diftance en diftance d'environ un pied. Les Regiftres font mobiles, c'eft-à-
dire, qu'ils peuvent aller & venir entre les Chapes & la Table, fans que
les Chapes faffent le moindre mouvement.

PLANCHE
XXXIV.

301. Toutes ces opérations étant faites, on retourne le Sommier qui
porte alors fur l'*Etabli* par les Chapes (*Pl. XXXIV, fig.* 3). On voit
alors dans le fond des gravures les trous (298) dans lefquels on met la
même meche de Villebrequin, avec laquelle on perce les Regiftres auffi-
bien que les Chapes. Lorfqu'on a fait un trou qui traverfe un Regiftre &
une Chape, on y met une cheville bien jufte ; après quoi on fait tous les
autres trous du même Regiftre. Si l'on n'arrêtoit ainfi le Regiftre, il cou-
leroit ou changeroit de place à chaque trou que l'on feroit, & aucun
trou ne fe rencontreroit. Il y a des Facteurs qui arrêtent tous les Regiftres
par une pointe fichée à chaque bout avant de clouer les Chapes. Tous les
trous étant faits, on retourne encore le Sommier, les Chapes en deffus,
& on paffe des meches plus groffes dans les trous qui doivent être plus
grands, felon la grandeur & la qualité des tuyaux qui doivent en prendre
leur vent.

302. Il faut remarquer qu'il y a des Chapes dont les trous ne doivent
point traverfer, & qu'il ne faut percer que jufqu'à la moitié de leur épaiffeur, pour les raifons que j'expliquerai bientôt ; pour ne pas pouffer la
meche plus qu'il ne faut, on la garnira d'un morceau de bois qui empêchera qu'elle n'aille trop avant. Enfuite on quarrera tous les trous qui
doivent avoir cette forme. On ôtera toutes les bavochures, &c.

303. On ôtera toutes les Chapes & les Regiftres ; on retournera le
Sommier, qui portera fur l'Etabli par les faux Regiftres, & on collera &
entaillera dans les gravures les deux rangées de *Flipots N O* & *P Q.* Les
premiers *N O* font pour maintenir les barres & empêcher qu'elles ne puiffent faire aucun effort. L'autre rangée *P Q* eft deftinée à porter les *queues
des Soupapes* & à faire partie de la *Laye*, qui eft une efpece de coffret dans
lequel le vent des Soufflets va fe rendre & qui contient les Soupapes, &c.
On voit la place de cette Laye, *R P Q S.* On y a pofé quelques Soupapes *X*, avec leurs *guides*. On apperçoit quatre mortaifes fur les deux
traverfes *R P N* & *S Q O*, pour tenir par des tenons les planches qui
forment les deux bouts de la Laye. *T, V*, font deux *Goujons* pour en
retenir le derriere, s'il doit être en une piece, comme on le fait fouvent.

304. Tous les Flipots bien collés & fecs, on paffe la Varlope fur toute
cette furface, c'eft-à-dire, fur toutes les barres, Chaffis & Flipots, pour
affleurer le tout, le bien dreffer & fur-tout la partie *R P Q S*, fur laquelle on colle un parchemin qu'on rabote pour le rendre bien égal &

uni,

uni, qu'on coupe & évuide de toute la grandeur des gravures que les
Soupapes doivent recouvrir pour n'en laisser que sur les barres, les Flipots
& le battant du Chassis. On colle ainsi ce parchemin afin que les Soupapes joignent mieux.

PLANCHE
XXXIV.

305. La *figure* 1 de la *Planche XXXVI* représente le même Sommier
retourné, la Laye en dessus. On y voit cette Laye *A & B* en partie cons-
truite, avec les Soupapes *C C* posées. La grande ouverture qui est à
chaque bout *A & B*, est pour la communication du vent d'un Sommier
à l'autre ; car il faut observer que celui que nous décrivons n'est que la
moitié d'un Sommier divisé en deux, comme je l'ai dit art. 294. C'est la
pratique la plus ordinaire. *D E D* est le derriere de la Laye qu'on peut
ouvrir quand il est nécessaire, au moyen des deux portes *D & D*, sépa-
rées par le petit montant *E*, dont le tenon supérieur doit entrer dans la
planche qui forme le dessous de la Laye. Les bouts des Soupapes qui regardent le derriere de la Laye *D E D*, s'appellent les *Queues*, & les autres bouts vers *C C*, se nomment ls *têtes* des Soupapes.

PLANCHE
XXXVI.

306. On colle au-dessous de toutes les Soupapes, c'est-à-dire, sur la
surface qui s'applique sur l'ouverture des gravures, une double peau blanche qui est plus longue d'un pouce ou environ du côté de la queue. On
en colle un autre morceau par dessus la queue pour la rendre plus solide.
Je détaillerai dans la suite cette opération, qui demande certaines atten-
tions. Quand on met les Soupapes en leur place, on colle cet excédent de
peau sur les Flipots. Les Soupapes sont toujours un peu plus longues &
un peu plus larges que les ouvertures des gravures, afin qu'elles les bouchent exactement.

307. On apperçoit entre chaque Soupape les *Guides*, qui sont des pointes sans tête de fil de laiton bien dur. Ces Guides maintiennent les Soupapes, en sorte qu'elles ne peuvent aller d'un côté ni d'autre, quoiqu'elles
ouvrent & ferment bien librement. On voit les bouts des broches de fer
en *F F F F*, qui sont représentées plus en grand en *f* (*fig.* 3),
aussi-bien que le coin *G*. Le talon qui est au bas de la broche, est fait
pour qu'elle ne tombe pas, au cas que le coin *G* vienne à se relâcher. Ces
broches & ces coins servent à serrer & arrêter les portes ou *tampons* des
Layes, soit à leur devant ou à leur derriere. Il y en a qui préferent des
crochets de fer pour arrêter les tampons des Layes.

308. La *fig.* 2 représente le même Sommier renversé, comme celui de
la *fig.* 1, mais vu derriere la Laye. On en a retranché une partie de la
largeur en *K L*, ce qui fait qu'on y voit le bout des gravures & des barres ; & afin que ces gravures soient de véritables conduits propres à bien
contenir le vent, on les couvre d'un parchemin exactement collé sur toutes
les barres hors la Laye du Sommier ; ce qui est représenté en *I H*. Il y

ORGUES. A a

a des Facteurs qui au lieu de parchemin collent des tringles minces entre les gravures pour les fermer. C'est une pratique bonne à certains égards, & qui a aussi ses inconvéniens, ce que nous examinerons ailleurs. L'espace de *H* à *L* est tout à découvert pour laisser voir les barres & les gravures. *D* est un des deux tampons, qui ferment le derriere de la Laye. *E*, le petit montant fixe qui sépare les deux tampons. *G G* sont les coins avec leurs broches de fer pour arrêter les tampons. On a ôté un des tampons pour laisser voir un nombre de Soupapes en entier. On peut appercevoir un petit trait sur chaque queue des Soupapes, ce qui désigne jusqu'où va le morceau de peau qu'on colle par-dessus la queue pour doubler celle qui est collée par dessous la Soupape ; le tout pour servir comme d'une espece de charniere sur laquelle se meut la Soupape. On voit leur anneau de fil de laiton fiché vers la tête , avec les guides. *O O* sont les trous qui servent à tenir les broches.

309. On voit dans la *fig.* 4 la planche qui forme le dessous de la Laye. Elle est renversée pour en faire voir les *Boursettes P P*, (qui sont faites avec de la peau blanche bien souple) , garnies de leurs *osiers* & de leurs *anneaux*. Je détaillerai bientôt cette petite méchanique. *Q Q* est le *Chevalet*, qui est une tringle de bois, d'environ 8 lignes d'épaisseur , sur 18 ou 20 lignes de largeur. On y donne des coups de scie au travers , vis-à-vis chaque boursette pour assujétir les *ressorts*. *R* est l'ouverture dans laquelle le grand *Porte-vent* doit être assemblé.

310. La *figure 5* représente le même Sommier renversé avec sa Laye toute montée. On y voit les deux grandes ouvertures du devant de la Laye *S S*, par lesquelles on apperçoit en partie les Soupapes. Tout à l'entour de ces grandes ouvertures , il y a une *feuillure* dans laquelle on fait entrer les deux tampons doublés de peau blanche pour fermer la Laye. *T T* est la même planche que celle de la *fig.* 4 , mais vue de l'autre côté où les osiers des boursettes paroissent & sont terminés par un petit anneau de fil de laiton.

311. La *figure 6* représente deux des quatre pieces qui composent les Chassis du Sommier. Il y faut deux battants à denticules, comme celui *X* , qui portent les deux mortaises à chaque bout, aussi-bien que les deux autres *V V*, pour assembler & cheviller deux barres. La traverse *Y* doit être également double, & avoir deux tenons à chaque bout. On y apperçoit les quatre petites mortaises *Z Z Z Z* , pour la construction de la Laye. & est une entaille pour enchâsser les grands Flipots.

312. La *figure 2* de la *Planche XXXVII* représente en profil un morceau de Sommier dans sa situation naturelle, qu'on a comme scié par le milieu & le long d'une gravure. Les Chapes , les Registres , les faux Registres , la Table , le Chassis , la Laye , une Soupape , une Boursette , son

ofier, le tampon de la Laye, la planche de deſſous & celle de derriere, tout ſe trouve également coupé dans cette figure pour en faire voir le jeu & les fonctions. *A A* eſt l'intérieur de la Laye vue par le bout. *B*, la planche de deſſous de la Laye. *C*, le derriere de la Laye. *D*, le tampon de la Laye. *E*, le battant de devant du Chaſſis du Sommier. *FF*, une gravure dont on voit la barre. *G H H G G G* ſont les Chapes. *i i i i i*, les faux Regiſtres. *k k k k k*, les Regiſtres. *l l l*, la Table du Sommier qui eſt en trois pieces, dont les joints paroiſſent en *o o*; *p p p p* ſont les trous qui traverſent la Chape, le Regiſtre & la Table, juſques dans la gravure. *ſ ſ ſ ſ* eſt un évaſement que l'on fait toujours au bord ſupérieur des trous des Chapes, afin que le tuyau qu'on y met y joigne bien, & ne perde pas ſon vent par le pied.

313. Les Chapes *H H* ſont remarquables en ce qu'elles ſont *gravées*; voici en quoi cela conſiſte. Le trou *q* ne va que juſqu'à la moitié de l'épaiſſeur du deſſous de la Chape. On fait un autre trou en travers de l'épaiſſeur, depuis 2 juſqu'à 3, ou depuis 5 juſqu'à 4, qui communique avec le trou du deſſous. On fait encore en deſſus les trois trous *r r r*, qui percent dans celui qui eſt au travers de l'épaiſſeur dont on bouche l'entrée 2, 3. Par ce moyen on fait jouer trois tuyaux enſemble, quelquefois davantage, ſelon le nombre des trous *r r*; c'eſt ainſi que jouent ordinairement les Jeux compoſés. Revenons à la Laye.

314. *6, 6* eſt le grand Flipot ſur lequel porte la planche du derriere *C* de la Laye. La garniture de peau de la queue de la Soupape *L* vient depuis 7 juſqu'à 8; ce qui forme ou fait la fonction d'une charniere qui tient fixe cet endroit de la Soupape, tandis que la tête 9 peut baiſſer quand on voudra. *N* eſt le reſſort du fil de laiton, dont la pointe 10 eſt fichée dans le deſſous de la Soupape, & 11 eſt l'autre bout du reſſort qui eſt arrêté ſur le chevalet *M* dans une entaille faite avec une ſcie. On voit dans la *fig.* 4 ce reſſort dans toute ſa grandeur. Vers la tête de la Soupape, on voit l'anneau 9 dont la tige traverſe la Soupape & dont la pointe eſt rivée en deſſus. A cet anneau eſt accroché une eſſe *V* de fil de laiton recuit, dont la partie inférieure eſt également accrochée à l'anneau *t* du *chaperon* de l'oſier. Comme le vent qui remplit la Laye paſſeroit par le trou *O x* de l'oſier qui ne le remplit pas entiérement, on y fait une *Bourſette* de peau blanche bien ſouple, qui n'empêche point le mouvement du tirage, & qui bouche cette ouverture au vent.

315. La *figure* 3 repréſente le détail de cette petite méchanique dans ſa grandeur naturelle. *n* eſt la bourſette, ſuppoſée tranſparente, qui tient à ſon morceau de peau par lequel elle eſt collée à ſa place ſur la planche du deſſous de la Laye. *m* eſt le chaperon de l'oſier, & *b* eſt l'oſier. *t u*, l'oſier ſéparé de la bourſette, & *t* en eſt le chaperon qu'on a coupé de

l'osier *u* ; on fait entrer le fil de laiton *ç* dans l'osier *&* ; on en fait passer la pointe 12 au dedans & au milieu de la boursette ; on l'enfonce jusqu'à ce que le bord supérieur de l'osier touche bien le dedans de la boursette. Ensuite on enfile le chaperon *y* en ce bout supérieur du fil de laiton qui passe par dessus la boursette ; & enfin on replie le restant de ce fil de laiton en façon d'anneau qui arrête le tout. On ne manque point de mettre un peu de colle aux deux surfaces de l'osier qui touchent le dedans & le dehors de la boursette lorsqu'on les enfile. Revenons à la *fig.* 2.

316. *P* (*fig.* 2) est la boursette. *O* est un creux qu'on a pratiqué dans la planche au dessous de chaque boursette, devant servir de moule pour la faire. On enfonce la peau dans ce creux au moyen d'un bout de bâton, & on colle tout à l'entour l'excédent de la peau. Ce qui étant sec, on releve la boursette qui se trouve faite. On apperçoit un évasement *x* autour du dessous du trou pour diminuer le frottement en diminuant la surface intérieure du trou.

317. Il faut présentement concevoir que le vent étant forcé dans la Laye *A A*, si l'on tire l'osier *u x* en enbas de deux ou trois lignes, comme on le fait par le Clavier, la boursette *P* fléchit & s'applatit dans sa partie supérieure : ce mouvement se communique à la Soupape au moyen de l'esse accrochée au chaperon de l'osier & à l'anneau de la Soupape. La Soupape, en baissant, fait une ouverture considérable, dont nous examinerons ailleurs la surface & la valeur ; le vent entre dans la gravure à l'instant & en remplit parfaitement la capacité, ou plutôt, il pousse & fait devenir vent l'air contenu dans la gravure ; s'il y a alors des trous ouverts sur le Sommier le long de cette gravure, le vent qui passe à travers fait parler les tuyaux qui se trouvent posés sur ces trous. Il faut expliquer plus particuliérement comment les Registres ouvrent ou ferment les trous.

318. La *figure* 1 de la *Planche XXXV* représente une partie d'un Sommier scié au travers des barres, & le long & au milieu des trous d'un Registre & d'une Chape. *a a* est une Chape ; *b b*, un Registre ; *c c*, la Table du Sommier ; *d d*, les traverses du Chassis ; *e e*, les barres ; *f f*, les gravures. Le Registre *b b* est représenté fermé ou poussé de *g* vers *h* ; tous ses trous *i i* sont par conséquent avancés & ne se rencontrent plus avec ceux de la Table ni de la Chape, qui se trouvent recouverts ; c'est donc le plein du Registre qui bouche les trous de la Table & de la Chape ; alors si l'on ouvre une Soupape quelle qu'elle soit, le vent entrera bien dans la gravure ; mais ne pouvant passer de la gravure dans le trou de la Chape, cette rangée des trous se trouvant fermée, aucun tuyau du Jeu qui seroit posé sur ces trous ne pourroit parler. Si tous les Registres du Sommier sont dans la même situation que celui dont nous parlons, c'est-à-dire, s'ils sont tous poussés, on aura beau baisser toutes les touches, aucun tuyau ne parlera.

319.

319. Mais fi , (*fig.* 2), on tire le Regiftre de *l* vers *k*, alors tous les trous du Regiftre fe rencontrant avec ceux de la Chape & de la Table , le vent introduit dans la gravure par l'ouverture de la Soupape baiffée , trouvant un trou ouvert, y paffe & fait parler le tuyau qui fera pofé par deffus. La même Soupape étant ouverte & le même vent introduit dans la gravure fera parler autant de tuyaux qu'il y aura de Regiftres ouverts. Chaque touche du Clavier relatif à ce Sommier & aux mêmes Soupapes, produira le même effet.

320. La *figure* 12 repréfente un morceau de Sommier , où l'on voit par quel moyen, en tirant & en repouffant les Regiftres, on le fait à un point fi jufte qu'ils foient bien précifément ouverts ou fermés ; car l'on conçoit que fi on les tire trop, on referme les trous, &c. Il faut remarquer dans cette figure, les bouts des barres *m m* ; le bout *n* de la traverfe du Chaffis ; *o o o*, les gravures ; *p p* font les Regiftres vus par le bout par lequel on les tire ou on les pouffe ; *q* eft un autre Regiftre vu par le bout oppofé au tirage ; car ils font ainfi alternativement arrangés. On apperçoit aux deux Regiftres *p p* , une entaille *r r* , & la cheville *ſ ſ* ; cette cheville *S* , qu'on voit féparément, (*fig.* 9) eft fichée & collée dans la Table du Sommier & dans une barre, (*fig.* 12). Elle affleure le deffus du faux Regiftre & du Regiftre, & elle eft quarrée dans la partie qui excede la Table. On conçoit que le Regiftre ne peut aller & venir que de la longueur de l'entaille ; c'eft ce qui en forme le *Repere*. Voyez cette entaille plus en grand au Regiftre entier (*fig* 6). Il y a plufieurs autres manieres de faire les reperes aux Regiftres qui font également bonnes. Je les décrirai dans la feconde Partie. Du refte , on voit (*fig.* 6) comment le bout du Regiftre du côté du tirage eft doublé & fortifié par un morceau de bois en 10 , qui eft repréfenté 11 , (*fig.* 9) féparé du bout *D* d'un Regiftre auquel il étoit arrêté.

321. Comme le Sommier eft ordinairement divifé en deux ou trois ou quatre parties , le même Jeu eft auffi diftribué fur ces deux ou trois ou quatre parties ; il faut que le même Regiftre foit également diftribué fur ces deux ou trois ou quatre divifions du Sommier ; ce qui ne fait pourtant qu'un feul Regiftre quoiqu'en quatre pieces. On joint donc & on lie enfemble ces différentes pieces de Regiftre par des *enfourchements* *A* (*fig.* 6), ou *B* (*fig.* 8) que l'on voit en entier. On arrête les bouts du Regiftre dans ces enfourchements par plufieuts chevilles, comme l'on voit (*fig.* 8), avec le morceau *C* du Regiftre fait pour entrer dans cet enfourchement. La *figure* 7 repréfente un faux Regiftre avec une petite échancrure *t* qui eft la place de la moitié de la groffeur de la cheville pour faire le repere qui arrête le Regiftre.

322. La *figure* 3 eft une Soupape en perfpective dans toute fa gran-

deur & sans être garnie de peau. On y voit son anneau. Elle est presque tranchante au dos, qui contient pourtant une très-petite rainure, ou
seulement un gros trait que l'on fait avec le *Trusquin* pour servir à placer
la pointe du ressort. La *figure* 4 est la même Soupape vue par le bout du
côté de la tête.

323. La *figure* 5 représente une Chape ordinaire vue par le dessus. La
fig. 14 représente un morceau de la même Chape vue par le dessous, où
tous les traits qu'on y remarque désignent des coups de scie d'une ligne
ou un peu moins de profondeur, qui servent de précaution, au cas que
la Chape ne joigne pas assez parfaitement sur le Registre ; dans ce cas, le
vent pourroit parvenir jusqu'au trou voisin & faire parler deux tuyaux ensemble ; & ces coups de scie qui forment de petites rainures interceptent
ce vent & l'empêchent de faire du désordre. Du reste, ces coups de scie
ont cette figure, à cause que les trous sont en *zig-zag* ; car lorsqu'ils sont
en droiture, comme le morceau de Chape (*fig.* 15) on fait cette opération simplement en travers.

324. J'ai fait voir, art. 313, comment on *grave* les Chapes, lorsqu'on
a seulement un rang de deux ou trois, quatre ou cinq tuyaux à faire jouer
ensemble le long d'un seul trou fait au travers de l'épaisseur de la Chape.
Mais lorsqu'on en doit poser quelques autres entre les rangées, comme
l'on voit au morceau de Chape (*Pl. XXXV*, *fig.* 11) il faut y ajouter
d'autres opérations. Après qu'on aura fait un trou au travers de la largeur

de la Chape, comme à celle *H* (*Pl. XXXVII*, *fig.* 2) & qu'au dessus
de ce trou on en aura fait trois ou quatre autres, *r r r* ; on fera, avec
un Bouvet, au dessous de la Chape (*Pl. XXXV*, *fig.* 10) deux rainu-

res *E E* assez profondes pour aller presque jusqu'au fond des trous *F
F F F* faits au travers de l'épaisseur de la Chape, & qui n'ayent qu'environ deux lignes de largeur. On passera ensuite dans ces deux rainures
un autre Bouvet dont le fer soit d'une ligne plus large ; mais il ne faut
l'enfoncer que d'une ligne & demie. Cette opération forme un petit rebord
ou feuillure de demi-ligne de largeur de chaque côté de la rainure. Ce
qui étant fait, on collera de petits Flipots (*fig.* 13) dans les rainures
aux endroits *a a a a*, & *b b b b b* ; lesquels étant bien secs, on re-
passera le Bouvet avec le même fer large, qui égalisera tous ces Flipots ;
après quoi on collera une tringle au dedans & tout le long de cette double feuillure faite dans la rainure, ce qui formera la Chape, comme on le
voit (*fig.* 15). On la retournera & on fera les trous *c c c c c c*,
(*fig.* 11) ou pour mieux dire, on les fera avant de coller les Flipots,
afin que les *copeaux* que fait la meche du Villebrequin, ne s'engagent ou
ne remplissent point les vuides de la Chape.

325. Il est aisé de comprendre comment le vent, entrant dans la Chape

par le grand trou quarré, se répand d'abord dans la longueur du trou
qu'on a fait au travers de la largeur de la Chape ; de-là il se distribue dans
les deux autres trous collatéraux par les petites rainures qu'on a faites le
long de la Chape ; & les Flipots bouchant cette rainure après le trou
par lequel le vent doit passer, en empêchent la communication au trou
suivant, dans lequel le vent ne peut aller que par le grand trou quarré
suivant. On colle une bande de parchemin le long du côté ou de l'épaisseur de la Chape, afin d'en boucher l'entrée de tous les trous.

Planche XXXV.

326. La *figure* 1 de la *Planche XXXVII* représente en perspective un
Sommier entier, tel qu'on le feroit pour un petit Orgue, sans être divisé
en plusieurs parties. Je l'ai fait ainsi graver pour mieux faire entendre le
grand Sommier. On en a comme déchiré un nombre de pieces pour faire
voir celles qui sont recouvertes par d'autres, comme l'on feroit en un
vieux Sommier hors d'usage, dont on voudroit découvrir la méchanique
& connoître la construction. *A Æ* est un des battants du Chassis, qui porte
les denticules, comme on les voit en *A*. *B* est une des traverses du
Chassis, qui portent un double tenon à chaque bout. *C C C C C* sont
les bouts des cinq barres qui traversent les battants du Chassis & qui y
sont chevillées. *D D* est la planche du dessous de la Laye, qui porte les
boursettes & les osiers dont on voit les bouts inférieurs au dessous de
ladite planche *D D*. *E E* est la Laye, avec le petit montant *O* au milieu,
qui la divise en deux portes. On voit dans cette Laye les boursettes, les
chaperons des osiers, le chevalet, les ressorts, les esses & les Soupapes.
Le vent doit entrer dans cette Laye par une ouverture faite au dessous, ou
par le bout *B* selon la disposition du local.

Planche XXXVII.

327. Au dessus du Sommier, on a comme arraché & rompu un morceau
de la Table, pour faire voir quelques barres & quelques gravures en *F*.
On en a fait de même à plusieurs faux Regiftres, à des Regiftres & des
Chapes. *G* est une partie de la Table découverte, où l'on voit les trous
en *zig-zag* ; & en *H H* on apperçoit les trous quárrés dans la Table,
qui sont en droiture & destinés pour le *Plein-Jeu. I I I I I*, une
partie des faux Regiftres. *K K K K K*, une partie de plusieurs
Regiftres, parmi lesquels on en voit un dont les trous sont quarrés. *M
M M* sont les Chapes clouées sur les faux Regiftres, dont quelques-
unes ne sont pas entieres. *N N* sont deux chapes gravées à trois rangées
de trous : elles sont posées sur des Regiftres dont les trous sont quarrés,
aussi-bien que ceux de la Table. *L* est un repere d'un Regiftre. C'est ainsi
que tous les autres ont un repere semblable, afin qu'on ne les tire pas trop
& qu'on ne les pousse pas trop. *T T T T T* sont les bouts des
Regiftres qui sont doublés par un morceau de bois pour les rendre plus
propres à résister aux efforts du tirage. *P P P P P*, le faux Som-

mier que quelques-uns appellent le *Crible* ou le *Tamis*. Il est composé de 6 planches de 5 à 6 lignes d'épaisseur. On le pose à environ 6 pouces de distance des Chapes. Sa fonction est de soutenir les tuyaux dans une situation verticale. On voit quelques tuyaux posés, pour faire entendre comment ils tiennent. *V* est un tuyau bouché & à oreilles. *X*, un tuyau à cheminée. *Y*, un tuyau ouvert. *Z*, un grand tuyau de Trompette, auquel on met encore un support vers le haut, qui n'est point marqué dans cette figure. *W*, un tuyau de Voix Humaine. Il faut remarquer une partie du faux Sommier 4, 4, qui répond aux Chapes gravées *N N* ; c'est la place des tuyaux du Plein-Jeu, c'est-à-dire, de la *Fourniture* & de la *Cymbale*. L'espace vuide 5, 5, où il n'y a point de faux Sommier, répond à la seconde Chape 6, 6 destinée à faire jouer le *Cornet* qui n'a jamais de basses, & pour lequel par conséquent il n'a pas fallu autant de trous sur la Chape que pour les autres Jeux. Le Cornet est un Jeu composé de 5 tuyaux sur marche. Comme il tiendroit trop de place sur le Sommier, on le pose toujours sur une ou deux pieces gravées, élevées au dessus du faux Sommier, & on y fait aller le vent par des *Porte-vents* de plomb assez hauts, dont un bout est collé sur le trou de la Chape, & l'autre sur celui de la piece gravée. On les fait passer par ce vuide 5, 5, entre les faux Sommiers. *S S* est une traverse qui soutient le faux Sommier. *R R* sont les supports qui soutiennent cette traverse. *Q Q Q Q* sont des pieds, qu'on met de distance en distance pour soutenir chacune des planches dont est composé le faux Sommier qui fléchiroit sans cette précaution. Ces pieds sont arrêtés par une petite pointe de fer bien aiguisée & fichée à chaque bout, dont l'une entre dans la Chape & l'autre dessous le faux Sommier.

328. On voit comment on *poste* les tuyaux lorsqu'ils sont trop gros pour être posés *sur leur vent*, c'est-à-dire, sur les trous de la Chape qui doit leur fournir le vent. On les transporte ailleurs, par exemple, sur une piece de bois 9, qu'on appelle *piece gravée*. On y fait aller le vent par des Porte-vents 7, 7, qu'on attache, avec de la filasse & de la colle, d'un bout sur le trou de la Chape, & de l'autre sur la piece gravée 9 ; de sorte que les tuyaux ainsi postés, parlent tout comme s'ils étoient sur leur vent. On a placé quelques tuyaux de bois 10, sur cette piece gravée. Tous les tuyaux que l'on voit en montre dans les Orgues, sont postés de même, comme je l'expliquerai dans la suite.

329. Après avoir fait connoître toutes les pieces qui composent un Sommier, comment il est construit dans toutes ses parties, & en avoir indiqué l'usage en plusieurs articles précédents, 317, 318, 319, il s'agit de reprendre le tout & d'en expliquer l'ensemble & les fonctions. Il faut d'abord se souvenir que le Sommier étant en place & dans sa position

tion

tion naturelle, les gravures font fituées d'avant en arriere felon la largeur du Sommier (*Pl. XXXVII, fig.* 1) & forment des conduits dont le bout antérieur eft bouché par les Soupapes, le refte l'étant en deffus par la Table du Sommier (295) & en deffous par un parchemin collé, (308). Les Regiftres au contraire, & les Chapes de même, croifent les gravures, & font fitués de gauche à droite felon la longueur du Sommier, (*Pl. XXXVII, fig.* 1). Les Jeux, qui forment chacun une rangée de tuyaux, comme nous l'avons affez amplement expliqué au Ch. IV, Sect. I, font également pofés de gauche à droite le long des Chapes & des Regiftres, un tuyau fur chaque trou de la Chape, en forte que chaque Chape, quoique quelquefois divifée en quatre parties comme le Sommier, (321) contient un Jeu entier. On a vu (301) que tous les trous ré- pondent aux gravures. Il faut obferver que tous les Jeux étant pofés fur le Sommier, le même tuyau correfpondant ou refpectif de chaque Jeu, fe trouve pofé fur la même gravure ; je veux dire que le premier *ut*, par exemple, de chaque Jeu répond fur la même gravure ; tous les premiers *re* fur une autre, tous les feconds *fol* fur une autre, &c. En un mot, les Jeux font rangés de la maniere fuivante, où j'ai repréfenté les tuyaux par le nom de leurs tons.

Bourdon.	c	c♯	d	e♭	e	f	f♯	g	g♯	a	b♭	b	c	c♯	d	e♭	é	f	f♯	g	g♯	a	b♭	b	c ♯
Preftant.	c	c♯	d	e♭	e	f	f♯	g	g♯	a	b♭	b	c	c♯	d	e♭	e	f	f♯	g	g♯	a	b♭	b	c ♯
Nafard.	c	c♯	d	e♭	e	f	f♯	g	g♯	a	b♭	b	c	c♯	d	e♭	e	f	f♯	g	g♯	a	b♭	b	c ♯
Doublette.	c	c♯	d	e♭	e	f	f♯	g	g♯	a	b♭	b	c	c♯	d	e♭	e	f	f♯	g	g♯	a	b♭	b	c ♯
Tierce.	c	c♯	d	e♭	e	f	f♯	g	g♯	a	b♭	b	c	c♯	d	e♭	e	f	f♯	g	g♯	a	b♭	b	c ♯

Les lignes verticales repréfentent les barres du Sommier, & les entrelignes les gravures. Je n'ai mis qu'un petit nombre de tuyaux à chaque Jeu ; mais il faut fuppofer qu'il y en a 50. On voit qu'il y a fur chaque gravure un tuyau du Bourdon, autant du Preftant, du Nafard, de la Doublette & de la Tierce, & que les mêmes tons des différents Jeux font difpofés fur la même gravure. Ce que je dis de ces cinq Jeux doit s'entendre des autres. On a vu (318) comment les Regiftres ferment le vent aux Jeux en re- couvrant les trous de la Table & de la Chape, & comment ils l'ouvrent fans caufer le moindre mouvement aux tuyaux qui font pofés fur les Chapes, quoiqu'ils (les Regiftres) foient mobiles : comment font conf- truits leurs reperes (320) : comment on ouvre les Soupapes en tirant en en bas leur ofier (317) ; & comment elles fe referment au moyen de leur reffort, &c. Suppofons maintenant que tous les Regiftres foient fermés, c'eft-à-dire, qu'ils foient en telle fituation qu'ils recouvrent les trous cor- refpondants de la Table & de leur Chape, comme en la *fig.* 1, *Pl. XXXV*, & que le vent foit forcé dans la Laye bien fermée : il eft évident que fi en tirant quelque ofier en en bas, on ouvre quelque Soupape que ce foit de cette Laye, le vent entrera dans fa gravure, y fera forcé ; mais il y

demeurera dans l'inaction, n'y ayant aucun trou ouvert le long des gravures. Mais si l'on ouvre un seul Registre, c'est-à-dire, que tous ses
trous se rencontrent avec ceux de la Table & de sa Chape, comme en
la *fig.* 2 de la même *Planche XXXV*, il y aura alors une rangée de trous
ouverts, un à chaque gravure : si, dis-je, on baisse une Soupape quelconque, le vent remplissant à l'instant sa gravure, sortira par le trou ouvert &
fera parler le tuyau posé par dessus. Si l'on ouvre deux Registres, il y aura
deux trous ouverts sur chaque gravure, & ce seront deux tuyaux qui parleront ensemble. S'il y a dix Jeux ouverts, il y aura de même dix trous
ouverts sur chaque gravure. Si parmi ces dix Jeux il y en a un qui soit
composé de six tuyaux sur marche, ce seront 15 tuyaux qui parleront ensemble. Si enfin tous les Jeux sont ouverts, tous les tuyaux qui se trou-
veront sur la gravure dans laquelle on fera entrer le vent, en baissant sa
Soupape, parleront ensemble.

330. On voit un petit Instrument représenté dans la *fig.* 4 de la *Pl.
XXXIV*, dont voici l'usage. On est quelquefois obligé d'ôter ou de remettre des ressorts dans les Layes, qui se trouvent en quelques Sommiers
trop basses pour y mettre les mains. Cet Instrument est alors nécessaire. Il
est représenté dans toute sa grandeur naturelle. Il est fait de fil de fer
assez gros & assez fort pour ne pas fléchir aisément. Lorsqu'on veut ôter
un ressort, on prend la piece *A B* par le bout *A* d'une main, on enfile
la queue du ressort dans l'agraffe *B* ; on prend l'autre piece *D C* par le
bout *D* de l'autre main ; on introduit le bec *C* dans l'œil du ressort : alors
tenant ferme la piece *D C*, on tire à soi l'autre *A B*, qui, au moyen
de son agraffe faisant fermer ou resserrer le ressort, en détache les deux
pointes de leur place & on l'ôte ainsi facilement. Lorsqu'on veut le remettre, on prend le ressort avec les deux pieces du même Instrument,
comme auparavant ; on en conduit les deux bouts chacun en leur vraie
place & situation, & on retire l'instrument, qui est du reste bien aisé à
faire. La figure en fait assez connoître la construction.

Sommier du Positif.

331. La différence qu'il y a entre le Sommier du Positif & celui du
grand Orgue, qu'on appelle *le grand Sommier*, consiste en ce que celui-
ci a sa Laye par dessous les barres, comme nous venons de le voir, &
que le Sommier du Positif a sa Laye par dessus les barres ; ce qui se pratique presque toujours, cette maniere étant la plus commode. On le fait
de même pour l'Echo le plus ordinairement. La *fig.* 1 de la *Pl. XXXVIII*

représente un Sommier de Positif, c'est-à-dire, dont la Laye est par dessus
les barres. Il est posé dans sa situation naturelle : mais il n'est pas entier,
c'est-à-dire, qu'il n'a pas le nombre ordinaire de gravures ; cela n'étant
pas nécessaire pour notre objet.

332. *A A* font les Chapes : *B*, la planche mobile qui couvre & ferme le deſſus de la Laye : *C*, une autre planche également mobile, qui ferme le devant de la Laye. Ces deux planches ſont arrêtées & ſerrées par les trois pieces de fer *E D M* qu'on voit ſéparément (*fig.* 5) & marquées par les mêmes lettres. On comprend aiſément (*fig.* 1) que le bout *M* de la bande de fer *D*, étant retenu & accroché à un talon *M*, (voyez ce talon *M*, *fig.* 5) par ſa mortaiſe, l'autre bout étant accroché par le crochet *E*, retenu par une forte vis *R*, les deux planches *B* & *C* doivent être bien ſerrées en leur place. Cette bande de fer *D* doit être forte & un peu bombée en deſſous. Le crochet *E* doit être de même bombé par la ſurface qui appuie contre la planche *C. H H* font deux traverſes ſur leſquelles porte le Sommier ; *G* eſt l'ouverture par où le vent entre dans la Laye. *F F* font les bouts des Regiſtres par leſquels on les tire ou on les pouſſe.

333. Il faut remarquer que ces bouts de Regiſtres font ordinairement garnis d'une façon différente de ceux que j'ai décrits vers la fin de l'art. 320 ; le morceau de bois *m n* eſt en enfourchement, il eſt horizontalement mobile ſur la cheville *m*, & le fer qui tire le Regiſtre eſt accroché dans le trou *n*. Ceci ſera expliqué plus au long ailleurs.

334. La *figure* 2 repréſente le même Sommier, qui eſt renverſé pour en faire voir le deſſous. On en a comme ſcié une partie de ſa largeur. On en a ôté les Regiſtres & les Chapes. *H I H* font les traverſes ſur leſquelles porte le Sommier. *K K*, une tringle de bois dans laquelle font les petits creux ſervants de moule pour faire les bourſettes qui y font collées. On y voit les guides, qui font des pointes de fil de fer pour maintenir les baſcules, dont nous parlerons dans la ſuite.

335. Il faut remarquer que ce n'eſt pas la meilleure méthode de mettre ainſi les guides ſur cette tringle de bois ; parce que ſi quelque pointe vient à caſſer, le Sommier étant en place & arrêté, il n'eſt preſque pas poſſible d'y en remettre une autre. Il eſt mieux de faire un *rateau ſéparé*, comme je l'expliquerai en ſon lieu. Du reſte, il y a un parchemin collé au deſſous de ce Sommier pour en boucher les gravures. On en a déchiré un morceau pour les faire voir. *E E E* font les crochets de la fermeture de la Laye.

336. La *figure* 3 repréſente le même Sommier dans ſa ſituation naturelle, dont la Laye eſt ouverte & entiérement garnie. *A A* font les Chapes. (On voit que ce Sommier n'a pas toute ſa largeur). *F F*, les bouts des Regiſtres. *L*, la planche fixe du derriere de la Laye. *O*, le *Chevalet* qui contient tous les reſſorts dans des entailles faites avec une ſcie. Comme cette tringle de bois ſeroit trop foible pour réſiſter à l'effort de tous ces reſſorts, on la maintient par deux longues vis *P P* qui pren-

nent dans des barres. *E E E* font les crochets de la fermeture de la Laye. On voit les Soupapes, leurs guides & les reſſorts.

337. La *figure* 4 repréſente la coupe en travers de la Laye & d'une partie du reſte du Sommier. *A* eſt une Chape vue par le bout, avec la moitié d'un trou. *d*, la Table du Sommier. *b*, un faux Regiſtre. *c*, un Regiſtre. *B*, la planche mobile du deſſus de la Laye. *C*, la planche mobile du devant de la Laye. *D*, la bande de fer de la fermeture. *E*, le crochet de la fermeture. *M*, le talon de la fermeture attaché avec des clous au dehors & contre la planche fixe du derriere de la Laye. *S*, le dedans de la Laye. *N*, une Soupape. *T*, le reſſort, qui par ſa preſſion tient la Soupape fermée. *O*, le Chevalet qui maintient les reſſorts. *Q*, le dedans d'une gravure, dont la Soupape ferme l'entrée. *K h*, la tringle de bois, contenant les petits creux qui ſervent de moule aux bourſettes. *h*, eſt ce petit creux. *f*, la bourſette collée ſur la tringle *K*. *f h g* eſt le *Pilotin*; c'eſt une cheville de bois, dont la longueur eſt de *f* (qui eſt le fond de la bourſette) juſqu'à la Soupape. Il y a par conſéquent un trou pour contenir librement ce Pilotin, qui traverſe la tringle *K h*, le battant du Chaſſis *g* du Sommier & la Table. Si l'on pouſſe en en haut cette bourſette par ſon deſſous *f*, le Pilotin monte & fait lever la Soupape; alors le vent entre de la Laye *S* dans la gravure *Q*.

338. Il eſt bon d'avertir que la deſcription que je viens de donner des Sommiers, ne peut être utile que pour faire connoître leur jeu, leurs effets & leur fonction; mais il s'en faut bien que je n'aie dit tout ce qui eſt néceſſaire pour les conſtruire effectivement. Je n'ai expliqué que bien ſuperficiellement leur méchanique, attendu que je dois traiter cette matiere avec tout le détail convenable dans la ſeconde Partie de cet Ouvrage, où, comme je l'ai annoncé au commencement, je dois expliquer tout ce qui regarde la pratique & la conſtruction de toutes les pieces & machines qui entrent dans la compoſition de l'Orgue. Je ſuivrai la même méthode pour tout ce qui me reſte à dire dans cette premiere Partie touchant la connoiſſance de cet Inſtrument.

SECTION TROISIEME.

Les Claviers, l'Abrégé, les Tirants, les Pilotes tournants & les Balanciers.

Les Claviers.

339. Le Clavier de l'Orgue eſt une machine contenant un certain nombre de touches, diſpoſées ſelon les principes de l'harmonie, ſur leſquelles on appuie avec les doigts, pour mettre en mouvement quantité de pieces,

dont

dont l'effet est de faire rendre du son aux tuyaux des différents Jeux de l'Orgue, en ouvrant le passage au vent qui les fait jouer. L'Orgue a ordinairement plusieurs Claviers qu'on place en *amphithéâtre* les uns au dessus des autres; il est des Orgues où il y en a jusqu'à cinq, & il est rare qu'il n'y en ait qu'un.

Planche XXXVIII.

340. La *fig.* 1 de la *Planche XXXIX* représente un Clavier entier en perspective, & à moitié grandeur naturelle. *A A* sont les *touches*. *B B*, les *feintes* qui sont les *diefes* & les *bémols*. J'ai marqué à chaque touche son nom, dont j'ai donné l'explication art. 211. Toutes ces touches sont représentées élevées ou suspendues, excepté le troisieme *E si mi*, qui est baissé ou abattu. *H H* sont les *guides*. Ce sont des pointes sans tête de fil de fer, ou mieux en fil de cuivre. Elles sont fichées sur une traverse *I I* placée au dessous des touches. Outre que cette traverse porte les guides, elle empêche encore que les touches n'enfoncent plus qu'il ne faut; & afin qu'elles ne fassent pas de bruit quand on les baisse, on colle une bande de drap sur cette traverse, ce qui étouffe un certain *cliquetis*, qui se fait entendre sans cette précaution. On met ces pointes entre les touches, afin de les maintenir & d'empêcher qu'elles ne se frottent mutuellement.

Planche XXXIX.

341. *G G* sont les deux *battants* qu'on appelle les *bras* du Châssis du Clavier. C'est dans ces deux battants qu'est assemblée à tenons la traverse *D D* du derriere du Châssis, dans laquelle on a pratiqué une rainure pour contenir librement le bout des tiges des touches. *E E, queue d'aronde* qui fait partie de l'assemblage de cette traverse avec les deux bras du Châssis.

342. Il faut remarquer dans la *Planche XLIX*, *fig.* 1, cette traverse plus en grand. On y voit sa rainure pour recevoir les bouts des touches, avec les trous des *goupilles*, dont une est dans sa place : le tenon avec la queue d'aronde pour assembler cette traverse dans le battant ou bras, (*fig.* 2), où l'on voit la mortaise & la place pour recevoir la queue d'aronde. La mortaise qu'on entrevoit à l'autre bout, est pour recevoir le tenon de la petite traverse qui porte les guides. Revenons à la *Planche XXXIX*, *fig.* 1.

Planche XLIX.

343. *F F* (*Pl. XXXIX*, *fig.* 1) sont les goupilles pour arrêter les tiges des touches dans leur rainure, sans les gêner dans leur mouvement. *C C* sont les *anneaux* rivés vers le milieu de la longueur des touches, auxquels on accroche le *tirage*.

Planche XXXIX.

344. On voit dans la *Pl. XL*, *fig.* 1 une partie de Clavier en perspective & sans Châssis, dans sa grandeur naturelle; mais les tiges des touches n'ont pas leur longueur ordinaire, faute d'une place suffisante. On y distingue l'épaisseur & la largeur du *placage*, soit d'ébene noire ou d'os,

Planche XL.

Orgues. Dd

qui tient de *M* à *P*. On peut y remarquer les trous des guides : le petit intervalle du paffage de la fcie d'une touche à l'autre, avec le petit *chanfrein* que l'on fait à chaque côté des touches, comme en *N H*. On a repréfenté, dans la *fig.* 2, une feinte en perfpective dans fa grandeur naturelle.

345. La *Planche XLI, fig.* 1 repréfente le profil géométral de quatre Claviers, tels qu'on les conftruit ordinairement pour un Orgue à quatre Claviers. Cette figure, étant précifément la moitié de la grandeur naturelle, fera utile pour l'exécution, en doublant toutes les mefures. Elle contient toutes les dimenfions & les affemblages de conftruction, en forte que pour faire réellement ces quatre Claviers, il ne faut pas d'autre deffein. Je vais l'expliquer en détail.

346. 1, 1 eft le premier Clavier, dit du *Pofitif.* 2, 2, le fecond Clavier, dit du *grand Orgue*. 3, 3, le troifieme Clavier, dit du *Récit* : & 4, 4, le quatrieme Clavier, dit de l'*Echo*. *A A*, le Chaffis du premier Clavier. *B B*, le Chaffis du fecond Clavier. *C D*, le Chaffis du troifieme ; & *E F*, le Chaffis du quatrieme Clavier. 12, 13, 18, *d*, la traverfe du derriere du Chaffis du premier Clavier, vue par le bout ; on y voit fon affemblage avec le côté ou battant du Chaffis. 13 & 18 font deux tenons avec une *joue* en deffous. 12, une queue d'aronde dont l'épaiffeur excede un peu au deffus du côté ou bras *A A*. L'épaiffeur totale de cette traverfe eft depuis le deffous de la joue, qui affleure le deffous du Chaffis, jufqu'au deffus de la queue d'aronde. 10, 11, *C* eft la traverfe du fecond Clavier, qui porte un feul tenon avec un peu de joue au deffous & fa queue d'aronde. 8, *D*, 9, *b*, la traverfe du troifieme Clavier, où l'on voit fon tenon, la petite joue au deffous & la queue d'aronde. 6, *F*, 7, *a*, la traverfe du quatrieme Clavier avec le même affemblage qu'aux deux autres. Tout ce qu'il a de particulier, c'eft qu'on a laiffé toute l'épaiffeur à la queue d'aronde 6, parce qu'il n'y a point d'autre Clavier au deffus ; car on retranche une partie de l'épaiffeur de cette queue aux autres Claviers, afin que le Chaffis fupérieur *plaque* bien contre l'inférieur. Cependant la traverfe demeure de toute fon épaiffeur, comme il paroît dans le deffein. On remarquera que ces traverfes de derriere ne fe touchent point l'une au deffus de l'autre, comme les côtés ; il y a un intervalle confidérable entre chacune, comme l'on voit de 12 à 11, de 10 à 9, & de 8 à 7. Cet intervalle eft néceffaire pour les anneaux des goupilles *h g f e*. Il n'y a que la traverfe du premier Clavier qui affleure en deffous, comme je l'ai dit ci-deffus.

347. Les bras ou battants du fecond Clavier *B B*, portent quatre tenons *L M* ; *G H* ; *I K* & *P O*. Tous les quatre font arrêtés & chevillés fur ce fecond Clavier, comme on le voit en *L H, K & P*. Les tenons

supérieurs *G H* & *I K*, servent à unir & tenir ensemble les troisieme & quatrieme Claviers sur le second ; & les tenons inférieurs *L M* & *P O*, servent à maintenir les trois Claviers supérieurs sur le premier *A A*. Il faut observer que les mortaises faites dans le premier Clavier pour recevoir les tenons *L M* & *P O*, sont plus longues de tout l'espace *R* & *Q*, que les tenons ne sont larges ; ce qui est nécessaire, afin que le premier Clavier puisse aller & venir d'avant en arriere de tout cet intervalle *R* & *Q* ; nous verrons pourquoi dans un moment.

PLANCHE XLI.

348. La ligne *l o d* représente les touches du premier Clavier : *m n C*, celles du second : *q p b*, celles du troisieme ; & *r s a*, celles du quatrieme. L'épaisseur des touches est *l o*, pour le premier Clavier : *m n*, pour le second : *q p*, pour le troisieme ; & *r s*, pour le quatrieme. *d C b a* sont les bouts des touches qui tiennent librement dans les rainures des traverses du derriere du Chassis ; & *h g f e* sont les goupilles qui arrêtent ces bouts des touches dans leurs rainures, ce qui s'exécute d'une maniere à ne point gêner le mouvement de la touche.

349. *S* 19 est la large traverse de devant du premier Chassis. *X*, la petite traverse du second. *V*, celle du troisieme ; & *T*, celle du quatrieme. Ces traverses sont nécessaires pour lier, affermir & consolider chaque Chassis. Ces mêmes traverses où l'on fiche les guides des touches, leur servent d'appui pour qu'elles n'enfoncent pas trop. On y colle un drap tout le long, afin qu'on n'entende point de cliquetis, comme je l'ai déjà dit art. 240. La traverse *S* 19 de devant du premier Chassis se fait large, & a deux tenons dont on voit les bouts ; elle affleure le bout antérieur 19 du Chassis & le dessous aussi. On met un bouton 5 aux deux bouts antérieurs du premier Clavier ; ce qui est commode pour le tirer & le repousser. 14 est le *Tourillon* par lequel ce bouton est collé & arrêté sur le bout du Chassis.

350. Le premier Clavier est représenté poussé en arriere, ce que l'on fait afin qu'en touchant les touches du second, elles fassent baisser en même temps celles du premier. Voici ce qui produit cet effet. On remarque au dessous de la touche du second Clavier un *talon* 15, qui y est bien collé. On en voit un autre 16 précisément au dessous de celui-là, qui est posé au dessus de la touche du premier Clavier. Il est clair que si l'on baisse la touche du second, celle du premier doit également baisser, au moyen de ce talon. Mais si l'on tire à soi le premier Clavier, le talon 16 avancera & viendra à 17 ; alors on pourra toucher toutes les touches du second Clavier sans faire baisser celles du premier, parce que les talons ne pourront avoir aucune communication mutuelle, n'étant point vis-à-vis les uns des autres. On met ainsi des talons au dessus de toutes les touches du premier Clavier, & au dessous de celles du second.

351. *Z* est le bout d'une regle de bois, de toute la longueur du Clavier, arrêtée de chaque bout aux deux côtés & au dessous du premier Clavier. Elle contient autant de trous qu'il y a de touches. Cette tringle s'appelle le *Guide des Pilotes*. Il sert effectivement à les assujettir tous au dessous des touches du Clavier du Positif. *Y Z* est un morceau d'un de ces Pilotes. Ce sont des baguettes de bois, assez semblables à celles d'un fusil, posées verticalement ou debout, dont l'extrémité supérieure *Y* traversant le guide *Z*, va toucher & soutenir la touche *l o d*; & le bout inférieur appuie sur l'extrémité d'une bascule dont l'autre bout va lever une Soupape du Sommier du Positif. C'est ce que j'expliquerai plus particuliérement.

352. On remarquera vers le milieu de la longueur des touches des second, troisieme & quatrieme Claviers, trois anneaux, *u y Z* auxquels sont accrochées les *Demoiselles*, que quelques-uns appellent *Pendules*. Ce sont des pieces de fil de laiton *t u*, *x y*, & *Z*, auxquelles on fait, avec une pincette, un anneau à chaque bout. L'anneau inférieur est accroché à celui de la touche, & le supérieur au tirage, qui au moyen de l'*Abrégé*, communique le mouvement de la touche jusqu'à la Soupape du Sommier auquel le Clavier est relatif. La Demoiselle *t u*, passe au travers d'une petite mortaise faite dans la touche du troisieme Clavier; elle passe encore dans une autre mortaise du quatrieme. La Demoiselle *x y* passe au travers de la touche du quatrieme Clavier; & celle de celui-ci *Z* est au dessus du quatrieme Clavier.

353. Le Clavier (*fig.* 1) tel que je viens de le décrire, est bon pour un Orgue ordinaire dont le Positif est dans un Buffet séparé. Mais si le Positif est sur le même Sommier que le grand Orgue, comme il arrive quelquefois, il faut alors construire les Claviers comme ceux représentés par la *fig.* 2, auxquels on voit quatre *tirages*, ce qui en fait la différence. Ceux de la *fig.* 1 n'en ont que trois, puisqu'il y en a un qui *foule*; c'est celui du Positif. Comme tous les quatre de la *fig.* 2 tirent, il a fallu leur donner des mesures différentes. Du reste, leur construction étant la même que ceux que je viens d'expliquer, il suffira d'examiner attentivement cette seconde figure pour les bien entendre.

354. La *Planche XLII*, *fig.* 1 représente en profil géométral à moitié grandeur naturelle, cinq Claviers mis ensemble, dont la construction est dans le fond semblable à ceux que je viens de décrire. Voici ce que cette composition a de particulier. *I K* est le premier Clavier & destiné à faire jouer le Positif. *L M*, le second; il est relatif au grand Sommier dans le grand Orgue. *N O*, le troisieme qui sert pour la *Bombarde* avec quelques autres Jeux que l'on y joint bien souvent. *P Q*, le quatrieme destiné pour le Récit; & *R S* est le cinquieme & sert pour l'Echo.

355.

355. Le premier Clavier *I K* eſt mobile ; auſſi-bien que le troiſieme *N O*. Le ſecond Clavier *L M* porte cinq tenons collés & chevillés ; ſavoir, *A B , C D , E F , G H , V W*. Les deux grands tenons *A B* & *C D* ſervent à maintenir enſemble les deux premiers Claviers & à arrêter ſur ſon aſſiette dans l'Orgue toute cette machine en ſa place, comme je l'expliquerai ailleurs. Les trois autres tenons ſont néceſſaires pour tenir enſemble les Claviers ſupérieurs. Le premier Clavier *I K* eſt repréſenté pouſſé en arriere, afin que les talons *a b*, ſe rencontrant l'un ſur l'autre, lorſqu'on touchera ſur le ſecond Clavier *L M*, on faſſe en même temps baiſſer les touches du premier. Si on le retire en avant, le talon *b* viendra en *c* à cauſe que ce Clavier eſt mobile de tout l'eſpace *l* & *J* ; & alors ces deux Claviers n'auront aucune communication enſemble. Il en eſt de même du troiſieme Clavier *N O* ; il eſt repréſenté tiré vers ſoi. Dans cette ſituation les talons *d* & *e* ſe rencontrant, ſi l'on touche ſur ce troiſieme Clavier, le ſecond *L M* jouera en même temps : & ſi alors le premier eſt pouſſé en arriere, il y aura trois Claviers qui joueront enſemble. Lorſqu'on repouſſera le troiſieme Clavier *N O*, le talon *d* ſe trouvera en *f*, (car ce Clavier peut aller & venir de tout l'eſpace *g p* & *h*,) alors il n'y aura plus de communication. *T* eſt la large traverſe du premier Clavier. *V*, la petite traverſe du ſecond. *X*, celle du troiſieme. *Y*, celle du quatrieme ; & *Z*, celle du cinquieme. *m* eſt le guide des Pilotes du Poſitif. *n o* eſt le bout ſupérieur d'un de ces Pilotes, toute la partie inférieure en étant retranchée. On voit le profil d'un des trous du guide. Il eſt *ébiſelé* ou *fraiſé* deſſus & deſſous, pour diminuer le frottement des Pilotes dans leur trou.

356. La premiere *figure* de la *Planche XLIII* repréſente la même conſtruction des cinq Claviers vus en perſpective & par devant. On y a mis quelques touches pour en faire voir la diſpoſition, la communication par les talons des trois premiers Claviers enſemble, les tirages, les mortaiſes faites dans les touches ſupérieures pour le paſſage des Demoiſelles, &c. *A K* eſt le premier Clavier. *B I*, le ſecond. *C H*, le troiſieme. *D G*, le quatrieme ; & *E F*, le cinquieme. *V V U X* ſont les quatre grands tenons fixés dans les bras du Chaſſis du ſecond Clavier *B I*. Un de ces quatre tenons ne peut pas ſe voir. Ils ſervent à arrêter les cinq Claviers à leur place dans l'Orgue, & à lier les deux premiers Claviers enſemble. *U J* eſt le guide qui maintient & aſſujétit les Pilotes *i q*, *k p*, *l o*, *m n*, au deſſous de leurs touches du premier Clavier dit du Poſitif. *L L* eſt la traverſe de derriere du cinquieme Clavier. On y voit ſa rainure, dans laquelle entrent les bouts des touches, dont quelques-unes y ſont repréſentées & arrêtées avec leurs goupilles. On y remarque les petits trous pour poſer les autres goupilles. *M M*, la traverſe du derriere du quatrieme

Clavier, où il y a auſſi quelques touches. *N N*, celle du troiſieme Clavier, qui tient quelques touches. *O O*, celle du ſecond Clavier, qui a également quelques touches ; & *P P P*, celle du premier Clavier où l'on voit auſſi quelques touches. *Q Q* eſt la large traverſe du premier Clavier, ſur laquelle eſt collée une bande de drap *e e*. *R R*, la petite traverſe du ſecond Clavier. *S S*, celle du troiſieme. *T T*, celle du quatrieme ; & *Y Y*, celle du cinquieme. On colle une bande de drap ſur toutes ces petites traverſes.

357. On voit en *r r r*, comment les talons entre les premier & ſecond Claviers ſe rencontrent l'un ſur l'autre, auſſi-bien que ceux *s s s* des ſecond & troiſieme Claviers. Il faut remarquer comment les Demoiſelles *f* du ſecond Clavier y ſont accrochées & traverſent les touches ſupérieures des troiſieme, quatrieme & cinquieme Claviers ; comment les Demoiſelles *g*, qui appartiennent au troiſieme Clavier, paſſent au travers des touches des quatrieme & cinquieme ; & celles *h* du quatrieme Clavier traverſent les touches du cinquieme. Il eſt à obſerver que les mortaiſes des touches au travers deſquelles paſſent les Demoiſelles *g*, qui appartiennent au troiſieme Clavier, ſont un peu longues ; ce qui eſt néceſſaire pour que les Demoiſelles ne ſoient point gênées lorſqu'on avance ou qu'on recule ce troiſieme Clavier. *d c* & *b a* ſont les tenons qui tiennent & lient enſemble les Claviers, & qui ſont fixés ſur le ſecond Clavier. La ſeule inſpection de la figure peut faire entendre tout le reſte.

358. La *figure 2* repréſente en perſpective & de grandeur naturelle une touche avec ſon talon collé deſſous & ſes deux échancrures *a* & *b*, qui forment la place des guides, dont un eſt repréſenté en la *fig. 7*. La *fig. 3* eſt une autre touche dont le talon eſt collé par deſſus. On voit en *c*, comment ſont faits les bouts des touches qui entrent dans la rainure de la traverſe de derriere. La *fig. 4* repréſente une feinte, dont on a détaché le talon *d*, qui étoit collé en deſſous. La *fig. 5* repréſente deux Demoiſelles ; & la *fig. 6* une goupille pour arrêter les bouts des touches dans leur rainure. Ces trois dernieres pieces ſont encore dans leur grandeur naturelle. Je n'entrerai point préſentement dans un plus grand détail. Je réſerve à expliquer dans la ſeconde Partie comment il faut s'y prendre pour bien exécuter les Claviers, quelles regles il faut y obſerver, comment on les diviſe, &c. mon but n'ayant été ici que de les faire entendre.

Le Clavier de Pédale.

359. *Le Clavier de Pédale* eſt celui qu'on touche avec les pieds, & dont le mouvement fait ouvrir les Soupapes du Sommier des *Pédales*. La *fig. 1* de la *Planche XLIV* repréſente en perſpective un Clavier ordinaire de

Pédale, dont une partie de la Table *Q O Q P*, est entiere & l'autre comme cassée & enlevée pour laisser voir les pieces qu'elle couvroit. *B A D S F* est le Chassis. *A B* est la traverse dans laquelle est la rainure, qui contient les *marches G* 4, *G* 4, *G* 4, &c. *H H* sont les *pioches* ou goupilles qui maintiennent les marches dans leur rainure. *S R D* est le battant ou côté du Chassis. *F* est une autre traverse dans laquelle on voit quantité de petits trous. *R* est une autre traverse dont on ne voit que le tenon de son assemblage. celle-ci, avec la traverse *F*, contiennent dans leurs trous les guides ou pointes de fil de laiton pour assujétir les marches. Ces traverses servent encore pour que les marches n'enfoncent pas trop & ne se relevent pas trop. La traverse *R* reçoit de plus & assujétit le bout des ressorts qui font relever les marches, comme nous le verrons bientôt.

360. *I I I I I I* sont les touches, qui passant par des ouvertures faites dans la Table, paroissent au dessus, comme on le voit en cette partie *P Q O Q*, qui n'est pas enlevée. *L L L L L* sont les *feintes* aussi-bien que *M M. Q* & *Q* sont des vis qui fixent la Table au dessus du Chassis. *D* & *S* sont les trous des vis qui y seroient si la Table étoit entiere. *E e*, les queues d'aronde pour assembler le Chassis. 4, 4, 4, 4, 4, 4, 5, 5, 5, 5, sont les bouts des marches. On y voit un petit anneau à chacune, auquel on accroche le tirage, qui va jusqu'aux Soupapes. J'ai mis sur chaque touche le nom de la note qui lui convient : du reste cette figure ne représente qu'un Clavier de Pédale bien ordinaire ; car il n'est pas beaucoup étendu, il est sans *Ravalement*, &c. Pour mieux entendre cette construction, il faut voir les figures de la Planche suivante, qui en détaillent les pieces.

361. La *Planche XLV*, *fig.* 1, représente en profil géométral toute la disposition de ce Clavier de Pédale, qui est la moitié de la grandeur naturelle, aussi-bien que les autres figures de la même Planche. *S H* est le côté du Chassis, dont l'épaisseur est représentée en *F* au dessus de cette *fig.* 1 par l'espace compris entre les deux lignes verticales. *E H* (*fig.* 1) est la traverse de devant vue par le bout ; elle porte la rainure : *E* est la queue d'aronde de cette traverse. *S*, le bout d'une autre traverse, contre le dessous de laquelle appuient les marches élevées. *R*, large & forte traverse, au dessus de laquelle les marches appuient lorsqu'on les baisse. C'est entre ces deux traverses *R* & *S*, que se meuvent les marches, qui sont maintenues dans leur position & leur mouvement par les guides 6, 6. *G* 4, sont les marches, avec leur petit anneau 4, auquel s'accroche le tirage. *G D* 6, le ressort de fil de cuivre dont un bout *G* est rivé dans la marche, & l'autre est appuyé dans la petite rainure, faite avec une scie, au dessus de la traverse *R*. *H* est la pioche qui arrête la marche dans sa

PLANCHE
XLIV.

PLANCHE
XLV.

rainure. *L* est une touche appellée *feinte*, pour la distinguer des autres touches *I*. *Q Q* est la Table de ce Clavier de Pédale.

362. La *figure* 2 représente en perspective les traverses des côtés du Clavier de Pédale. *E* est la queue d'aronde intérieure dans laquelle s'assemble la grande traverse *A H B* (*fig.* 3), par la queue d'aronde extérieure *E. S* (*fig.* 2), est une entaille dans laquelle on assemble la traverse *S* (*fig.* 1). *R* (*fig.* 2), est une mortaise dans laquelle est assemblé le tenon de la traverse *R* (*fig.* 1). Au dessus de ce morceau de traverse (*fig.* 3) représenté en perspective, & qui porte la rainure, on voit de petites entailles *H*; c'est pour noyer le pli de la tête des pioches, qui tiennent les marches; par ce moyen la Table du Clavier joint bien sur le Châssis. La *fig.* 4 représente en perspective une marche *G* 4 avec sa touche *L*, qui est une feinte. On voit en *K*, de grandeur naturelle, l'épaisseur de toutes les touches & des feintes. 4 est le petit anneau du bout des marches. La *fig.* 5 représente en perspective une autre marche *G* 4 avec sa touche *I*. On voit en *M N* la largeur & l'épaisseur de grandeur naturelle de toutes les marches. *N* est l'anneau vu de profil. *T V* le ressort qu'on rive par le bout *V* au dessus de la marche, comme on le voit en *G* (*fig.* 1). Ce bout *V* est représenté droit avant d'appliquer le ressort à la marche, mais recourbé, lorsqu'il est attaché & rivé à la marche, comme les points que l'on voit l'indiquent. L'autre bout *T* est un peu bombé, afin qu'il glisse mieux dans sa rainure. La *fig.* 6 représente séparément & en perspective la touche *I*, & la feinte *L*, avant qu'on les arrête sur les marches.

Les Abrégés & les Tirages, qui portent le mouvement des Claviers aux Soupapes des Sommiers.

Abrégé ordinaire.

363. *L'Abrégé* est ainsi appellé, parce qu'il réduit, pour ainsi dire, la longueur du Sommier, auquel il est relatif, à celle du Clavier. C'est-à-dire, que quoique le Clavier n'ait ordinairement qu'environ deux pieds de longueur, & qu'un grand Sommier, étant divisé en quatre parties, puisse avoir jusqu'à 25 pieds & plus; cependant au moyen de l'Abrégé, les tirages du Clavier vont à plomb jusqu'aux Soupapes du même Sommier; en sorte qu'il semble par-là que la longueur du Sommier soit abrégée & réduite à celle du Clavier; c'est ce qu'il faut expliquer. La *fig.* 1 de la *Planche XLVI* représente en perspective un Sommier, divisé en deux parties *D* & *E*. Ce Sommier est sans Registres, sans Chapes, &c. Tout cela ne nous serviroit de rien pour faire entendre ce dont il s'agit. *G F* sont les Layes ouvertes de ce Sommier. *c d K H f* est l'Abrégé. *A* est

une

une partie du Clavier : *C*, les *Vergettes* inférieures qui vont au Clavier ; (les Vergettes font de petites verges ou tringles de bois, qui ont ordinairement environ trois ou quatre lignes de largeur fur une ligne d'épaiſſeur) elles font garnies à chaque bout d'un morceau de fil de laiton, pour pouvoir, par ce moyen, les accrocher par tout où il convient. *f g* font les Vergettes fupérieures qui vont aux Soupapes ; & correfpondent aux inférieures. *d d* font les *Rouleaux d'Abrégé*. Ce font des bâtons de bois, octogones, d'environ un pouce de groſſeur, avec un pivot de fil de laiton à chaque bout, fur lefquels pivots ils roulent. Ces rouleaux font garnis encore de deux petits bras de gros fil de fer, comme l'on voit en *r*, & *S*, (*fig. 3*). Ces petits bras s'appellent *Fers d'Abrégé*, qui ont deux ou trois pouces de longueur & un petit trou au bout, pour y accrocher le fil de laiton dont on garnit les bouts des Vergettes. Voyez la *fig.* 2 de la *Planche XLIV* ; c'eſt un de ces fers d'Abrégé dans toute ſa grandeur, dont le bout eſt applati & percé. Remarquez auſſi la *fig.* 7, qui eſt un bout de Vergette *a*, dans toute ſa groſſeur. Elle eſt garnie de ſon fil de laiton *b*. Les rouleaux (*Pl. XLVI, fig.* 1), tiennent en leurs places par leurs pointes ou pivots dans des tourillons *c c c c*, qui font fichés & collés fur la Table d'Abrégé *K H*. Ces Tourillons *N* (*fig.* 4) font faits en bois, & font percés d'un petit trou *h*, pour recevoir le pivot du rouleau d'Abrégé. *i* eſt le tenon rond & cylindrique qui entre bien juſte & collé dans la Table de l'Abrégé. Il y a de ces Tourillons qui font doubles, c'eſt-à-dire, au double plus épais pour recevoir & porter deux rouleaux d'Abrégé. Voyez la *fig.* 3. *O* eſt ce Tourillon double, fur lequel portent les deux morceaux *Q P* de rouleaux d'Abrégé. La *fig.* 4 repréfente en *M* une autre efpece de Tourillon, qui eſt en cuivre, de demiligne d'épaiſſeur. Il eſt des Facteurs qui les préférent aux Tourillons de bois.

364. Si l'on baiſſe la derniere touche *t* du Clavier *A* (*fig.* 1), la Vergette inférieure *b C u* baiſſera pareillement, auſſi-bien que le bras ou fer d'Abrégé *a* ; celui qui eſt à l'autre bout *h* du dernier rouleau *a h* à droite baiſſera de même, & tirera en en bas la vergette fupérieure *h ʒ*, laquelle étant accrochée à l'ofier de la premiere Soupape *p* du Sommier *E*, elle le fera baiſſer & fera ouvrir le paſſage au vent dans la gravure lorfque celui-ci remplit la Laye. Pareillement, fi l'on baiſſe la premiere touche *m*, la Vergette inférieure *p x* baiſſera auſſi, fera un peu tourner le rouleau *g d*, qui eſt à gauche, & la Vergette fupérieure *V* fera ouvrir ſa Soupape correfpondante *e*. Si l'on baiſſe la feconde touche de ce Clavier, qui eſt une feinte, ſa Vergette correfpondante fera baiſſer le bras *y*, du premier rouleau *y f*, qui eſt à droite ; le bras *f* baiſſera de même, & la Soupape *n* du Sommier *E* s'ouvrira. On voit dans cette figure deux touches baiſſées *o l* ; on

n'a qu'à fuivre leurs Vergettes & leurs rouleaux, on trouvera que la touche *o* fait ouvrir la Soupape *F*; & la touche *l*, la Soupape *G*.

365. Tous les Abrégés ne fe font pas toujours en rouleaux de bois. On les conftruit en rouleaux de fer dans de très-petites Orgues, ou lorfqu'on n'a pas affez de place pour les faire en bois, ce qui peut arriver pour de grandes Orgues, dans certaines circonftances. Les rouleaux de fer fe font en fil de fer d'une groffeur proportionnée à leur longueur; ce qui peut aller depuis deux lignes de diametre jufqu'à 4 ou 5 ou 6 lignes. Il y a deux manieres de les conftruire; felon la premiere on plie à l'équerre les deux bouts du fil de fer pour former les deux bras *A & B*, comme en la *fig.*

2 de la *Planche XXXIX*; on les attache fur la Table d'Abrégé par les deux pitons *C & D*, faifant en forte qu'ils ne balottent point, & que pourtant ils foient bien libres. On voit féparément deux de ces pitons de fil de laiton *I & K*, qui font différents. La feconde maniere de conftruire ces rouleaux de fer, & qui eft certainement la meilleure, eft repréfentée dans la *fig.* 3 de la même *Planche XXXIX*. On y voit les deux bras *E F*, qui font rivés vers les extrémités du rouleau, lequel eft terminé à chaque bout en pivot *G & H*, foigneufement limé. On les attache à la Table d'Abrégé au moyen des Tourillons de cuivre *M* (*fig.* 4, *Pl.*

XLVI); on a foin de les faire petits, ou forts, à proportion de la groffeur des rouleaux.

366. On difpofe les Abrégés de bien des manieres, felon les arrangements différents de Jeux fur le Sommier. Lorfque les Abrégés doivent porter le mouvement des touches confidérablement loin, on divife les rouleaux en deux ou trois parties, c'eft-à-dire, qu'un Abrégé en tire un autre. Ce qu'on eft obligé de faire, parce que des rouleaux fort longs fe déjetteroient & viendroient à fe toucher & froiffer les uns contre les autres. L'Abrégé qui eft repréfenté ici eft un des plus fimples, mais fuffifant pour en faire entendre la fonction & les effets. Je ne dirai rien ici de tout ce qu'il faut obferver pour l'exécution de cette machine, qui demande beaucoup de précaution & de foins. Cela regarde la feconde Partie de cet Ouvrage.

Abrégé des Pédales.

367. Les Abrégés pour le Clavier & les Sommiers de Pédale font faits autrement. Il y a des Facteurs d'Orgues qui les conftruifent en rouleaux, ce qui eft fujet à de grands inconvéniens. Ce Clavier doit communiquer fon mouvement ordinairement bien loin, parce que l'on place toujours les Sommiers de Pédales aux extrémités du grand Buffet de l'Orgue. Sans entrer préfentement dans les raifons qu'ont les Facteurs intelligents de rejetter cette méthode, je ne décrirai que la meilleure, la plus ordinaire

& la plus propre à porter le mouvement aussi loin que l'on voudra sans
inconvénient.

368. La *figure* 2 de la *Planche XLVI* repréfente le tirage de deux touches feulement d'un Clavier de Pédale, pour le faire entendre fans confufion. J'ai mis ce mot (*fig.* 2), en trois endroits, pour faire voir que c'eft la même figure. 1, 1 eft un Clavier de Pédale. *F* & *E* le Sommier de Pédale divifé en deux parties que je fuppofe placées aux deux extrémités d'un Buffet d'Orgue, & fort éloignées du Clavier de Pédale. Voici comment fe fait le tirage. La touche 2 fait baiffer la Vergette 5, qui fait tourner un peu *l'équerre* 6; cette équerre a deux bras ou *fers d'Abrégé*; à l'un eft accrochée la Vergette 5; & la Vergette 6, 7 eft accrochée par le bout 6 à l'autre bras. Cette Vergette 6, 7 eft accrochée par le bout 7 à un des bras de l'équerre 7, 8, qui tire par fon autre bras la Vergette 9, 10 accrochée à un des bras de l'équerre 10; l'autre bras tire la Vergette 11; & celle-ci étant accrochée à un des bras du *rouleau d'Abrégé* 12, l'autre bras de ce rouleau qui tient une Vergette tire la Soupape & la fait ouvrir. Ces équerres ont leurs deux bras à angles droits, excepté celles comme 10, qui font un angle *aigu*, afin que tous les tirages fe faffent à angles droits; ce que j'expliquerai lorfqu'il s'agira de la conftruction.

369. La *Feinte* 3 tire la Vergette 4, qui faifant tourner l'équerre 13, tire horizontalement la Vergette 13, 14; l'équerre 14, 15, fait defcendre la Vergette 15, 16, & au moyen de l'équerre 16, 17, la Vergette 17 fait tourner le rouleau d'Abrégé 18, qui par fon autre bras 19, fait ouvrir la Soupape.

370. Il faut s'imaginer que la planche *A* contient autant d'équerres qu'il y a de touches au Clavier de Pédale. On y apperçoit les trous pour les placer. Les deux morceaux de bois 20 & 21 fervent à retenir une autre planche femblable à celle *A*; & c'eft entre ces deux planches que toutes les équerres font retenues pouvant tourner librement fur leurs deux pivots. Cette piece ainfi montée s'appelle une *double Echelle*, parce qu'elle contient deux rangs d'équerres. Les quatre autres planches *H I B C*, s'appellent *Echelles fimples*, parce qu'elles contiennent un fimple rang d'équerres. On voit à celle *H* les deux morceaux de bois *H* 26, pour retenir une autre planche femblable; ce qui maintient toutes les équerres; il en eft de même des planches *I, B & C.*

371. La *figure* 3 de la *Planche XLIV* repréfente en perfpective, & plus en grand, une partie de la double échelle avec l'arrangement des équerres & de leurs Vergettes. Il faut s'imaginer que les bouts des marches du Clavier de Pédale font accrochés aux bouts des Vergettes *a g b h c i l k e d f m.* Si l'on baiffe, au moyen de la touche, la Vergette *a*, qui eft accrochée au bras horizontal de l'équerre *n*; celle *A* correfpondante,

PLANCHE XLVI.

PLANCHE XLIV.

Planche
XLIV.

qui eft accrochée à l'autre bras vertical de la même équerre *n*, tirera de gauche à droite. Si cette Vergette *A* eft prolongée jufqu'à ne faire qu'une avec la Vergette 1 (*fig.* 5) de l'échelle fimple, on doit concevoir que la Vergette 2, fa correfpondante, qui eft accrochée à la même équerre *p*, doit tirer en enbas. De même la Vergette *b* (*fig.* 3) qui eft accrochée au bras horizontal de l'équerre *q*, baiffant, fera aller de gauche à droite celle *B* fa correfpondante, qui eft accrochée à l'autre bras vertical de la même équerre *q*, & la même Vergette *B* étant prolongée jufqu'à 3 (*fig.* 5); la Vergette 4, fa correfpondante, tirera en enbas. Il en fera de même des autres Vergettes *c l e f*, tandis que chacune baiffera, leurs correfpondantes *C D E F* tireront de gauche à droite. Celles-ci fuppofées prolongées jufqu'à 5, 7, 9, (*fig.* 5), leurs correfpondantes 6, 8, 10, tireront en en bas. S'il y a encore un coude à paffer pour aller jufqu'à l'Abrégé du Sommier, on fe fervira d'une autre échelle fimple, qui recevant le mouvement de la précédente échelle fimple (*fig.* 5), le tranfmettra jufqu'à l'Abrégé ; ce qui eft repréfenté, comme nous l'avons vu, dans la *fig.* 2

Planche
XLVI.

de la *Planche XLVI*.

372. Il eft ordinaire de partager les Jeux de Pédale, & d'en pofer la moitié d'un côté de l'Orgue & l'autre moitié de l'autre ; c'eft-à-dire, qu'on fait deux Sommiers de Pédale pour pofer & partager ces Jeux. On a déjà pu remarquer en la *fig.* 3 de la *Planche XLIV*, que les Vergettes

Planche
XLIV.

a b c l e f tirent & aboutiffent au Sommier de Pédale à gauche, & les autres *g h i k d m* tirent les Soupapes du Sommier pofé à droite. La Vergette *g* fait baiffer le bras horizontal de l'équerre *r* ; alors l'autre bras vertical de la même équerre tire de droite à gauche la Vergette *G*. Celle-ci va aboutir à une échelle fimple, qui n'eft pas repréfentée, & qui eft de même que celle qu'on voit à gauche. Semblablement la Vergette *h*, faifant tourner l'équerre *t* de droite à gauche, la Vergette *H* fuit ce même mouvement. Il faut concevoir la même chofe des autres Vergettes *i k d m*, qui font tirer de droite à gauche les Vergettes correfpondantes *I K L M*.

373. La *figure 6* repréfente en perfpective le morceau de bois marqué *Q* en la *fig.* 3. On y voit (*fig.* 6) le tenon *R*, par lequel il eft affemblé, collé & chevillé fur fa planche. Le bout *S* entre dans la feconde planche, laquelle y eft arrêtée par une cheville quarrée ou *clavette* qu'on enfonce par deffus cette feconde planche dans le trou quarré *S*. La hauteur ou diftance de *R* à *T* défigne l'efpace convenable entre les deux planches, qui eft de deux pouces ou environ. Chaque échelle a à chaque bout un morceau de bois femblable. Du refte, on peut démonter aifément cette feconde planche, en ôtant les deux clavettes. La *fig.* 4 repréfente en perfpective une équerre garnie de ces deux bras de fil de fer,

&

& de fes deux pivots de fil de laiton ; elle eft de moitié grandeur naturelle.

374. Après le peu que j'ai dit de cette maniere de conftruire les tirages des Pédales, on conçoit qu'elle eft propre à communiquer le mouvement à telle diftance qu'on voudra, fans qu'il en réfulte aucun inconvénient ; mais elle demande des foins & des précautions pour l'exécution ; c'eft ce que j'expliquerai dans la feconde Partie de cet Ouvrage.

Mouvements relatifs au Clavier du Pofitif.

375. Le Clavier du Pofitif fait ouvrir les Soupapes de fon Sommier d'une façon différente, en ce qu'il *foule* & que les autres Claviers *tirent*. On voit en *A fig.* 6 de la *Planche XLVI*, une partie d'un Clavier de Pofitif. *B* eft une touche baiffée. *C* eft un bout du *guide*, qui eft, comme nous l'avons vu art. 351, une tringle ou regle de bois percée d'autant de trous qu'il y a de touches. *C D* eft un Pilote, dont le bout fupérieur *C* paffe à travers le guide & foutient la touche, & le bout inférieur *D* eft garni d'une petite pointe de fil de laiton, par laquelle il eft arrêté dans un trou fait au bout *D* de la *Bafcule D E*. Cette Bafcule eft une tringle de bois de cinq à fix lignes d'épaiffeur fur environ 15 à 18 lignes de largeur. On augmente ou l'on diminue cette largeur felon que les Bafcules font longues. Elle eft pofée vers fon milieu fur un *Chevalet F*, au moyen d'une pointe de fil de fer fichée fur l'arête fupérieure du Chevalet ; laquelle pointe eft reçue dans un trou fait vers le milieu de la Bafcule ; de façon qu'elle peut fe baiffer librement & fe rehauffer par le bout *D*, & fe lever & baiffer par l'autre bout *E*. Le *Chevalet* eft une tringle de bois d'une longueur fuffifante à pouvoir contenir fur fon dos toutes les Bafcules, & qui porte le même nombre de pointes. *G E* eft la Laye d'un Sommier de Pofitif. On voit affez que quand la touche *B* baiffe, le Pilote *C D* baiffe auffi & fait baiffer le bout *D* de la Bafcule *D E* ; & qu'en même temps le bout *E* s'éleve & fait lever la Soupape ; ce qui donne le paffage au vent dans la gravure du Sommier. Ces Bafcules fe pofent deffous le plancher qu'on voit entre le grand & le petit Buffet, & fur lequel on place le fiege de l'Organifte. Leur enfemble a la forme d'un *éventail* ; c'eft-à-dire, qu'elles font affez ferrées entre elles par le bout qui eft du côté du Clavier & écartées du côté du Sommier. Il eft ordinaire de mettre quelques rouleaux d'Abrégé à ces mouvements, parce qu'il y a toujours des tuyaux tranfpofés fur le Sommier. J'expliquerai tout cela dans la fuite.

PLANCHE
XLIV.

PLANCHE
XLVI.

Les Tirants , les Pilotes tournants & les Balanciers.

376. Après avoir expliqué la fonction des Claviers & comment ils font ouvrir les Soupapes, il s'agit de faire entendre l'effet des *Tirants*. Ce font des bâtons ou tringles de bois, d'environ 10 lignes en quarré, dont les bouts extérieurs, garnis de *pommettes*, paroiffent aux deux côtés de la fenêtre du Clavier. Leur fonction eft de faire ouvrir ou fermer les Jeux, en tirant ou enfonçant les Regiftres des Sommiers. Les Tirants communiquent leur mouvement aux Regiftres ; auffi appelle-t-on le plus fouvent les Tirants fimplement *Regiftres*. Quand l'Organifte veut toucher l'Orgue, il fe propofe de faire jouer certains Jeux ; il en ouvre les Regiftres en tirant leurs Tirants ; & lorfqu'il a fini de toucher, il pouffe ou ferme ceux-ci, & il en ouvre d'autres felon fa volonté & les regles de fon art. Il y a des Tirants pour le *grand Sommier* ; il y en a pour les *Pédales*, pour l'*Echo*, pour le *Récit*, pour le *Pofitif*, &c. Je vais expliquer la méchanique des uns & des autres, & faire remarquer ce que chacun a de particulier.

Les Tirants relatifs au grand Sommier.

377. *A B* fig. 1, (*Planche XLVII*) eft un Tirant qui paffe au travers de la planche percée *N K*. Il tient en *B* par un enfourchement, & eft arrêté par une pioche au bras *C B* du *Pilote tournant* de bois *C D*. Ce Tournant eft affujetti par fes deux pivots ou Tourillons *a* & *b*, entre deux fortes traverfes, qui ne font pas repréfentées ici ; ce Tournant a un autre bras *D*, ordinairement de moitié plus court que celui *C B*. Au bras *D* eft accroché un enfourchement *D E* par le bout *D* ; & l'autre *E* eft accroché au *Balancier* de fer *E F G*. Ce Balancier eft fufpendu fur & au travers d'une mortaife faite dans la planche *F*, qui eft folidement arrêtée entre les deux Sommiers *I G H*. Le bout fupérieur du Balancier eft terminé en maniere de pivot ou Tourillon qui entre dans l'enfourchement adhérent aux deux Regiftres des deux Sommiers *I* & *G*. Il faut imaginer qu'on tire le bout *A* du Tirant *A B*, qui faifant tourner le Pilote tournant *a b*, fait aller l'enfourchement *D E* de gauche à droite. Le bout *E* du Balancier fuit le même mouvement ; fon bout fupérieur *G* va de droite à gauche, & entraîne le Regiftre également de droite à gauche.

378. C'eft ainfi qu'on place ordinairement les Balanciers entre deux Sommiers quand ils font divifés en quatre parties ; car s'ils ne le font qu'en deux, les Balanciers fe pofent, non entre les Sommiers, mais aux extrémités extérieures de l'un & de l'autre, moitié d'un côté, & moitié de l'autre. La *fig.* 2 repréfente plus en grand un de ces Balanciers. On y voit en *L* fon Tourillon fur lequel il fe meut. Le bout *M*

eſt arrondi cylindriquement. Le bout inférieur *O* n'a qu'un peu plus
d'une ligne d'épaiſſeur, & eſt percé de deux ou trois trous, pour mettre
la pioche à celui qui convient le mieux au *mouvement.* La *fig.* 6 eſt cette
pioche, qui eſt de fil de fer aſſez gros. La *fig.* 8 fait voir comment le
Balancier tient à ſa planche, au moyen de ſon Tourillon entaillé & arrêté
par un *cramponet* à chaque bout. On voit en *G* la mortaiſe découverte
pour faire entendre comment elle eſt évaſée en deſſous pour laiſſer mouvoir librement le Balancier. On y apperçoit auſſi l'entaille pour recevoir
le Tourillon, auſſi-bien que les deux petits trous dans leſquels on fiche
les deux pointes du cramponet, pour empêcher que le Tourillon ne ſorte
de ſa place.

379. On ſe ſert quelquefois d'un fort ſoliveau au lieu d'une planche pour
poſer les Balanciers. La *fig.* 4 repréſente plus en grand un Pilote tournant en bois avec ſes deux bras de fer & ſes deux pivots. On voit dans
la *fig.* 11 un de ces bras de fer, qui tient dans un enfourchement auquel
il eſt arrêté par une pioche. La *fig.* 13 repréſente un Tirant avec ſa pommette d'un bout & un enfourchement de l'autre ; & la *fig.* 12 fait voir
la pommette ſéparée de ſon Tirant.

Les Tirants relatifs aux Sommiers de Pédale.

380. La *figure* 3 repréſente comment on ouvre les Jeux des Pédales.
Le mot *fig.* 3 eſt répété trois fois en différents endroits, pour faire entendre que c'eſt la même figure. *P* eſt un morceau de Sommier de Pédale, & *Q* eſt l'autre partie. Ces deux pieces de Sommier n'en font qu'un.
Z Y eſt un Tirant qui paſſe au travers de la planche percée *Z J.* Il eſt
accroché par le bout *Y* au bras *X Y* du Tournant *X U,* qui porte un
autre bras plus petit *U,* lequel entre dans une mortaiſe faite dans la longue tringle *V T.* Cette tringle, qui a ordinairement un pouce en quarré
ou davantage, eſt aſſez longue pour atteindre juſqu'aux deux Sommiers
de Pédale *P & Q.* C'eſt-là qu'elle eſt accrochée de chaque bout aux bras
V & T des Tournants ordinairement de fer *V R & T S.* Ces Tournants
portent en leur partie ſupérieure un autre bras qui eſt coudé en en bas
pour accrocher le bout du Regiſtre du Sommier. Voyez la *fig.* 5 qui repréſente plus en grand ce Tournant de fer. La piece (*fig.* 9) ſe rive à
chaud dans une mortaiſe en *u* (*fig.* 5) ; & l'autre piece (*fig.* 10) ſe
rive auſſi à chaud en *t* (*fig.* 5). Ce tournant (*fig.* 5) a ſon pivot ſupérieur plus long que l'inférieur, pour l'ôter facilement de ſa place en le
rehauſſant, lorſqu'il eſt néceſſaire de le démonter.

381. Lorſqu'on tire le Tirant *Z Y* (*fig.* 3) accroché au bras *X Y* du
Pilote tournant *X U,* celui-ci tourne de gauche à droite, & par conſé-

quent le petit bras supérieur *U* suivant ce mouvement, entraîne la longue tringle quarrée *V T* dans la même direction, qui fait tourner à gauche le Pilote tournant *V R* ; & à droite l'autre Pilote tournant *T S*. Celui *V R* enfonce le Regiſtre de ſon Sommier ; & l'autre *T S* tire en dehors le Regiſtre du ſien dans le même temps ; ce qui ouvre le même Jeu ſur les deux Sommiers.

382. Pour cet effet, quand on met les *reperes* aux Regiſtres, on doit prévoir s'ils doivent ouvrir les trous en tirant ou en pouſſant, ſelon la diſpoſition des *mouvements* ; & on les poſe en ſorte que lorſqu'on tire un Tirant, on ouvre toujours le Jeu, & lorſqu'on le pouſſe, on le ferme toujours. Il eſt des Orgues où l'on met deux Tirants, un de chaque côté du Clavier pour ouvrir le même Jeu de Pédale ; mais cela n'eſt pas ſi bien.

Les Tirants relatifs au Sommier du Poſitif.

383. A l'égard des Jeux du Poſitif, on les ouvre ou on les ferme par la même méchanique, mais diſpoſée un peu autrement. La *fig.* 7 la repréſente. *A* eſt un Sommier de Poſitif. *B* eſt ſa Laye fermée. Si l'on tire le Tirant *F E*, on fera tourner à gauche le Pilote tournant *E D*, lequel tirant la tringle ou bâton quarré *D C*, fait tourner à gauche le Pilote tournant *C*, qui étant accroché au bout ſaillant du Regiſtre, le tire en dehors, & par ce moyen il ouvre le Jeu. Ce Tournant *C*, qui eſt ordinairement de fer, a ſon bras ſupérieur en crochet, comme celui de la *fig.* 5. A l'égard des Tirants & mouvements pour l'Echo & pour le Récit, on les diſpoſe de pluſieurs manieres différentes, qui reviennent toujours à celles que j'ai décrites, étant les plus ordinaires.

S E C T I O N   I V.

La Soufflerie & les Porte-vents.

384. On nomme la *Soufflerie* de l'Orgue non ſeulement l'enſemble d'un certain nombre de Soufflets pour fournir le vent néceſſaire à l'Orgue, mais encore le lieu où l'on place les Soufflets. Ce lieu doit être le plus près de l'Orgue qu'il eſt poſſible, & garanti des excès des températures de l'air, comme du froid exceſſif, des grandes chaleurs & de l'humidité, par des moyens que je pourrai indiquer dans la ſuite. Il ſuffira pour le préſent de décrire la conſtruction des Soufflets & de leurs *goſiers*, & enſuite la Soufflerie toute montée.

Les Soufflets.

385. Les Soufflets des Orgues ſont différents des Soufflets ordinaires ; tels qu'on les emploie dans les Forges des Serruriers & à quantité d'au-

tres

tres usages ; ceux-ci ne feroient parler que très-imparfaitement les tuyaux
d'Orgues. Il faut un vent plus vif & plus ferme. Ceux des Orgues sont
à *plis de bois*. La *fig.* 2 de la *Planche XLVIII* en représente un tout
ouvert & dans la situation où il doit être lorsqu'il donne du vent. *A B*
est la Table de dessus. *H*, la Table de dessous. *G*, les plis, au nombre de
quatre *plis saillants*, qui font cinq *plis rentrants*. Ils sont faits de planches minces qui sont liées ensemble par des bandes de peau blanche de
Mouton, & collées avec de la colle-forte. *D* est la *queue* du Soufflet où
s'accroche le *tirage* pour lever la Table. *C* est une pierre de taille que
l'on met sur la Table, pour rendre le vent assez vif par cette pression.
E F sont deux grosses barres de bois fixées sur la Table, pour assujettir
& arrêter la pierre. *A* est une petite tringle de bois clouée sur le bord
de la *tête du Soufflet* pour garantir la peau qu'on est obligé d'y coller.
H est un morceau de gros soliveau, sur lequel on arrête le bout de la
Table de dessous. *Q Q*, le *grand Porte-vent*, garni de tous les Gosiers
R R.

386. On voit dans la *fig.* 3 le dessous du même Soufflet tout fermé.
H est la *Table* de dessous. *K K K* sont trois barres collées & clouées en
travers sur la Table pour empêcher qu'elle ne s'envoile. *I I*, les deux ouvertures pour recevoir les deux Gosiers, que je décrirai bientôt. *L* est une
grande ouverture garnie d'un Chassis à quatre Soupapes, dont la fonction
est de donner une libre entrée au vent dans le Soufflet & de l'y enfermer,
en sorte qu'il n'en peut sortir que par les ouvertures *I I*.

387. La *figure* 4 représente plus en grand ce même Chassis, vu par
dessus avec ses Soupapes. *O O* est le *bâti* de ce Chassis, dans lequel il
y a un assemblage qui forme une croix, avec quatre ouvertures, garnies
& recouvertes des quatre Soupapes. *V V*, deux Soupapes fermées comme
elles le sont lorsque le Soufflet souffle. *X*, une Soupape entr'ouverte, comme elles le sont lorsqu'on leve la Table supérieure du Soufflet. *P* est une
des quatre ouvertures dont on a ôté la Soupape. *M* est un morceau de
bois qu'on fixe entre les Soupapes, pour empêcher qu'elles ne se renver-
sent. On le voit représenté séparément en la *fig.* 6. On apperçoit de
grands trous sur les Soupapes. On les fait pour couper le fil du bois, lui
ôter sa force & empêcher par-là que les Soupapes ne s'envoilent. Du
reste, ces trous sont *coniques*, c'est-à-dire, qu'ils sont grands par le dessus
& petits au dessous ; ils sont recouverts & bouchés par la peau blanche qui
double la Soupape.

388. La *figure* 5 est un autre Chassis *O O*, dans lequel il n'y a qu'un
montant, ce qui ne forme que deux ouvertures avec deux Soupapes *N*
N. On y voit le morceau de bois *M*, qui ne laisse ouvrir la Soupape
qu'autant qu'il le faut. La *fig.* 7 représente séparément & un peu plus en

ORGUES.   H h

grand une de ces Soupapes. Du reste, les Soufflets sont soigneusement doublés en dedans en parchemin collé avec de la colle-forte, tant les plis que les Tables. La peau doit être double par-tout où l'on en met. Tout cela se pratique ainsi pour qu'il se perde moins de vent en bouchant tous les pores soit du bois soit de la peau. Je traiterai dans la seconde Partie de la construction des Soufflets avec toute l'étendue & le détail que cette portion de l'Orgue demande.

Les Gosiers.

389. Les Gosiers ont été imaginés pour que les Soufflets ne puissent aspirer l'air que par les grandes Soupapes qui sont posées au dessous de leur Table inférieure. Il falloit empêcher qu'un Soufflet, qui donne actuellement son vent dans le grand Porte-vent, ne pût le repomper quand on relève sa Table supérieure, ni celui des autres Soufflets actuellement jouants. La Soupape des Gosiers se fermant naturellement lorsque le Soufflet est tombé, l'air déjà contenu & comprimé dans le Porte-vent ne peut absolument rentrer dans le Soufflet. Or, s'il n'y avoit point de Gosiers, lorsqu'on leve un Soufflet, pendant qu'un ou plusieurs autres soufflent, l'air qui est comprimé dans le Porte-vent, rentreroit plutôt dans le Soufflet pour le remplir que l'air extérieur qui n'est pas comprimé; ainsi au lieu de fournir du vent tiré de l'air extérieur, il ne donneroit que celui qu'il auroit ôté de l'Orgue. C'est pour éviter ce grand inconvénient qu'on a ingénieusement inventé les Gosiers.

390. La *figure* 2 de la *Planche XLVIII* représente huit Gosiers *R R*, pour recevoir quatre Soufflets. Il n'y a dans cette figure qu'un Soufflet *A H* posé en place sur deux Gosiers, en sorte qu'il n'y a que six Gosiers qui soient visibles; les deux autres sont presque cachés par le Soufflet. La *fig.* 8 représente séparément & en perspective un de ces Gosiers. *a b* est une *feuillure* pour poser le Gosier sur le grand Porte-vent. *d* est l'ouverture par où le Soufflet dégorge son vent dans le Gosier, & par-là dans le grand Porte-vent. On voit, par cette ouverture, la Soupape qui est en dedans & entr'ouverte. *e f* est un morceau de bois, solidement arrêté contre le Gosier. Cette partie supérieure du Gosier, depuis *e f* jusqu'en haut, entre dans le Soufflet, qui repose sur ce morceau de bois *e f*.

391. La *figure* 9 est une *coupe* du Gosier, vu par le côté. *K* est l'intérieur du Gosier. *m*, le morceau de bois sur lequel le Soufflet porte. *l*, l'ouverture par où le vent entre dans le Gosier. On y apperçoit le profil de la Soupape, qui est représentée fermée. *n* est le couvercle qui bouche exactement le dessus du Gosier, afin que le vent ne puisse entrer que par l'ouverture *l*. La *fig.* 10 représente la planche du devant du Gosier du côté du dedans. On y voit la Soupape *g* entr'ouverte, comme elle se tient

lorfque le Soufflet fouffle. *h* eft le morceau de bois qui empêche que le
Gofier n'enfonce trop dans le Soufflet. La *fig.* 11 repréfente féparément
cette Soupape. On voit en *o p* la peau dont elle eft garnie, & qui fert
comme de charniere pour l'attacher au haut du dedans du Gofier, au
moyen de la petite tringle de bois (*fig.* 12).

Soufflerie toute montée.

392. La *figure* 1 repréfente une Soufflerie toute montée. *A A A* font
les Soufflets fermés ou abattus. *B*, le grand Porte-vent. *O O*, fupports fur
lefquels le Porte-vent eft pofé, pour qu'il ne touche point à terre. *C* eft
le fecond Porte-vent qui reçoit le vent du premier *B*. *U U*, les pierres
dont on charge les Soufflets. *L*, un Soufflet ouvert. *D E*, le grand *Treteau*
pour porter les *Bafcules* des Soufflets. *F G*, Bafcules. *F F F*, fupports entre lefquels font fupportés les *axes* ou Tourillons des Bafcules. *G G G*,
les cordes avec plufieurs nœuds pour tirer & baiffer les Bafcules. *H H*, les
bandes de fer avec un trou à chaque bout pour les accrocher à la queue
du Soufflet & au gros bout de la Bafcule au moyen d'un boulon de
fer.

393. *R P Q*, *Jumelles* verticales pour conduire les Bafcules, afin que
la maladreffe d'un Souffleur ne caufe aucun défordre à la machine. *V X*,
morceaux de bois mobiles fur leur bout fupérieur, qui fervent à accrocher & arrêter les Bafcules, pour tenir les Soufflets levés quand il le faut.
S T, *P I*, deux foliveaux dont celui *S T* eft fuppofé arrêté au plancher,
& l'autre *P I* eft fixé à terre. Ces deux foliveaux retiennent toutes les
Jumelles au moyen de leurs affemblages à tenon & mortaife. *K I*, Bafcule
abaiffée & arrêtée par le morceau de bois *X*, qui fe remet de lui-même
dans la fituation verticale auffi-tôt qu'on baiffe tant foit peu la Bafcule,
laquelle remonte fans aucun obftacle. La plûpart des Facteurs d'Orgues retranchent les *guides* des Bafcules des Soufflets, c'eft-à-dire, ces Jumelles
que je viens de décrire; mais ce n'eft pas mieux.

394. La *figure* 3 de la *Planche XLIX* repréfente plus en grand une
Bafcule avec fon Tourillon de fer *A*, que l'on voit féparément en la *fig.*
6, & fur lequel elle fe meut. *B* eft fon enfourchement au gros bout,
pour recevoir la bande de fer (*fig.* 7). La *fig.* 4 repréfente un morceau
du grand treteau avec fes deux fupports, pour porter une Bafcule. On
y voit la place du Tourillon. La *fig.* 5 eft un de ces fupports, auquel
on voit diftinctement l'entaille pour placer le gros Tourillon de la Bafcule,
& le grand tenon par lequel ce fupport eft affemblé fur le treteau. La
fig. 8 repréfente le morceau de planche de bois *C* qui fert à arrêter les
Bafcules des Soufflets lorfqu'elles font abaiffées. *D* eft un boulon à tête
large qui paffe librement dans le trou *E* de la planche *C*, & que l'on fiche

PLANCHE
XLVIII.

à force dans une des Jumelles , au derriere de laquelle on le rive , faisant en sorte que ce morceau de bois se tienne comme suspendu bien librement.

395. J'ai déjà dit (390) que les Gosiers sont assemblés sur le grand Porte-vent *Q Q* (*fig.* 2 , *Pl. XLVIII*). Le Porte-vent *S* reçoit le vent de celui *Q Q.* De *S* le vent passe dans la boîte du Tremblant doux *U T*, dont j'expliquerai bientôt la méchanique. De cette boîte le vent se distribue au Positif par le Porte-vent *I*, & dans le grand Orgue par celui *T K.* On pose ordinairement sur ce dernier Porte-vent le Tremblant fort *J*, dont je donnerai incessamment la description.

396. Tous les Facteurs d'Orgues ne font pas & ne disposent pas toujours les Gosiers comme je les ai représentés ; mais le principe en est le même. Le plus ordinairement on ne met qu'un seul Gosier à chaque Soufflet. Alors on le fait plus grand ; car il faut que l'ouverture de sa Soupape soit aussi grande que la capacité du Porte-vent sur lequel il est posé. Il est aisé de juger qu'une grande Soupape telle qu'il la faut , quand il n'y a qu'un Gosier , est plus sujette à s'envoiler qu'une petite ; ainsi il paroît plus avantageux de suivre la méthode de deux Gosiers dont les Soupapes sont de moitié plus petites. D'ailleurs deux Gosiers soutiennent mieux les Soufflets , qui alors n'ont pas besoin d'autres supports.

S E C T I O N V.

Les deux Tremblants.

Il y a dans l'Orgue le plus ordinairement deux *Tremblants* , l'un appellé le *Tremblant doux* , & l'autre nommé le *Tremblant fort* , que quelques-uns appellent le *Tremblant à vent perdu* , parce qu'il se perd un peu de vent lorsqu'il joue. Je vais décrire d'abord le Tremblant doux.

Le Tremblant doux.

397. Le Tremblant doux consiste en une Soupape garnie d'un poids attaché au bout d'un ressort, renfermée dans le grand Porte-vent, laquelle étant comme suspendue en opposition au passage du vent, & surmontée dans son poids & sa résistance par celui-ci, nage, pour ainsi dire, sur son cours, le modifie & lui communique une sorte de *balancement* ou de *libration* qui se transmet au son des tuyaux. Ceci s'entendra mieux par une description détaillée.

398. Le Tremblant doux est contenu dans une boîte, qui n'est autre chose qu'une augmentation de capacité du Porte-vent dans l'endroit où l'on veut le placer. La *fig.* 21 de la *Planche XLIX* représente cette boîte en perspective dont on a déchiré un côté pour en faire voir le dedans,

PLANCHE
XLIX.

B

est l'ouverture par où le vent entre dans la boîte par le grand Porte-vent qui y aboutit. *A* est une autre ouverture dans laquelle on assemble un autre Porte-vent, qui va au grand Sommier. *D* est celle où s'emboîte le Porte-vent qui va au Positif. *C* est un Chassis posé un peu en pente sur lequel est attachée la Soupape du Tremblant doux, garnie de son ressort & de son poids de plomb à son extrémité inférieure. *E* est un fer en façon d'une *Faux*, pour relever la Soupape lorsqu'on ne veut pas que le Tremblant doux joue. On comprendra mieux tout ceci par le détail de toutes les pieces.

399. La *figure* 9 représente le Chassis *F* garni de sa Soupape & de son ressort *G*. Ce Chassis est dans sa situation naturelle, comme s'il étoit dans sa boîte. La Soupape se tient ainsi fermée, lorsqu'on veut que le Tremblant doux joue. Le vent, qui vient de la Soufflerie aux Sommiers, fait entr'ouvrir cette Soupape, qui nage, pour ainsi dire, sur le vent, & lui communique le mouvement qu'elle prend elle-même au moyen de son ressort.

400. La *figure* 10 représente ce Chassis vu de face, garni en *I* de ses trois pitons de fer, pour retenir la Soupape. La *fig.* 12 représente un de ces pitons. La *fig.* 11 est la Soupape garnie de sa peau, doublée en *K*, où l'on voit les trous pour l'attacher aux pitons du Chassis. Lorsqu'on y a placé ainsi la Soupape, on met par dessus sa queue la petite planche mince (*fig.* 13) que les pitons traversent; & on arrête le tout au moyen des coins (*fig.* 14). En cet état la Soupape est solidement attachée & comme suspendue à sa place, & on peut l'ôter quand on veut; ce qui est quelquefois nécessaire. La *fig.* 15 fait voir séparément le ressort garni de son poids de plomb; & la *fig.* 17 le représente séparé de son poids *W*. Ce ressort est un fil de fer d'une grosseur convenable pour produire le balancement tel qu'on le desire. Plus ce ressort est gros ou court, plus son mouvement est accéléré; par conséquent plus il est long ou mince, plus il est lent dans ses vibrations. Ce ressort s'accroche ordinairement sur sa Soupape par quatre petits pitons (*fig.* 16).

401. Il y a des Facteurs qui sont dans l'usage de mettre à la Soupape du Tremblant doux un ressort fait d'une lame mince de laiton, comme celui *L* (*fig.* 18) où on le voit avec son poids. On l'attache à la Soupape au moyen de deux petits crampons *M* de fil de fer. La *fig.* 19 représente le fer en façon de Faux, pour relever la Soupape du Tremblant doux, lorsqu'on ne veut pas qu'il joue. On y voit le petit boulon qui lui sert d'axe, comme on peut le remarquer en *E* (*fig.* 21); & afin que le vent ne s'échappe point par la mortaise *E* (*fig.* 21) on y met une boursette qui embrasse le fer & dont la base est collée sur le bois *E*, & le sommet est lié avec du fil autour du fer. La *fig.* 20 est une planche un peu

plus étroite d'un bout que de l'autre, & coupée un peu en chanfrein aux deux côtés. Elle sert à fermer la boîte du Tremblant doux ; on l'enfonce dans sa place avec un marteau.

Tremblant fort.

402. Le Tremblant fort consiste en deux Soupapes posées dans une situation réciproquement opposée, qui, étant agitées par le vent, lui communiquent un mouvement de trépidation qui se fait sentir dans le son des

tuyaux. La *fig. 5* de la *Planche XLVI* représente géométralement un morceau du grand Porte-vent, où est appliqué le Tremblant fort. On a ôté une des quatre planches dont étoit construit ce Porte-vent, pour faire voir la méchanique intérieure du Tremblant fort. *C D* est le dedans du Porte-vent, & *A B* sont les planches des côtés. *G F E* est le profil du Tremblant fort en la partie qui est hors le Porte-vent. Il est composé de plusieurs pieces. *E* est un morceau de bois coupé en pente, appellé *le corps du Tremblant*, dans lequel il y a une ouverture quarrée qui a environ 5 pouces de hauteur sur quatre de largeur. Cette ouverture est bouchée par la Soupape *F* en dehors, & par celle *a* en dedans. Celle-ci est contenue contre son ouverture par le ressort *b* qui tient dans sa place au moyen d'un crampon de fil de fer *e* fiché dans le corps du Tremblant *E* ; & afin que ce ressort se tienne toujours verticalement, sa partie supérieure *D* est entretenue entre deux guides ou pointes *c*. Les deux Soupapes peuvent être ôtées de leur place, y étant attachées chacune par une petite tringle *G* & *d*, arrêtée par deux ou trois clous garnis de cuir, afin de pouvoir les arracher aisément. Il est des Facteurs qui arrêtent ces Soupapes comme celle du Tremblant doux, ce qui est mieux. Au bas de la Soupape intérieure *a* est un petit piton *e* auquel est accroché un ressort en *tire-bourre C H* fait de fil de laiton, dont la queue sort du Porte-vent en *H*. On colle une bourssette à l'entour du trou du Porte-vent par où elle passe, afin que le vent ne s'échappe point par-là. Cette bourssette est liée avec du fil ordinaire à l'entour du fil de laiton dont est fait le ressort. On charge d'un morceau de plomb *F* la Soupape extérieure, laquelle tient à sa place, comme celle qui est dans l'intérieur, de façon qu'on puisse l'ôter aisément.

403. La *figure 7* représente en perspective le Tremblant tout monté & prêt à être posé sur le Porte-vent. *I K* est le corps du Tremblant. *M N*, la Soupape extérieure, dont *N* est le poids de plomb qu'on y attache. *O* est la petite tringle fixée par trois clous garnis de cuir, par lesquels la Soupape est arrêtée. *K L* est une feuillure. Cette partie du corps du Tremblant entre dans le Porte-vent & l'affleure dans son intérieur.

P est le ressort en tire-bourre, qui est accroché à la soupape intérieure. Celle-ci ne paroît pas dans cette figure. La *fig.* 8 représente en perspective le même Tremblant vu du côté de la Soupape intérieure. *Q R* est la partie qui entre dans le Porte-vent. On colle de la peau sur la surface de la feuillure *X Y*, qui s'applique sur l'extérieur du Porte-vent. *S V* est la Soupape intérieure. *S*, le ressort qui la tient fermée lorsque le Tremblant ne joue point ; il sert aussi à retirer le ressort en tire-bourre lorsqu'on le lâche. *V*, les deux guides de fil de fer, pour contenir le ressort dans une situation verticale. *T*, le crampon de fil de fer pour retenir par l'anneau de son milieu le ressort *S* ; & par ses côtés servir de guide à la Soupape. *U*, le ressort en tire-bourre. La *fig.* 9 représente séparément & en perspective la Soupape extérieure de laquelle on a ôté le poids de plomb qu'on voit en la *fig.* 11. La Soupape (*fig.* 10) est l'intérieure garnie de ses deux guides dans le haut & de son piton dans le bas. La *fig.* 12 est le ressort en tire-bourre. La *fig.* 13 représente le crampon qui a un petit anneau au milieu, & dont les deux pointes se fichent à force dans les côtés du corps du Tremblant. La *fig.* 14 est le ressort qui fait fermer la Soupape intérieure.

404. Quand on veut faire jouer le Tremblant fort, on tire, au moyen de son Tirant, le ressort *H C* (*fig.* 5) de droite à gauche, ce qui entr'ouvre la Soupape *a*. Le vent tend naturellement à la faire fermer, c'est-à-dire, à l'appliquer contre le corps du Tremblant. Cependant le ressort *H C*, que je suppose alors tendu, la fait entr'ouvrir, & le vent la fait fermer ; le ressort & le vent cédant alternativement à leur force réciproque. Tandis que la Soupape intérieure frappe contre le corps du Tremblant, elle repousse, par le vent qui en sort, la Soupape extérieure *G H*, qui retombe & qui frappe à son tour lorsque la Soupape intérieure se ferme ; ce qui cause le bruit & le mouvement qui se fait assez entendre. Le poids de plomb *F* qu'on attache sur la Soupape extérieure, aide à ce mouvement. L'effet du Tremblant fort est de fouetter ou agiter le vent. Quelques Organistes s'imaginent que cette espece de tremblement orne certaines pieces qu'ils touchent.

S E C T I O N VI.

Description de l'ensemble de toutes les Pieces , Machines & Tuyaux dont l'Orgue est composé.

405. J'ai fait connoître dans le détail , & chacune en particulier, toutes les pieces qui entrent dans la composition de l'Orgue. Il est à propos d'en faire voir l'*ensemble*, c'est-à-dire, comment on les place, & d'en expliquer la fonction & la correspondance. A cet effet j'ai fait représenter

dans la *Planche L* la vue perspective de tout l'intérieur d'un Orgue ordinaire de 16 pieds. Il a fallu le dessiner à deux points de vue pour en faire voir en même temps le corps d'en haut vu par dessus, & le corps d'en bas vu par dessous. Ce sont proprement deux desseins dont l'un est ajouté au dessus de l'autre. A vouloir suivre les regles, il auroit fallu les donner séparément en deux Planches, puisqu'il ne doit jamais y avoir deux points de vue dans un même dessein. Cependant j'ai cru devoir rapprocher ces deux perspectives pour faire remarquer la correspondance de tout ce qui est au dessus des Sommiers, comme les tuyaux, &c. avec tout ce qui est posé par dessous les Sommiers, qui est le méchanisme nécessaire pour gouverner & faire jouer tout l'Instrument. On a retranché toute la Menuiserie qui compose le derriere du Buffet ; par conséquent tous les supports & autres pieces qui y étoient attachées paroissent en l'air. On a ôté aussi les côtés des Tourelles, leurs planchers & ceux des Plates-faces, afin que rien n'empêche de voir tout l'intérieur de l'Orgue.

Explication du Dessein supérieur de la Planche L.

Montre.

406. *A & B* sont les côtés de la partie supérieure du grand Buffet, qui sont aussi les côtés extérieurs des deux grandes Tourelles. *E F G H I* sont les cinq grandes Tourelles vues en dedans. *K L M N O* sont les grands tuyaux de la Montre, qui remplissent les Tourelles ; ils sont vus du dedans du Buffet. On y remarque les ouvertures qu'on leur fait par derriere vers le haut pour les mettre au ton. Les tuyaux de Montre n'ont de vraie hauteur que depuis leur bouche jusqu'à cette ouverture ; ce qui reste au dessus n'est que pour l'ornement & pour remplir leur place. On laisse au bas de l'ouverture un morceau de la même lame du tuyau pour l'accorder en baissant ou élevant cette lame, qu'on appelle *Accordoir*. Les mêmes lettres *K L M N O* désignent aussi les *Croissants* qui assujettissent les tuyaux des Tourelles. *p t r q* sont les tuyaux de la Montre qui remplissent les Plates-faces. Quoiqu'on ne voie point d'ouvertures aux tuyaux *p & q*, il faut leur en supposer. On en remarquera deux à chaque tuyau des Plates-faces *t & r*. Il n'y a d'accordoir qu'au trou le plus bas, qui détermine la véritable longueur du tuyau.

Grand Sommier.

407. Au dedans de ce Buffet est placé le grand Sommier, divisé en quatre parties *P Q R S*, lequel est solidement soutenu sur de fortes traverses bien arrêtées sur le devant & le derriere du Buffet, comme nous le verrons art. 422.

408.

408. Au deffus des Sommiers , on voit les faux Sommiers *X Y Z Æ*, qui font arrêtés à chaque bout par des traverfes, foutenues par les fupports *a a a a a a a a* ; ces faux Sommiers affujettiffent dans une fituation verticale tous les tuyaux qui font pofés fur le Sommier.

409. On voit entre chaque fommier un efpace *T V U*, qui forme une *allée* pour pouvoir paffer. On y voit les enfourchements qui lient les Regiftres correfpondants d'un Sommier à l'autre. On met une planche par deffus ces enfourchements pour les couvrir comme en *U*, afin de pouvoir marcher par deffus. On a ôté les planches des allées *T* & *V*, pour laiffer voir les enfourchements.

410. Il faut remarquer que puifque ces quatre parties du grand Sommier ne font qu'un feul Sommier, chacune de ces quatre parties ne contient qu'une portion de chaque Jeu. Ainfi une rangée de tuyaux, qui fait un Jeu, eft pofée fur les quatre parties du Sommier. La premiere rangée qui fe préfente *X Y Z Æ*, eft la *Voix Humaine*. La partie du Sommier *X* en contient dix tuyaux ; celle *Y* en contient quatorze ; celle *Z* en contient encore quatorze , & celle *Æ* en contient dix ; ce qui fait en tout 48 tuyaux, qui, dans cet Orgue, font le nombre dont tous les *Jeux fimples* font compofés.

411. Le Regiftre qui ferme ou qui ouvre le vent, par exemple , à là Voix Humaine, fe tire ou fe repouffe en même temps aux quatre Sommiers ; parce que ces quatre Regiftres n'en font qu'un au moyen des trois enfourchements *T V U* qui les lient enfemble. Il en eft de même des autres Jeux & des autres Regiftres de ce grand Sommier.

Les Jeux qui font fur le Grand Sommier.

412. La fuite des nombres que l'on voit vis-à-vis de chaque tuyau de la Voix Humaine , défigne l'ordre & l'arrangement des tuyaux de chaque Jeu fur le Sommier. Le premier *C fol ut* qui répond à la premiere touche à gauche du Clavier, eft marqué 1 fur le Sommier *Æ*. Le fecond tuyau qui répond à la feconde touche du Clavier *D la re*, eft pofé fur le Sommier *X*, & eft marqué 2. Le troifieme, qui répond à l'*E fi mi*♭, troifieme touche du Clavier, revient au Sommier *Æ*, & eft marqué 3. Le quatrieme, qui répond à l'*E fi mi*, quatrieme touche du Clavier, eft pofé fur le Sommier *X*, & eft marqué 4. Et ainfi des autres alternativement d'un côté & de l'autre fur les Sommiers *X* & *Æ*, jufqu'au vingtieme inclufivement, qui répond au *G re fol* ✕ du Clavier. Le 21 qui répond au fecond *A mi la* du Clavier, eft pofé fur le milieu du Sommier *Z*. Le 22 eft pofé au milieu du Sommier *Y*. Le 23 revient au côté droit de 21 fur le Sommier *Z*. Le 24 à côté gauche de 22, fur le Sommier *Y*. Le 25 à gauche de 21 , fur le Sommier *Z*. Le 26 à droite de 22 fur le Sommier *Y*; & ainfi des autres jufqu'à 48. On n'a

PLANCHE
L.

qu'à voir l'ordre des chiffres. Tous les autres Jeux fuivent le même arrangement fur ces quatre Sommiers, lequel, au moyen de l'Abrégé, revient de fuite à l'ordre du Clavier. On peut arranger les Jeux autrement. Chaque Facteur les difpofe comme il lui plaît, fauf à compofer fon Abrégé en conféquence. Je ferai voir dans la feconde Partie quel eft l'arrangement le plus avantageux.

413. La regle générale pour la difpofition des Jeux fur le Sommier, eft qu'il faut pofer le plus près de la montre ceux qui ont une partie de leurs tuyaux en montre, & enfuite ceux dont les tuyaux font les plus grands. On doit pofer, par exemple, plus près de la montre le Preftant, enfuite le petit Nafard, la Doublette après, &c. en forte que lorfqu'on eft placé vers le derriere de l'Orgue ou vers la Voix Humaine, on voie que les Jeux forment, par leur arrangement, comme un amphithéâtre, dont les plus grands Jeux font vers la montre, & les plus petits vers le derriere. Le Plein-Jeu, c'eft-à-dire, la Fourniture & la Cymbale, fe pofent toujours les derniers. Les Jeux d'Anche viennent enfuite. Ils fe trouvent toujours fur le derriere de l'Orgue, pour les pouvoir entretenir & accorder plus aifément. On obferve auffi, comme pour les autres Jeux, de placer les plus grands devant les plus petits. Toutes ces méthodes de difpofer les Jeux ne font que pour les voir & les entretenir plus commodément.

414. Il faut faire une exception dans la regle générale dont je viens de parler. Elle n'a pas lieu lorfqu'il s'agit de pofer deux ou trois Jeux qui font à l'uniffon, comme le 16 pieds ouvert avec le Bourdon de 16 pieds; le 8 pieds ouvert avec le Bourdon de 4 pieds bouché; bien fouvent on met un troifieme 8 pieds, &c. Il convient de féparer ces uniffons ou de les éloigner un peu l'un de l'autre, en pofant entre deux un autre Jeu, quoique plus petit. On doit le pratiquer ainfi pour éviter que les deux uniffons ne s'éteignent mutuellement, en forte que deux Jeux parlants enfemble, ne font pas plus d'effet qu'un. Cet inconvénient n'a pas lieu pour les Jeux d'Anche; on met les uniffons les uns auprès des autres lorfque c'eft le plus commode.

415. Le premier Jeu qui fe préfente fur le derriere de l'Orgue, au grand Sommier, eft la Voix Humaine, qui eft un Jeu d'Anche cylindrique. Voyez le Sommier Æ, où les Jeux font les moins confus. Le fecond eft le Clairon, qui eft un Jeu d'Anche conique. Le troifieme eft le Cromorne, qui eft un Jeu d'Anche cylindrique. Le quatrieme eft la Trompette, Jeu d'Anche conique. Le cinquieme eft la Cymbale, Jeu à bouche compofé de quatre rangées de tuyaux. Le fixieme eft la Fourniture, Jeu à bouche compofé de cinq rangées de tuyaux. Le feptieme eft la Tierce, Jeu fimple, à bouche. Le huitieme eft la quarte, Jeu fimple, à bouche. Le neuvieme eft la Doublette, Jeu fimple, à bouche. Le dixieme eft le Nafard, Jeu fimple, à bouche. Le onzieme eft la groffe Tierce, Jeu fimple,

à bouche. Le douzieme eſt le Preſtant, Jeu ſimple, à bouche. Le treizieme eſt le petit Bourdon, Jeu ſimple, à bouche. Le quatorzieme eſt le 8
pieds ouvert, Jeu ſimple, à bouche, dont les baſſes ſont en montre. Le
quinzieme eſt le Bourdon de 16 pieds, Jeu ſimple, à bouche, dont les
baſſes ſont poſtées hors le Sommier; ainſi il n'y en a aucun tuyau ſur les
Sommiers Æ & X, qui ſont ceux des baſſes; mais on en apperçoit les
deſſus ſur les Sommiers Y & Z, tout près de la montre. Le ſeizieme Jeu
eſt le 16 pieds ouvert qui eſt ſimple & à bouche; il eſt poſé en montre
pour la plus grande partie. On en apperçoit un peu les deſſus ſur les Sommiers Y & Z près de la montre. Le dix-ſeptieme eſt le grand Cornet, Jeu à
bouche, compoſé de 5 tuyaux ſur marche. Voyez pour l'explication de
tous les Jeux les art. 158 juſqu'à 204.

416. Le grand Cornet n'eſt jamais ou preſque jamais poſé ſur ſon vent
au grand Sommier; on le *poſte* ſur des *pieces gravées*, b & d, à une cer-
taine élevation, afin qu'il n'embarraſſe rien ſur le grand Sommier. Ces pieces
gravées conſiſtent en deux planches de 2 pouces ou environ d'épaiſſeur,
qu'on *grave*, comme il eſt expliqué art. 313, où eſt la deſcription de la
maniere de graver les Chapes du Sommier. Mais on fait les trous au double
plus grands pour les pieces gravées du Cornet, & l'on y fait par deſſus cinq
trous au lieu de trois. On ne bouche point l'entrée des trous faits au travers de l'épaiſſeur; parce qu'ils ſervent à donner le vent à chaque rangée
de tuyaux par des conduits de plomb qu'on appelle *Porte-vents*, dont le
bout inférieur eſt collé dans le trou reſpectif de la Chape du Sommier, &
le bout ſupérieur eſt collé dans le trou correſpondant fait au travers de l'é-
paiſſeur de la piece gravée. C'eſt ainſi qu'on le pratique le plus ordinairement.
On partage le grand Cornet ſur deux pieces gravées pour en poſer la moitié
ſur l'une, & l'autre moitié ſur l'autre, le Cornet devant ſuivre l'arrangement des autres Jeux. Du reſte, on diſtingue aſſez les Porte-vents qui fourniſſent le vent au Cornet. On voit les pieces gravées, leur faux Sommier
& les tuyaux.

417. Les baſſes du Bourdon de 16 pieds *o m* à droite, & *n l* à gauche, ſont des tuyaux de bois poſés ſur des pieces gravées & qui jouent
au moyen des Porte-vents de plomb qui leur fourniſſent le vent par le
Sommier; ce qui s'appelle par les Ouvriers des tuyaux *poſtés*. *h* du côté
gauche & *i* à la droite, ſont la ſuite de cette baſſe du Bourdon de 16
pieds. Les deſſus ne s'apperçoivent que bien confuſément; ils ſont en
étoffe & poſés ſur les Sommiers des deſſus Q Y & R Z. *e* & *c* ſont les
baſſes en bois du Bourdon de 4 pieds, dont j'ai déjà indiqué les deſſus
ſur les quatre Sommiers.

418. On a déjà pu remarquer que dans l'arrangement des Jeux ſur le
grand Sommier, deſquels je viens de faire l'énumération, on n'a pas évité

la proximité immédiate des unissons ; puisqu'on a posé de suite les deux 16 pieds, aussi-bien que les deux 8 pieds, la Quarte & la Doublette ; mais ce n'est pas un exemple à suivre, quoique celui qui a fait cet Orgue fût d'ailleurs un habile homme. De quelque sentiment que l'on soit à cet égard, on s'appercevra aisément qu'il n'y a aucun inconvénient à séparer les unissons.

Sommier séparé pour le Récit.

419. Entre les deux pieces gravées du grand Cornet est posé le Sommier *f g* & les Jeux du Récit *M* au milieu de l'Orgue, contre la montre sur deux supports. On n'en peut voir que la Trompette de Récit ; le Cornet étant plus petit est caché derriere la Trompette. Ce Sommier *f g* est représenté ayant sa Laye ouverte, dans laquelle on apperçoit les Soupapes, les Boursettes, les Chaperons des osiers, les esses, les ressorts & son faux Sommier par dessus, qui assujettit les tuyaux. On voit au dessous de la Laye son Abregé & les Vergettes, dirigées en droiture jusqu'au Clavier du Récit, & passant dans l'intervalle que laissent entre eux les enfourchements des Registres des deux parties du grand Sommier *Q Y* & *R Z*. Le Porte-vent qui porte le vent à ce Sommier étant placé derriere les Vergettes, ne peut pas se voir. Il prend le vent du gros morceau de Porte-vent qui communique le vent aux deux parties du milieu *Q Y* & *R Z* du grand Sommier. On a représenté les deux fortes tringles de fer verticales, qui passent entre les enfourchements. Elles servent à porter le mouvement des deux Tirants du Récit aux deux Registres, pour ouvrir & fermer les deux Jeux du Récit. On apperçoit un peu vers leur bout supérieur un bras auquel est accroché un enfourchement horizontal accroché au bout inférieur d'un Balancier. On voit cette méchanique à droite & à gauche pour les deux Jeux.

Sommier & Jeux de Pédale.

420. Aux deux extrémités du Buffet de l'Orgue à droite & à gauche & au même niveau du grand Sommier, sont placées les deux parties du Sommier de Pédale 2 & 3, dont celui 2 à gauche a sa Laye ouverte, & celui 3 à droite l'a fermée. On voit à tous les deux leur faux Sommier avec leurs supports & les Jeux qui sont posés par dessus. Ces Sommiers prennent leur vent du bout de la Laye du grand Sommier par un Porte-vent quarré. Les Jeux sont au nombre de quatre ; savoir, une Flûte de 8 pieds ; une Flûte de 4 pieds ; une Trompette & un Clairon. La Pédale de Trompette est marquée 4, 4 à gauche, & 5, 5 à droite. Ces tuyaux sont coniques & commencent au *G re sol* du Ravalement en bas. On a retranché dans ce dessein les supports qu'on ne manque jamais de mettre vers le haut de

ces

ces grands tuyaux, pour ne rien offufquer. On en a fait de même pour les baffes de la Trompette pofée fur le grand Sommier. Ces fupports auroient fait un mauvais effet. La Pédale de Clairon eft marquée 6, 6 à gauche, & 7, 7 à droite. C'eft un Jeu de même nature & forme que la Trompette, mais de moitié plus court; tous les deux font Jeux d'Anche. Les deux autres Jeux font à bouche; favoir, la Flûte de 8 pieds dont les tuyaux font quarrés, en bois, & marqués 8 à gauche, & 9 à droite. (Les deffus ne peuvent pas fe voir étant près de la montre). L'autre eft la Pédale de Flûte de 4 pieds, qui ne paroît point. On voit que ces tuyaux de bois font pofés fur des pieces gravées, & que le vent leur eft porté par des Porte-vents qui prennent le vent de leur Chape du Sommier de Pédale. On apperçoit à chacun de ces deux Sommiers les quatre Regiftres qu'on tire & qu'on repouffe au moyen des Tournants de fer dont la méchanique paroît mieux au deffein inférieur.

Explication du Deffein inférieur de la même Planche L.

421. Cette perfpective repréfente le méchanifme ordinaire de l'Orgue, tel qu'on le voit quand on eft debout fur le plancher qui fupporte l'Orgue, vu par derriere, à cinq à fix pieds de diftance, vers le milieu. On remarquera que ce deffein inférieur eft féparé du fupérieur par un *blanc* qui regne en travers la planche d'un bout à l'autre, & qu'il a été néceffaire d'y répéter la repréfentation des Sommiers, des enfourchements, de leurs Regiftres, &c. parce qu'effectivement on voit le tout de même en deffous, quand on eft placé comme je viens de le dire. Du refte, toutes ces répétitions font placées exactement vis-à-vis des mêmes pieces repréfentées dans le deffein fupérieur.

Grand Sommier.

422. *C & D* font les deux côtés du Buffet vus en dedans. On voit d'abord le deffous des quatre parties du grand Sommier (c'eft le même grand Sommier repréfenté dans le deffein fupérieur) marquées 1, 2, 3 & 4, qui paroiffent prefqu'en entier. Les enfourchements qui lient les Regiftres d'un Sommier à l'autre, fe font affez remarquer dans les trois efpaces qui forment les trois allées. 5, 6, 7, 8, 9, 10, 11 & 12 font des foliveaux qui portent les Sommiers, & qui, quoiqu'ils paroiffent en l'air dans cette partie à caufe du retranchement du derriere du Buffet, font fuppofés y être bien arrêtés. 13 & 14 font deux autres foliveaux ou groffes planches également bien arrêtées & placées deffous les allées du grand Sommier, (377, 378) entre les parties 1, 2 & 3, 4. Elles portent les Balanciers pour faire jouer les Regiftres. Ces Balanciers, qui ont leur centre de

mouvement dans des mortaifes faites au travers de ces groffes planches ,
entrent par leur bout fupérieur dans les enfourchements des Regiftres , &
ils font accrochés par leur bout inférieur aux bâtons quarrés ou enfourchements placés horizontalement. Ceux-ci font accrochés par l'autre bout au
bras fupérieur & court des grands Pilotes tournants, qui font verticalement pofés entre leurs fupports ou traverfes horizontales, dont les fupérieurs font marqués 15 & 16 , & les inférieurs 17 & 18. Les Tirants des
Regiftres qu'on voit aux deux côtés des Claviers , font accrochés aux bras
inférieurs & longs des mêmes grands Tournants (379).

423. Parmi tous ces bâtons quarrés ou enfourchements horizontaux ,
qui font tous à-peu-près de la même longueur, on en remarque un de
chaque côté au double plus long que les autres ; il fait tourner un Pilote
tournant horizontal. Celui-ci , par fon autre bras , fait jouer un Balancier
& par conféquent un Regiftre du grand Sommier. Comme il y a un Balancier de chaque côté qu'on n'a pas pu placer au rang des autres , à
caufe que le morceau de gros Porte-vent qui porte le vent du Sommier
2 au Sommier 1 , & du Sommier 3 à celui 4 , y étoit un obftacle , il a
fallu tranfporter ces deux Balanciers l'un au bout extérieur du Sommier 1 ,
& l'autre au bout extérieur du Sommier 4. On fuit ordinairement cette
méthode de pofer tous les Balanciers aux deux extrémités extérieures des
Sommiers lorfque ceux-ci ne font divifés qu'en deux parties.

424. 19, 20, 21, 22, 23, 24, 25 & 26 font les Layes du grand Sommier , dont la premiere à gauche 19 eft ouverte pour en faire voir les Soupapes , & toutes les autres font fermées (308). Le Buffet de cet Orgue
n'eft pas commode pour faire ouvrir les Layes en dehors par les frifes ,
comme on le pratique ordinairement. Il a donc fallu les faire ouvrir en
dedans. On voit leurs fermetures qui confiftent en deux planches à chaque
Laye , arrêtées au moyen de deux broches de fer & d'un coin de bois.

425. Les quatre parties du grand Sommier reçoivent le vent dans leurs
Layes par le grand Porte-vent 28 , 29 , 32 , dont le bout fupérieur eft
affemblé deffous la Laye 21 , par laquelle il fe diftribue aux trois autres
parties du Sommier , au moyen d'une communication qu'il y a d'une Laye
à l'autre par de gros Porte-vents , qui ont pour longueur la diftance d'un
Sommier à l'autre. La Soufflerie , qui eft placée derriere l'Orgue , donne
le vent dans le Porte-vent 28 , d'où il entre dans la boîte du Tremblant
doux 29 , à laquelle il eft affemblé; delà il va dans le Sommier par le
Porte-vent 32 , comme je l'ai déjà dit , & au Pofitif par celui marqué 30.

Claviers , Abrégé , Tremblant doux.

426. 27 indique les quatre Claviers vus par derriere. Le premier , qui

eft placé deffous tous les autres, eft celui du Pofitif ; le fecond eft relatif au grand Sommier ; le troifieme au Récit, & le quatrieme à l'Echo. (345 & fuiv.) Le fecond Clavier relatif au grand Sommier en tire & en ouvre les Soupapes au moyen de l'Abrégé 34, 35 , 37, 36 & 38. On apperçoit affez diftinctement les Vergettes fupérieures qui tirent les Soupapes, avec les rouleaux aux fers defquels elles font accrochées ; mais on ne peut voir que confufément les Vergettes inférieures qui font accrochées aux touches du fecond Clavier (363 , 364). La difpofition de cet Abrégé ne fauroit être apperçue, à caufe des pieces de l'Echo & des Vergettes du Récit qui y caufent de la confufion ; par conféquent on ne peut en examiner la conftruction : en attendant que j'enfeigne dans la feconde Partie différents arrangements d'Abrégé, on peut revoir la *fig.* 1 de la *Planche XLVI*, & l'art. 363 & fuivants.

427. 31 eft la fermeture du Tremblant doux (398 & fuiv.). On voit au-deffus de la boîte le bout du fer, qui eft fait en façon d'une Faux pour relever la Soupape, autour duquel il y a une bourfette pour empêcher que le vent ne s'échappe par la mortaife, au travers de laquelle ce fer paffe. On remarquera auffi le mouvement qui ne paroît qu'en partie ; le refte, qui va aboutir au Tirant placé à côté du Clavier, fe trouve caché. Les mouvements qui font jouer le Tremblant fort 33, ne peuvent fe voir, étant cachés par les grands Pilotes tournants.

Récit.

428. Le troifieme Clavier, comme je l'ai déjà dit, fait jouer le Récit. On apperçoit fes Vergettes qui paffent au travers des enfourchements des Regiftres du grand Sommier, & font accrochées à l'Abrégé du Récit. On voit aux deux côtés du Clavier deux barres de fer verticales, qui dans le bas portent chacune un bras auquel eft accroché le Tirant, qui fort au devant du côté du Clavier, comme les autres Tirants. Vers le haut de ces barres de fer eft rivé un autre bras plus court que celui d'en bas, auquel eft accroché horizontalement un enfourchement. Celui-ci, par fon autre bout, tient au bras inférieur d'une autre barre de fer, qui, paffant au travers des intervalles entre les enfourchements des Regiftres du grand Sommier, va aboutir aux Balanciers du Sommier de Récit, comme nous l'avons remarqué art. 419. Il eft aifé de comprendre à la feule infpection de la figure comment ces mouvements jouent pour ouvrir & fermer les deux Regiftres du Récit.

Echo.

429. 39, 40, 41 eft l'Echo, qui joue par le quatrieme Clavier. 39 indique les tuyaux de l'Echo qui compofent un Cornet de trois octaves.

Comme ce Jeu est enfermé dans le pied du Buffet de l'Orgue, on l'entend peu dans l'Eglise; le son en paroît fort éloigné. 40 est le Sommier dont la Laye est représentée ouverte. 41 désigne les Bascules brisées ou doubles, vues par le bout qui tient aux osiers des Soupapes. La *figure* * de la *Planche LII* représente ces Bascules brisées. Les Vergettes 41 sont accrochées par le bas aux touches du quatrieme Clavier, & dans le haut aux bouts des Bascules. Cette méthode de se servir des Bascules doubles n'est pas la meilleure. On est pourtant obligé de s'en servir à l'Echo lorsque la Laye de son Sommier est en dessous. Il est mieux de construire ce Sommier la Laye en dessus, comme je l'ai dit art. 331. On donne le vent au Sommier de l'Echo par un Porte-vent dont un bout est assemblé dans le grand Porte-vent, & l'autre dans le bout de sa Laye. Comme on ne met ordinairement qu'un Jeu dans l'Echo, il n'y a à son Sommier ni Registres ni Chapes; les tuyaux sont posés immédiatement sur la Table qu'on fait en ce cas plus épaisse qu'à l'ordinaire. Cependant, comme il est quelques cas où il est nécessaire de fermer le vent à l'Echo, comme par exemple, s'il y survenoit quelque *cornement*, on le fait au moyen d'une Soupape dans le Porte-vent particulier de l'Echo, placée dans un sens opposé à la situation de celle du Tremblant doux. Celle-ci est posée de façon que le vent tend à la faire ouvrir; & celle de l'Echo étant mise dans un sens contraire, le vent tend à la faire fermer. On y ajuste un fer recourbé pour la faire ouvrir au moyen d'un Tirant posé à côté du Clavier, comme les autres, qu'on tire quand on veut donner le vent à l'Echo, ce qui fait relever la Soupape, & qu'on pousse quand on veut la fermer; ce qui laisse tomber la Soupape que le vent pousse contre son Chassis.

430. Lorsqu'une Soupape ne joint pas bien contre ses barres dans la Laye d'un Sommier, soit qu'il y ait quelque ordure qui la tienne entr'ouverte, ou par quelqu'autre cause, le vent entre alors dans la gravure, en plus grande ou plus petite quantité, selon la grandeur de l'ouverture de la Soupape. S'il y a quelque Registre ouvert, le tuyau parle continuellement, sans qu'on touche aucune touche du Clavier. Cet accident s'appelle *Cornement*, qu'on *guérit* en remédiant à ce qui tient la Soupape entr'ouverte. S'il y a quelque ordure à la Soupape, on l'ôte aisément au moyen de la Ratissoire (*Planche XII, fig.* 104).

Positif.

431. Le premier Clavier fait jouer le Positif dans un corps séparé & posé sur le devant du grand Buffet, comme nous le verrons dans la *Planche LI*. On voit dans celle L, les Pilotes 27 & 42, qu'on a mis en moindre nombre qu'il ne faut pour éviter la confusion (375). Ils passent

par

par leur bout fupérieur à travers leur guide deffous le premier Clavier
dont ils foutiennent les touches élevées, & portent par leur bout inférieur
fur l'extrémité des Bafcules horizontales, qui vont deffous la Laye du Sommier du Pofitif. (Voyez l'art. 375). On a retranché de cet endroit du
deffein 55, 56, *l'Abrégé foulant* du Pofitif, qui auroit couvert tout le méchanifme du tirage du Clavier de Pédale. Cet Abrégé retranché confifte,
(voyez *Pl. XLII, fig.* 2), en fix rouleaux feulement, parce qu'il n'y a que
fix marches des Jeux du Pofitif qui font tranfpofées, pour partager les baffes
de tous les Jeux & en diftribuer une partie de chaque côté du Buffet.
On n'en a repréfenté que trois dans cette *fig.* 2 de la *Planche XLII*, pour
qu'on les diftingue mieux. Pour le conftruire, on divife en deux pieces
la longueur de chaque Pilote. La piece fupérieure *a* a une pointe fichée
dans fon bas bout, qui eft reçue au deffus & dans le petit trou d'un des
bras *b* du rouleau horizontal *b ç* de l'Abrégé, tandis que l'extrémité d'en
haut *a* tient dans le guide deffous la touche. L'autre piece *d e* du Pilote
porte une pointe à chaque bout, dont la fupérieure *d* eft enfilée au deffous
& dans le petit trou de l'autre bras *c* du même rouleau *b c*; & l'inférieure
e tient dans le trou du deffus de l'extrémité de la Bafcule *e f.* Il faut en
dire de même des deux autres rouleaux du même Abrégé. On diftingue
les autres Pilotes qui ne communiquent en rien à l'Abrégé. Du refte,
on n'a repréfenté qu'un morceau du Clavier, qu'on a même tourné en
devant pour rendre le tout plus fenfible.

432. 43, 44 font de grands Pilotes tournants pour ouvrir & fermer
les Regiftres du Sommier du Pofitif. Les Tirants qui font aux deux côtés
du Clavier, font accrochés au bras fupérieur & long des grands Pilotes
tournants 43 & 44. Ceux-ci portent vers leur bout inférieur 45 & 46,
un autre bras plus court, auquel eft accroché un long bâton quarré, qui
paffe par deffous le plancher que l'on conftruit entre les deux Buffets, &
va s'accrocher par l'autre bout au bras inférieur des petits Tournants qui
font placés aux deux bouts du Sommier du Pofitif. Ces petits Tournants
ont un autre bras vers leur extrémité fupérieure, qui eft accroché au Regiftre. Voyez la *fig.* 7 de la *Planche XLVII* avec fon explication art. 383.
On voit (*Pl. L*) un peu ces longs bâtons quarrés 45 & 46. Ces grands
Pilotes tournants du Pofitif font affujettis dans leur bout fupérieur aux
fupports 17 & 18 des grands Tournants du grand Sommier, & par leur
bout inférieur fur deux planches arrêtées par terre. On voit affez par la
fig. 7 de la *Planche XLVII*, art. 383, comment ces mouvements jouent,
pour faire ouvrir ou fermer les Regiftres.

PLANCHE
L.

Pédales.

433. Les deux parties du Sommier de Pédale font marquées 47 & 48. Ces Sommiers font fupportés d'un bout par les traverfes 49 & 50. Le vent leur eft porté par les Porte-vents 51 & 52, qui le prennent eux-mêmes aux deux bouts des Layes du grand Sommier 1 & 4. Au deffous de ces Porte-vents, on voit les deux autres traverfes qui portent l'autre bout des Sommiers de Pédale. A gauche, le Sommier eft repréfenté ouvert; on y voit les Soupapes, &c. & celui à droite eft vu fermé.

434. Les bouts des marches du Clavier de Pédale paroiffent à 53 & 54. On y voit les Vergettes verticales qui y font accrochées par leur bout inférieur. Leur bout fupérieur eft accroché à un des deux bras des équerres de la double échelle 55, 56. D'autres Vergettes horizontales 56, 58 & 55, 57, font accrochées d'un bout à l'autre bras des mêmes équerres de la même double échelle, & de l'autre bout elles tiennent à un des bras des fimples échelles 58 & 57. Des Vergettes verticales 61, 62 & 59, 60 font accrochées par leur bout inférieur à l'autre bras de la fimple échelle 61 & 59, & du bout fupérieur à un des bras des fimples échelles 62 & 60. Des Vergettes obliques 64, 66 & 63, 65 font accrochées par leur bout inférieur à l'autre bras des fimples échelles 64 & 63 ; & par leur bout fupérieur à un des bras des rouleaux des Abrégés 66, 68 & 65, 69. Les Vergettes, qui tiennent aux ofiers des Sommiers de Pédale 48 & 47, font accrochées par leur bout inférieur à l'autre bras des rouleaux des Abrégés 68 & 69. Pour entendre le Jeu de tout ceci, voyez la *figure* 2 de la *Planche XLVI*, expliquée dans l'art. 368 & fuivants.

435. J'ai déjà expliqué, art. 380, 381 & 382, la méchanique du Jeu des Regiftres des Sommiers de Pédale, & j'y ai indiqué la *fig.* 3 de la *Planche XLVII*. En voici l'application. On voit d'abord (*Pl. L*) quatre Tournants de fer, 70 à droite & 71 à gauche, au bout de chacun des deux Sommiers de Pédale. Ils portent vers le haut un bras coudé qui accroche le Regiftre, & vers le bout inférieur ils ont un autre bras horizontal tout droit, à l'ordinaire, auquel eft accroché un bout d'une fort longue tringle quarrée qui va horizontalement jufqu'au Sommier pofé à l'autre extrémité de l'Orgue. L'autre bout de cette tringle eft accroché au bras inférieur du Tournant correfpondant de l'autre Sommier de Pédale; en forte que, par exemple, le Tournant 70 ne peut pas mouvoir que celui 71, que je fuppofe correfpondant, ne tourne auffi, puifqu'ils communiquent mutuellement, au moyen de ce long bâton quarré, dont on n'a repréfenté que les bouts 72 & 73, accrochés aux bras inférieurs des Tournants de fer. Il faut s'imaginer qu'ils font tous les quatre de toute la longueur de 72 à 73. Il a fallu, dans le deffein, les retrancher pour ne pas couvrir quantité de pieces

& de machines, qu'on n'auroit pas pu voir. On a de même supprimé
pour cette raison les quatre grands Tournants de bois destinés à faire agir
ces longs bâtons quarrés. On les place sur le derriere du Buffet, presqu'au
milieu, du moins pas bien loin. Ils portent deux bras. L'inférieur tient le
Tirant, qui passe jusqu'en dehors aux côtés du Clavier, comme les autres
Tirants, & le supérieur est accroché dans une mortaise faite vers le milieu
de ces longs mouvements. On a déjà vu l'explication du Jeu de cette méchanique dans les articles ci-dessus cités 380 & suivants.

PLANCHE
L.

Vue de l'intérieur d'un Positif.

436. La *Planche LI* représente en perspective l'intérieur d'un Positif
ordinaire, dont on a ôté les portes de derriere les planchers des Tourelles
& des Plates-faces, pour faire voir tout ce qui est visible du point de
vue le plus commode que nous avons pu trouver. *A & B* sont les côtés
du Buffet qui servent en même temps de côtés aux deux grandes Tourelles *C & D*. *E*, la Tourelle du milieu. *F & G*, les deux Plates-faces.
H I, le dehors de la Laye du Sommier, où l'on voit la ferrure qui assujettit toute la fermeture, composée des deux planches *H & I*. Les Bascules *K L* sont posées sur le Chevalet *M N*, & y tiennent au moyen
des pointes sans tête qui sont fichées sur l'arête supérieure du Chevalet.
Les Bascules ont un trou vers le milieu de leur longueur, qui reçoit la
pointe assez au large, moyennant quoi les Bascules sont arrêtées au Chevalet sur lequel elles peuvent mouvoir librement & suffisamment. Elles
sont maintenues dans leur situation en évantail, au moyen d'un *rateau* qui
est caché dessous les Boursettes du Sommier. Ce rateau est une tringle de
bois de toute la longueur du Sommier, sur laquelle on a fiché un nombre
suffisant de pointes, pour recevoir le bout des Bascules & les assujettir
dessous chaque Boursette. L'autre bout *K L* des Bascules a un petit trou
pour recevoir une pointe fichée dans le bout inférieur des Pilotes. Nous
avons déjà dit, art. 431, que les bouts supérieurs de ces mêmes Pilotes sont
posés dessous les touches du Clavier du Positif, & y sont assujettis par une
petite tringle qu'on appelle *guide*, arrêtée dessous le Clavier, & qui a
autant de trous qu'il y a de touches. C'est par ces trous que les Pilotes
passent; ce qui les maintient dans leur situation verticale, &c. Comme
il y a six marches de tuyaux transposés sur la gauche du Sommier, il a
été nécessaire de construire un Abrégé foulant de six rouleaux. Voyez
l'art. 431. Le vent est porté dans la Laye du Sommier par le Porte-vent
O P.

PLANCHE
LI.

437. *Q & R* sont les longs bâtons quarrés, dont nous avons fait remarquer le commencement 45 & 46 dans le bas de la *Planche L*. Ceux-

ci (*Pl. LI*) *Q* & *R* font les mêmes : ils vont aux côtés du Sommier, & font accrochés au bras inférieur des petits Tournants, dont le bras supérieur coudé prend le Regiſtre ; ce qui ne peut pas ſe voir dans cette planche. Voyez la *fig.* 7 de la *Planche XLVII*, avec ſon explication art. 383. On diſtingue ſeulement (*Pl. LI*) les traverſes ou ſupports ſupérieurs *c* & *d*, qui aſſujettiſſent le Tourillon ſupérieur des petits Tournants de fer.

438. Les Tourelles de la montre de ce Poſitif n'ayant pas aſſez de hauteur pour pouvoir y placer le premier *C ſol ut* du 8 pieds ouvert, auſſibien que le *D la re* & l'*E ſi mi* ♭, on les a poſtés en dedans & en bois *J* & *S*. Les autres tuyaux de bois *V* & *T* font les baſſes du Bourdon dont ſix font tranſpoſés & portés en *T* ; & ſix autres font portés en *V*. Ils font tous bouchés, & leur ſuite en bois a été placée derrière la Tourelle du milieu en *Æ*. Les tuyaux qui paroiſſent immédiatement au deſſous de *Æ*, font la ſuite de la montre de 8 pieds, qui font ſur leur vent, c'eſt-à-dire, à leur place naturelle ſur le Sommier. Ceux qui viennent enſuite, qui font à cheminée, font la ſuite du Bourdon. Les autres Jeux paroiſſent après ; ſavoir, le Preſtant, le Naſard, la Doublette, la Tierce, le Larigot, la Fourniture, la Cymbale. Le pénultieme Jeu eſt la Trompette *U* & *X* ; & le dernier *Y* & *Z* eſt le Cromorne. *a* & *b* font les pieces gravées qui portent les baſſes du Bourdon, auſſi-bien que les trois grands tuyaux de bois du 8 pieds ouvert. On voit les Porte - vents de plomb, qui leur portent le vent de leur Chape du Sommier.

Coupe d'un Orgue avec celle de ſon Poſitif.

439. La *Planche LII* repréſente en perſpeɛtive l'intérieur d'un Orgue qu'on auroit ſcié de haut en bas, par le milieu, d'avant en arriere & regardé par le côté. C'eſt principalement le Jeu de tout ce qui regarde les Claviers que j'ai voulu faire entendre. 2 eſt la moitié du Buffet du Poſitif, dans lequel on voit beaucoup de tuyaux. 3 eſt le grand Buffet. 4 eſt l'Organiſte en attitude jouant de l'Orgue, ayant ſes doigts ſur les Claviers 6, le pied gauche ſur une touche 7 de Pédale, & l'autre pied appuyé ſur la barre de fer. Il eſt aſſis ſur le banc 8. Le Souffleur eſt marqué 5, qui eſt en attitude faiſant jouer la Soufflerie 9 ; en baiſſant les Baſcules 10, 11, 12 des Soufflets 13, 14, 15. Le vent des Soufflets entre d'abord dans le Porte-vent 40, dont le bout eſt ouvert, parce qu'il eſt repréſenté ſcié en cet endroit devant être beaucoup plus long pour pouvoir y placer pluſieurs autres Soufflets. De ce Porte-vent 40, le vent va dans la boîte du Tremblant doux 17, par le Porte-vent 16. Du Tremblant doux, il ſe diſtribue & ſe partage en deux endroits : il monte dans

la

la Laye du grand Sommier 19 , par le Porte-vent 18 , & se rend en même temps dans celle 21 du Positif par le Porte-vent 20. La Laye du grand Sommier 19 fournit le vent au Sommier de Pédale 37 , par un Porte-vent qu'on apperçoit assez.

440. On voit en 6 les quatre Claviers, coupés par le milieu d'avant en arriere ; ce qui donne le moyen d'appercevoir un peu les principales pieces qui les composent : les traverses de derriere avec chacune sa rainure , dans laquelle le bout des touches est assemblé ; les traverses qui soutiennent les touches, quand on les baisse ; les Demoiselles ; la tringle qui est dessous le Clavier du Positif & qui sert de guide pour assujettir les Pilotes ; le grand panneau qui est au-devant des genoux de l'Organiste , pour empê-cher qu'avec ses pieds il ne puisse déranger le méchanisme des Pédales. Ce panneau est représenté emboîté dans une rainure, c'est une faute. Il faut qu'il soit dans une feuillure , parce qu'il doit être mobile.

441. Le Clavier de Pédale étant de même coupé, on y apperçoit les marches au bout desquelles les Vergettes sont accrochées : la forte tra-verse sur laquelle les marches appuyent quand on les baisse : la traverse de devant avec sa rainure dans laquelle les marches tiennent : la Table au travers de laquelle les touches passent & qui se voyent en dessus.

442. Au dessous du Clavier de Pédale , on apperçoit les Bascules horizon-tales 23 du Positif, & à leur bout postérieur les Pilotes verticaux 24 , dont le bout supérieur tient élevées les touches du Clavier du Positif, tandis que leur bout inférieur est adhérent au dessus du bout des Bascu-les , qui sont supportées vers leur milieu par le Chevalet 25. Leur bout antérieur 27 va dessous le Sommier 21 , 26 , 28 , 27 du Positif, qui étant coupé , laisse voir l'intérieur de la Laye 21 , sa fermeture , le Chevalet qui assujettit les ressorts : les Soupapes : les Pilotins 28 qui portent dans le fond de leur boursette , sur le bout antérieur des Bascules horizontales : les barres, dont on en voit une, 28, 26 du Sommier. On y apperçoit aussi les bouts de la Table, des Registres , des faux Registres, Chapes & faux Sommiers, avec une quantité de tuyaux : le plancher 30, 29, 21 qui est construit entre le grand & le petit Buffet , pour couvrir les Bascules & porter le Clavier de Pédale , &c.

443. Il faut remarquer les Vergettes 31, accrochées par leur bout in-férieur aux Demoiselles, & par leur bout supérieur à un des bras des rouleaux de l'Abrégé 32, desquels on voit le bout étant sciés au milieu de leur longueur. On apperçoit les Soupapes dans la Laye du grand Som-mier 19, au dessous de laquelle on voit les osiers, auxquels sont accro-chées les autres Vergettes de l'Abrégé 32, dont le bout inférieur tient à l'autre bras des rouleaux. Le Sommier 19 est garni de ses Registres, Cha-pes, faux Sommier, &c. avec une confusion de beaucoup de tuyaux 3.

ORGUES. N n

444. Les marches 7 du Clavier de Pédale, en baissant tirent les Vergettes 38, qui font mouvoir les équerres de la double échelle 33. Ce mouvement eft tranfmis aux équerres de la fimple échelle 34, par les Vergettes accrochées à l'une & à l'autre; & au moyen des autres Vergettes 39, la fimple échelle 35 tire les Vergettes obliques, qui font accrochées à l'Abrégé 36, du Sommier de Pédale 37, dont les Soupapes s'ouvrent par tout ce tirage. On apperçoit dans la Laye de ce Sommier, qui eft ouverte, les Soupapes, les ofiers avec les Vergettes qui y font accrochées. Par deffus le Sommier, on voit le faux Sommier avec quelques veftiges de tuyaux.

445. On remarquera enfin que la touche, qui paroît la premiere dans le Clavier du Pofitif, eft baiffée par le petit doigt de la main gauche de l'Organifte. Le Pilote 24, fur lequel la même touche appuie, eft de même baiffé, par conféquent la Bafcule 23, 27 correfpondante, qui fe trouve ici la plus vifible, l'eft auffi & élevée du côté du Sommier 27. Ce mouvement étant communiqué au Pilotin 28, fait ouvrir fa Soupape, comme on le voit. Le Tremblant fort 22 eft pofé fur le Porte-vent 18. On a retranché de cette Planche tout le méchanifme des mouvements des Regiftres, pour rendre plus fenfible tout ce qui regarde le Jeu des Claviers & la communication des vents.

FIN DE LA PREMIERE PARTIE.

Corrections & Additions.

PAGE 1, *ligne* 14, devant; de grands: *lifez*, devant. De grands.

Ibidem, l. 15, fourniffant: *lifez*, fourniffent.

Pag. 6, l. 36, forces: *lifez*, force.

Pag. 8, l. 9, levierd ont: *lifez*, levier dont.

Pag. 10, l. 36, ferrée: *lifez*, ferrée.

Pag. 20, l. 20, trace-bouche: *lifez*, trace-bouches.

Pag. 25, l. 25, leur broche: *lifez*, leurs broches.

Pag. 26, l. 11, *après*, point de charniere; *ajoutez*: Il arrive prefque toujours, qu'on eft obligé de refaire la premiere moitié du moule de plâtre, à caufe qu'il a été prefque impoffible d'y bien arranger les noyaux de bois, & qu'il a fallu ôter du plâtre en certains endroits & en remettre dans d'autres, pour enfoncer plus ou moins les noyaux, comme je l'ai déja dit ci-deffus. Ainfi lorfque la feconde moitié fera faite, on refera la premiere fur la feconde, les noyaux y étant & ayant mis de l'huile, &c.

Pag. 27, l. 13, une très-grande Orgue: *lifez*, un très-grand Orgue.

Pag. 29, l. 3, bluir: *lifez*, bleuir.

Pag. 33, l. 40, une: *lifez*, un.

Pag. 36, l. 4, une: *lifez*, un.

Ibid. l. 30, cole: *lifez*, colle.

Ibid. l. 34, termin épar: *lifez*, terminé par.

Pag. 40, l. 35, foient: *lifez*, foit.

Pag. 41, l. 16, auquel: *lifez*, à laquelle.

Pag. 78, l. 13, trouveia: *lifez*, trouvera.

Pag. 95, l. 26, du: *lifez*, de.

Pag. 97, l. 27, tranfportez le mot en avant le chiffre 11, & *lifez*, en 11.

Pag. 116, l. 5, enbas: *lifez*, en bas.

Ibid. l. 9, enbas: *lifez*, en bas.

Pag. 125, l. 1, eft l'ouverture: *lifez*, B eft l'ouverture.

Pag. 129, au titre de la page, l'nfemble de l'EOrgue: *lifez*, l'Enfemble de l'Orgue.

DE L'IMPRIMERIE DE L. F. DELATOUR. 1766.

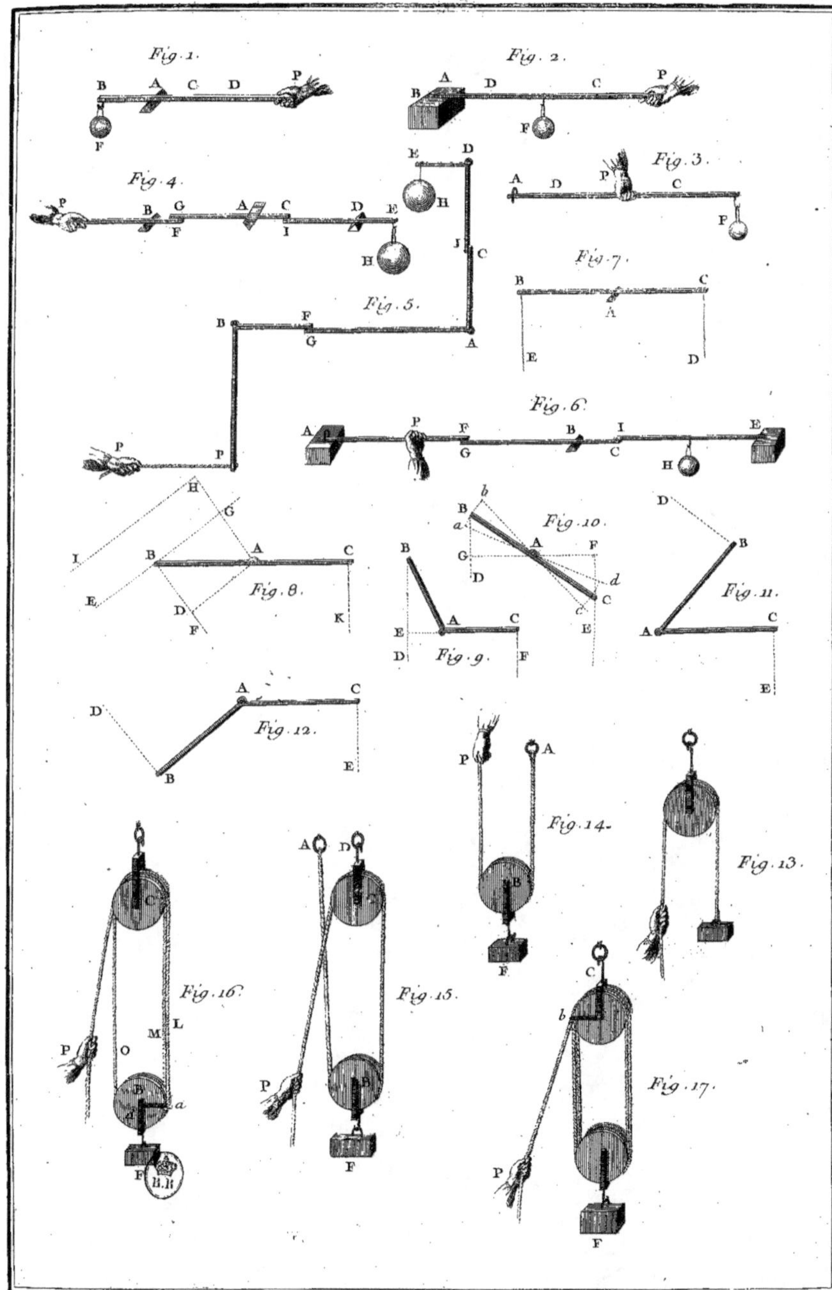

Fig. 1.
B A C D P
F
Fig. 2.
A D C P
B F
Fig. 4.
P B G A C D E
F I
Fig. 3.
A D P C
F
Fig. 5.
E D
H
B F A
G J
C
Fig. 7.
B C
A
E D
Fig. 6.
A P F B I E
G C
H
Fig. 8.
H G
I A
B C
E D K
F
Fig. 10.
b D
B F
a
G A
D C
d
c E
Fig. 9.
B
A C
E F
D
Fig. 11.
D B
A C
E
Fig. 12.
A C
D
B E
Fig. 14.
P A
B
F
Fig. 13.
Fig. 16.
C
P M L
O
a
F B.H
Fig. 15.
A D
P B
F
Fig. 17.
C
b
P
F

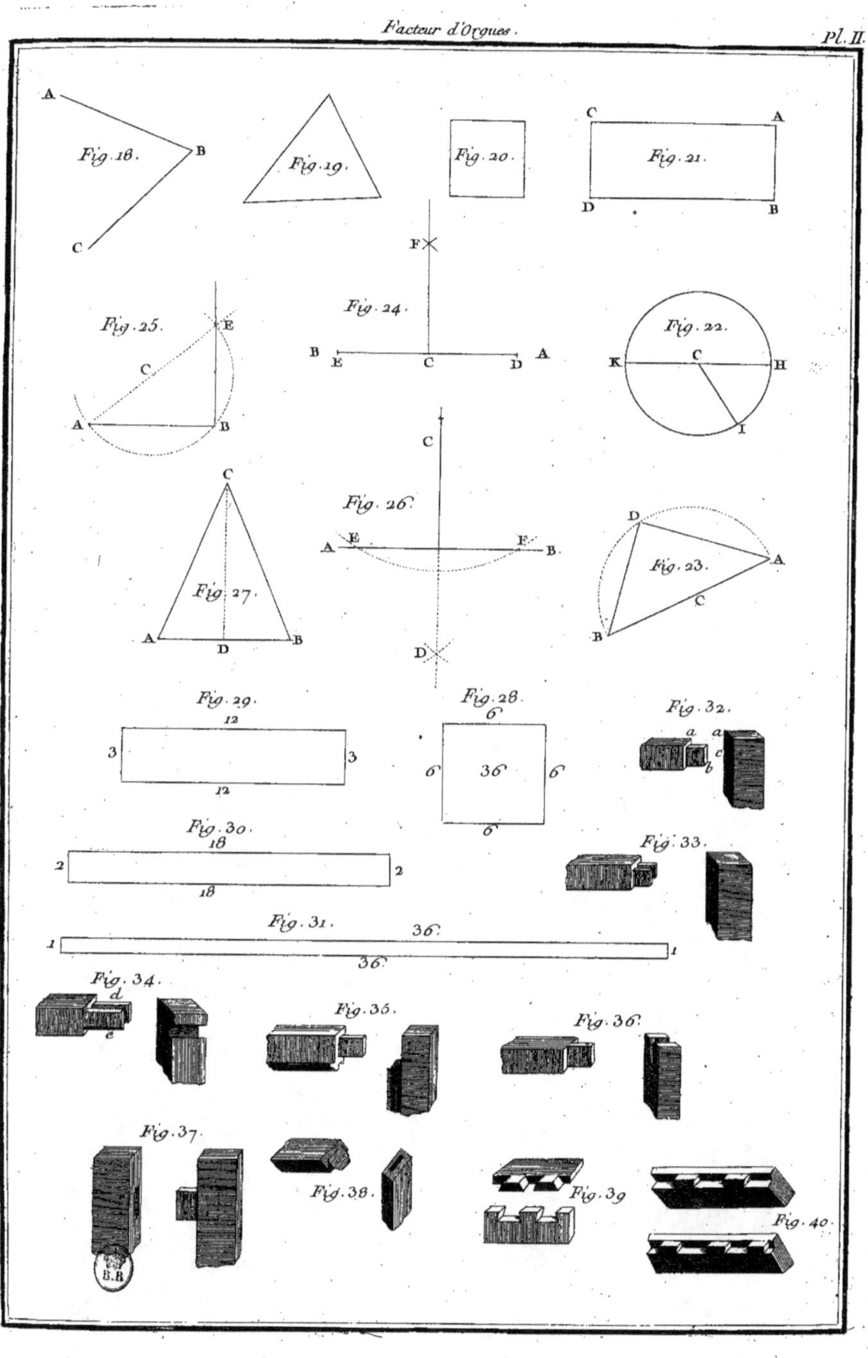

Fig. 18.
A
B
C
Fig. 19.
Fig. 20.
Fig. 21.
C
A
D
B
Fig. 24.
F
B
E
C
D
A
Fig. 25.
E
C
A
B
Fig. 22.
K
C
H
I
Fig. 26.
C
A
E
F
B
D
Fig. 27.
C
A
D
B
Fig. 23.
D
A
B
C
Fig. 29.
12
3
3
12
Fig. 28.
6
6
36
6
6
Fig. 32.
a
a
c
b
Fig. 30.
18
2
2
18
Fig. 33.
Fig. 31.
36
1
1
36
Fig. 34.
d
e
Fig. 35.
Fig. 36.
Fig. 37.
Fig. 38.
Fig. 39.
Fig. 40.
B.B

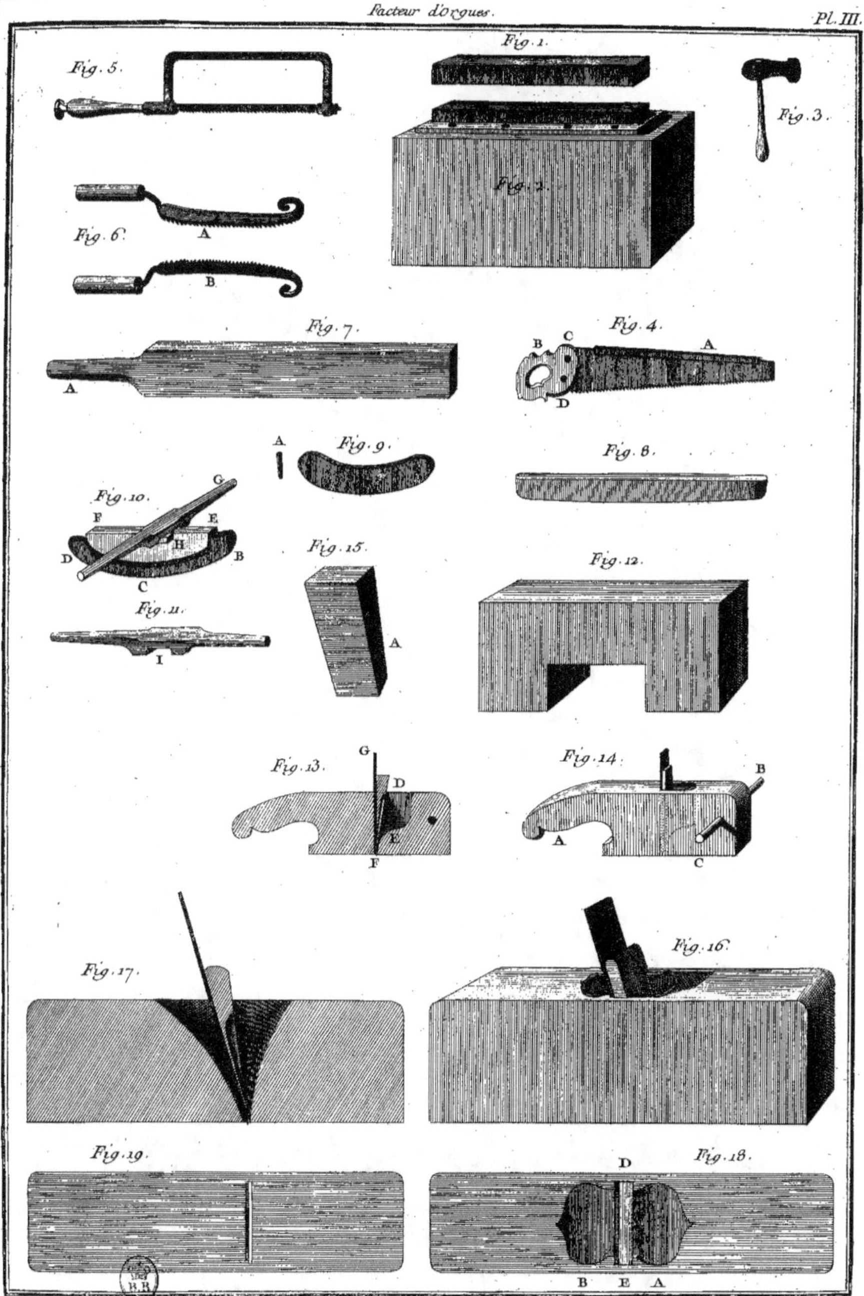

Fig. 5.
Fig. 1.
Fig. 3.
Fig. 6.
A
B
Fig. 2.
Fig. 7.
Fig. 4.
B C A
D
A
A
Fig. 9.
Fig. 8.
Fig. 10.
G
F E
D H B
C
Fig. 15.
Fig. 12.
Fig. 11.
I
A
Fig. 13.
G
D
E
F
Fig. 14.
B
A
C
Fig. 16.
Fig. 17.
Fig. 19.
D
Fig. 18.
B E A

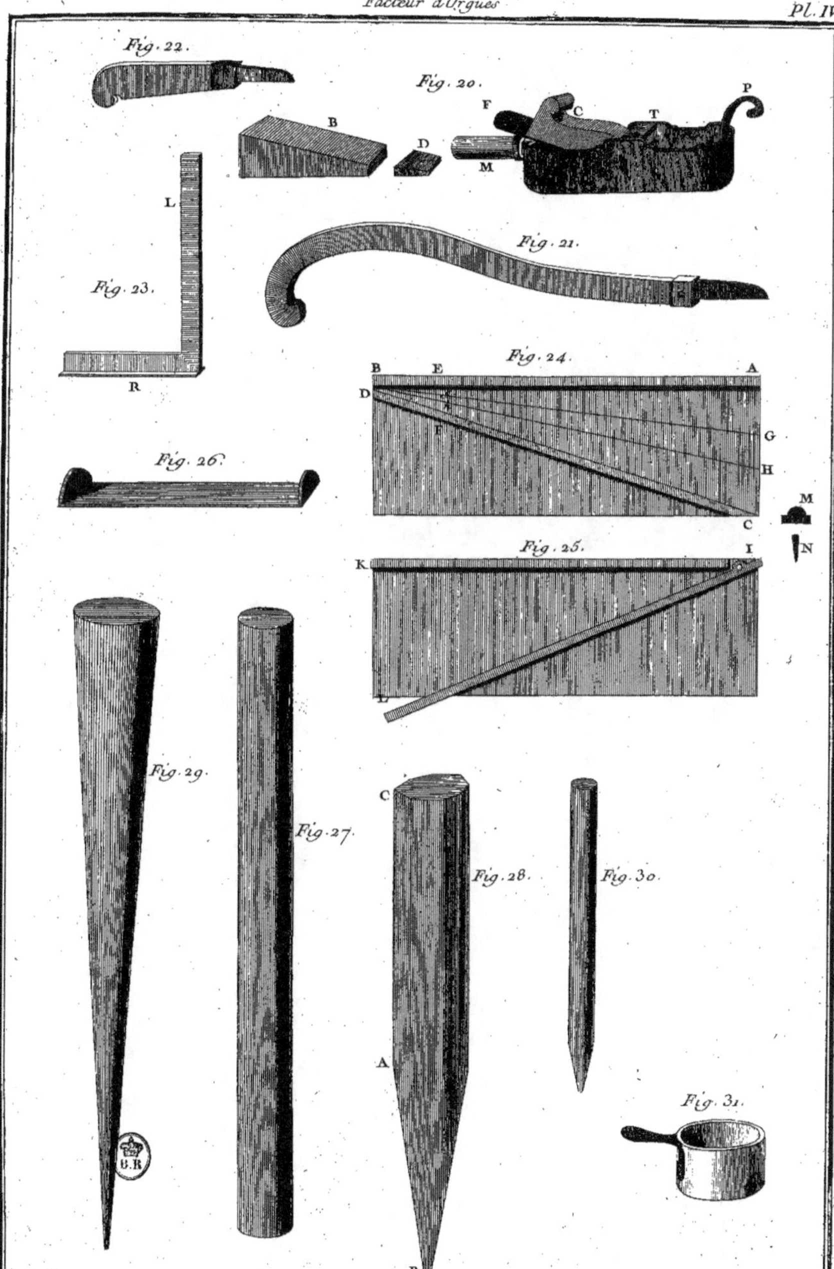
Fig. 22.
Fig. 20.
F
C
T
P
B
D
M
L
Fig. 21.
Fig. 23.
R
Fig. 24.
B E A
D
F G
H
C
M
N
Fig. 26.
Fig. 25.
K I
L
Fig. 29.
Fig. 27.
C
Fig. 28.
Fig. 30.
A
Fig. 31.
B

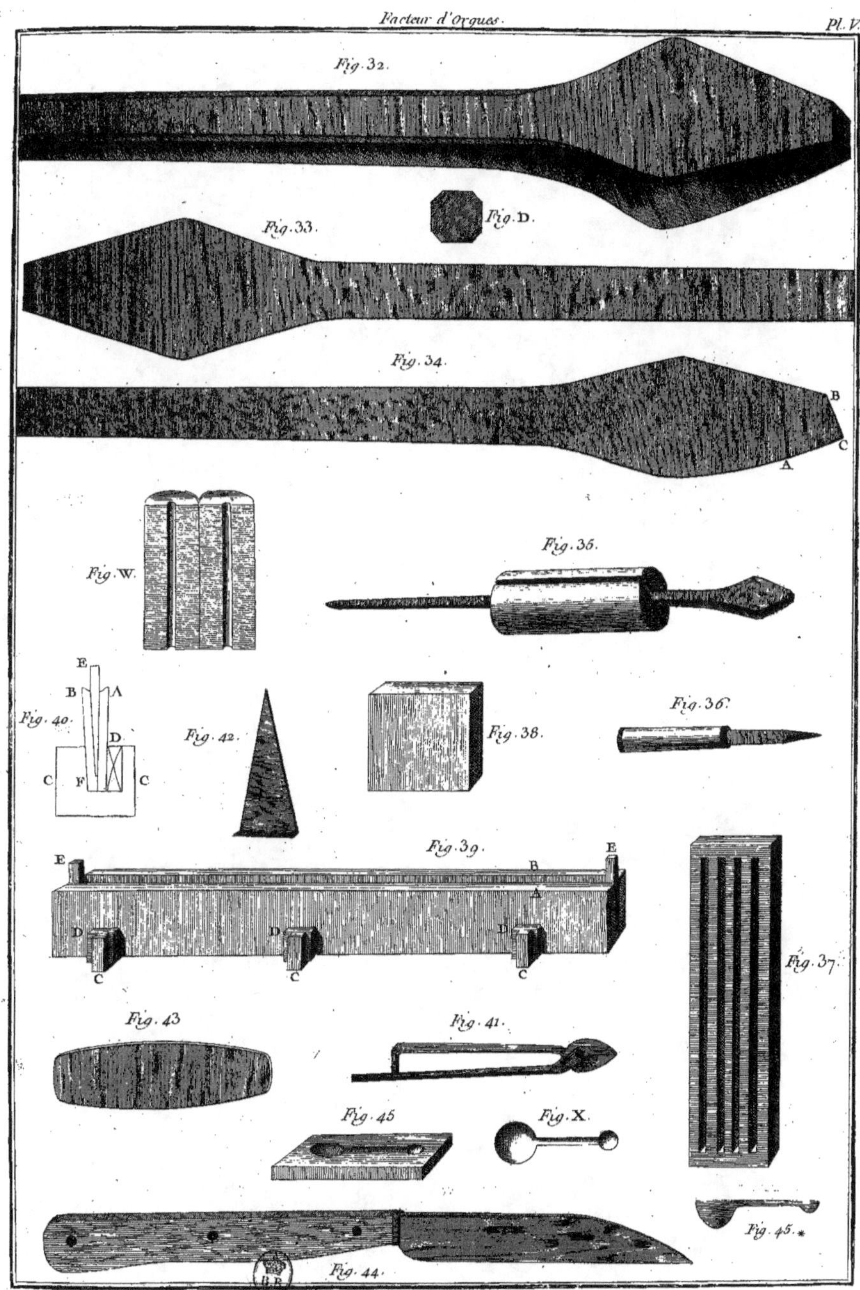
Fig. 32.
Fig. 33.
Fig. D.
Fig. 34.
B
C
A
Fig. W.
Fig. 35.
E
B A
Fig. 40.
D
C F C
Fig. 42.
Fig. 38.
Fig. 36.
Fig. 39.
E
B
A
E
D
C
D
C
D
C
Fig. 37.
Fig. 43.
Fig. 41.
Fig. 45.
Fig. X.
Fig. 45.*
Fig. 44.

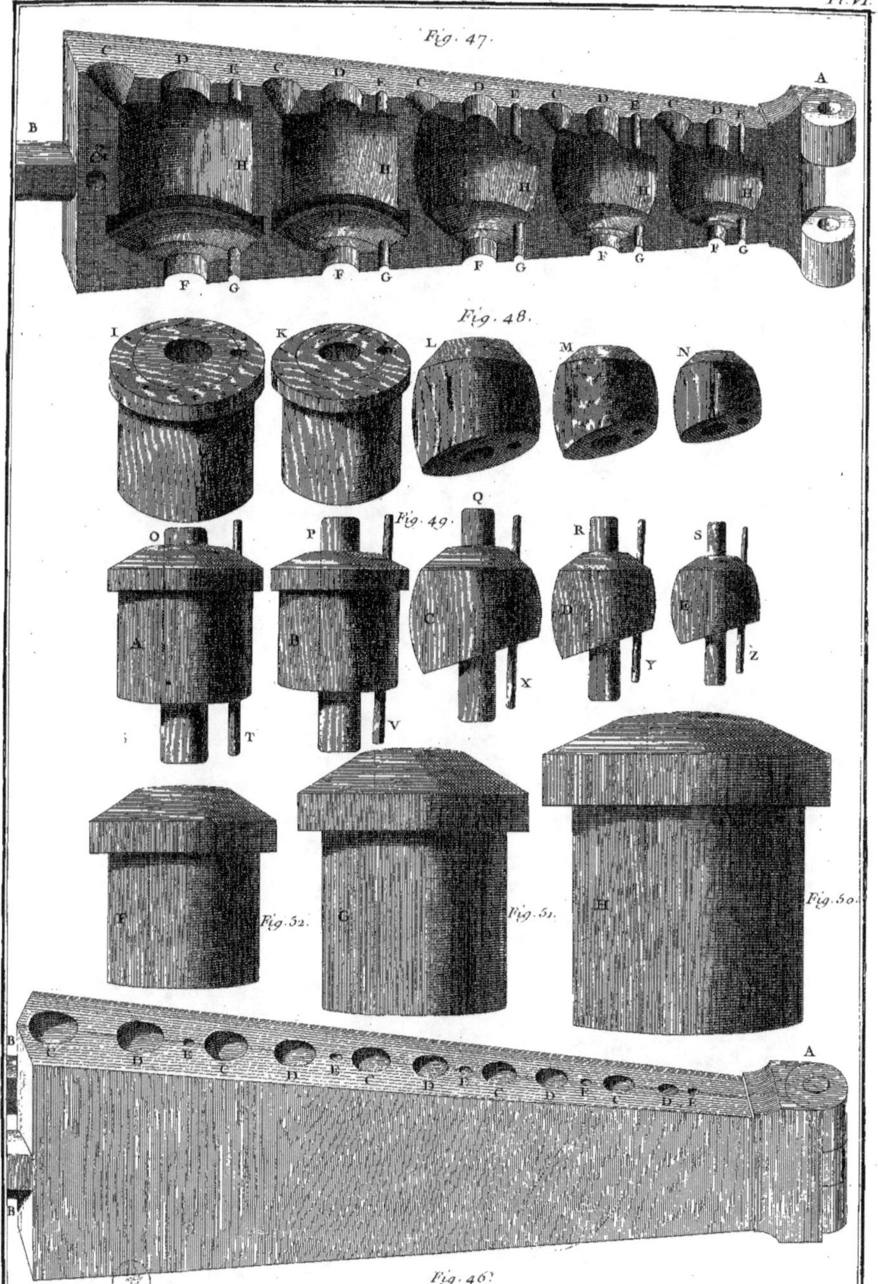

Fig. 47.

Fig. 48.

Fig. 49.

Fig. 50.

Fig. 51.

Fig. 52.

Fig. 46.

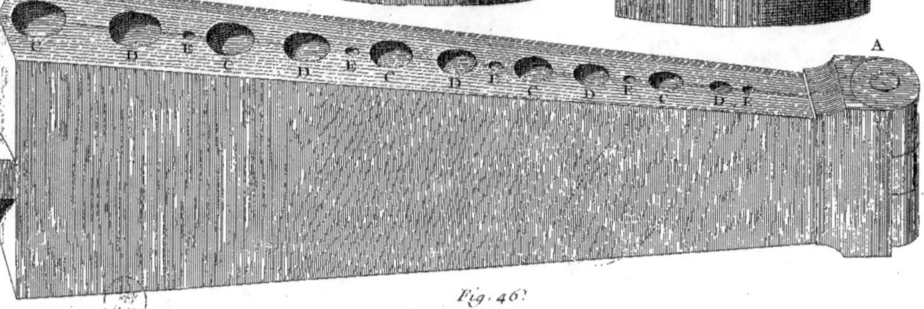

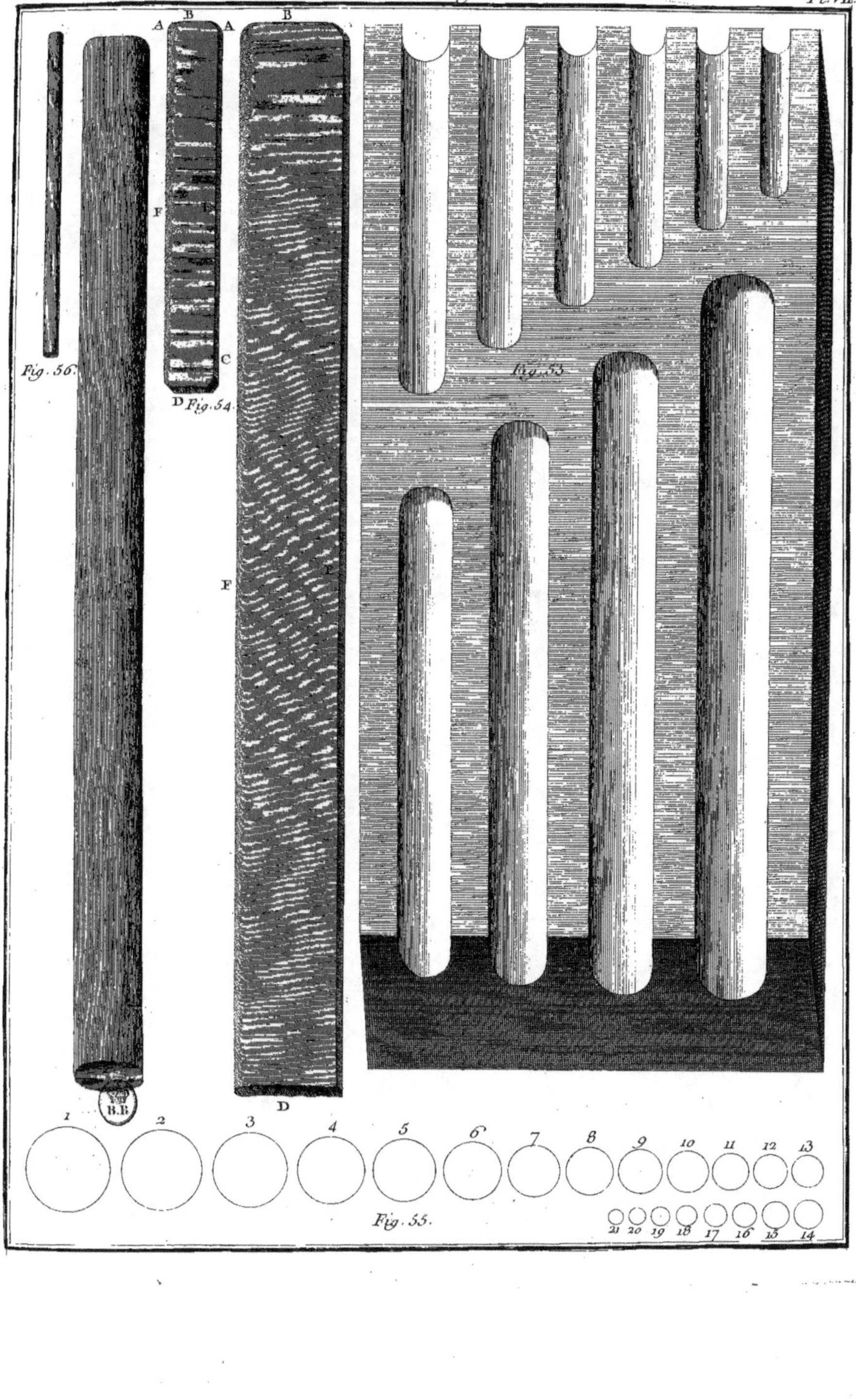

Fig. 56.
A B A B
F
C
D Fig. 54
F E
D
B.B
Fig. 55.
Fig. 55.
1 2 3 4 5 6 7 8 9 10 11 12 13
21 20 19 18 17 16 15 14

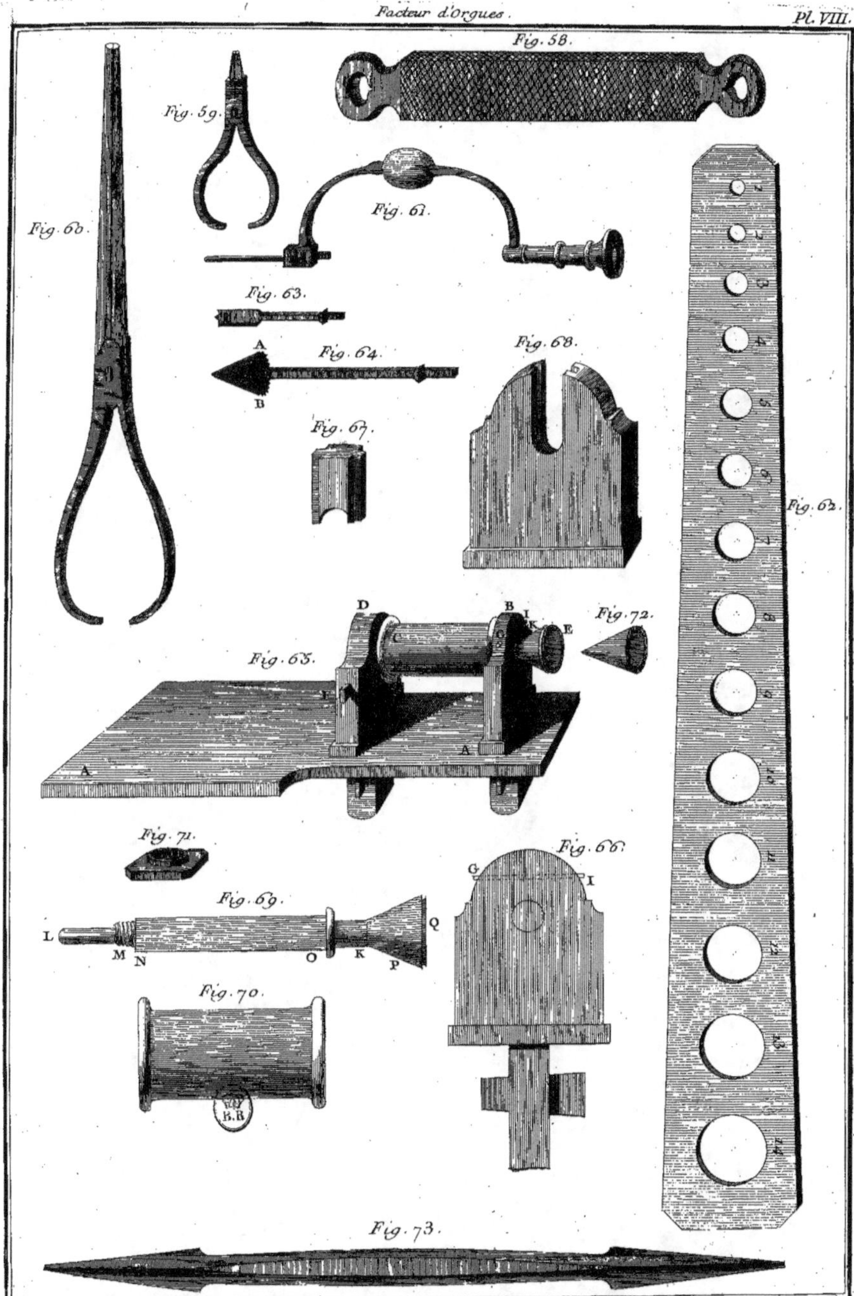
Fig. 58.
Fig. 59.
Fig. 60.
Fig. 61.
Fig. 63.
Fig. 64.
A
B
Fig. 67.
Fig. 68.
Fig. 62.
D
C
B
K
E
Fig. 72.
Fig. 65.
E
A
A
Fig. 71.
Fig. 69.
Fig. 66.
L
M N
O K P
Q
G
I
Fig. 70.
Fig. 73.

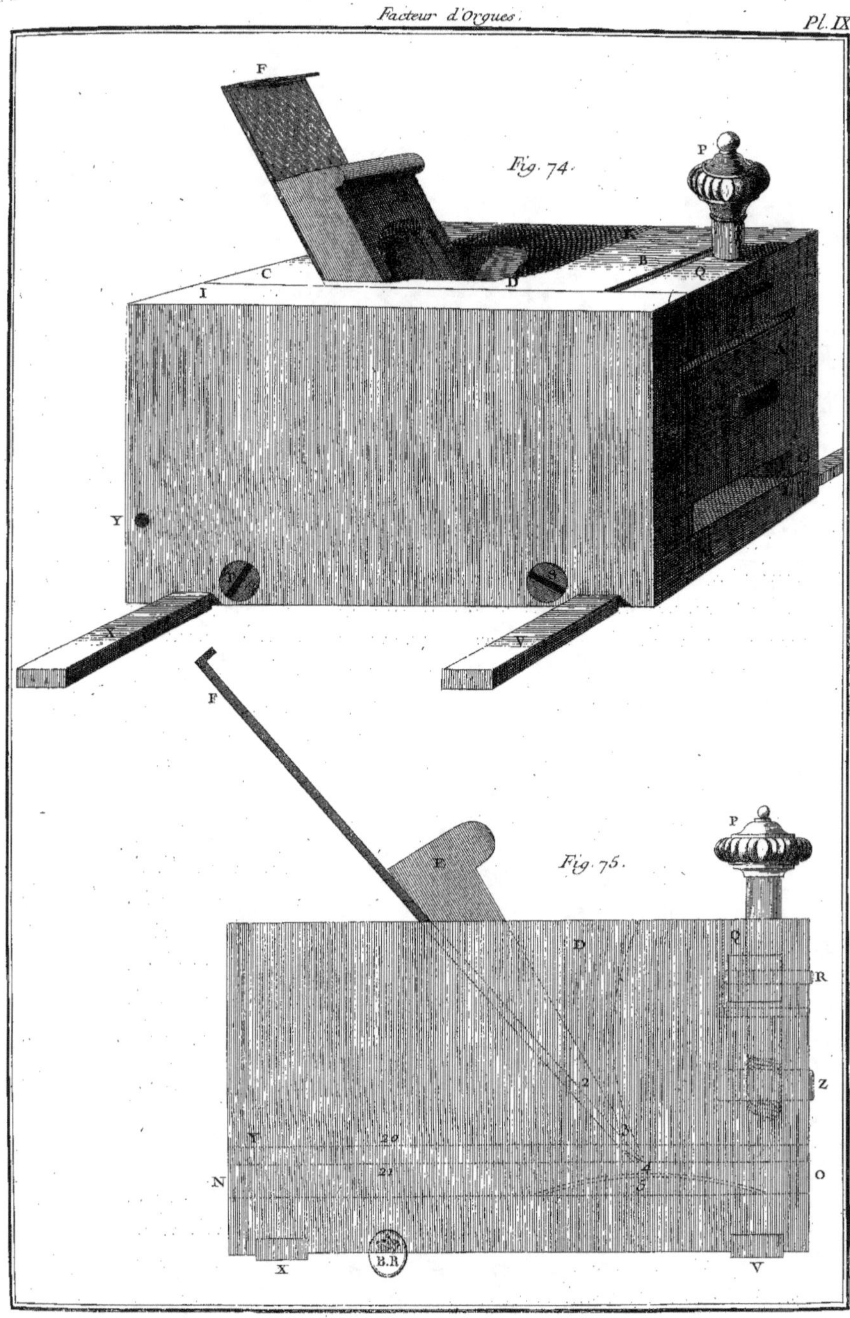

Facteur d'Orgues.
Pl. IX.
Fig. 74.
Fig. 75.

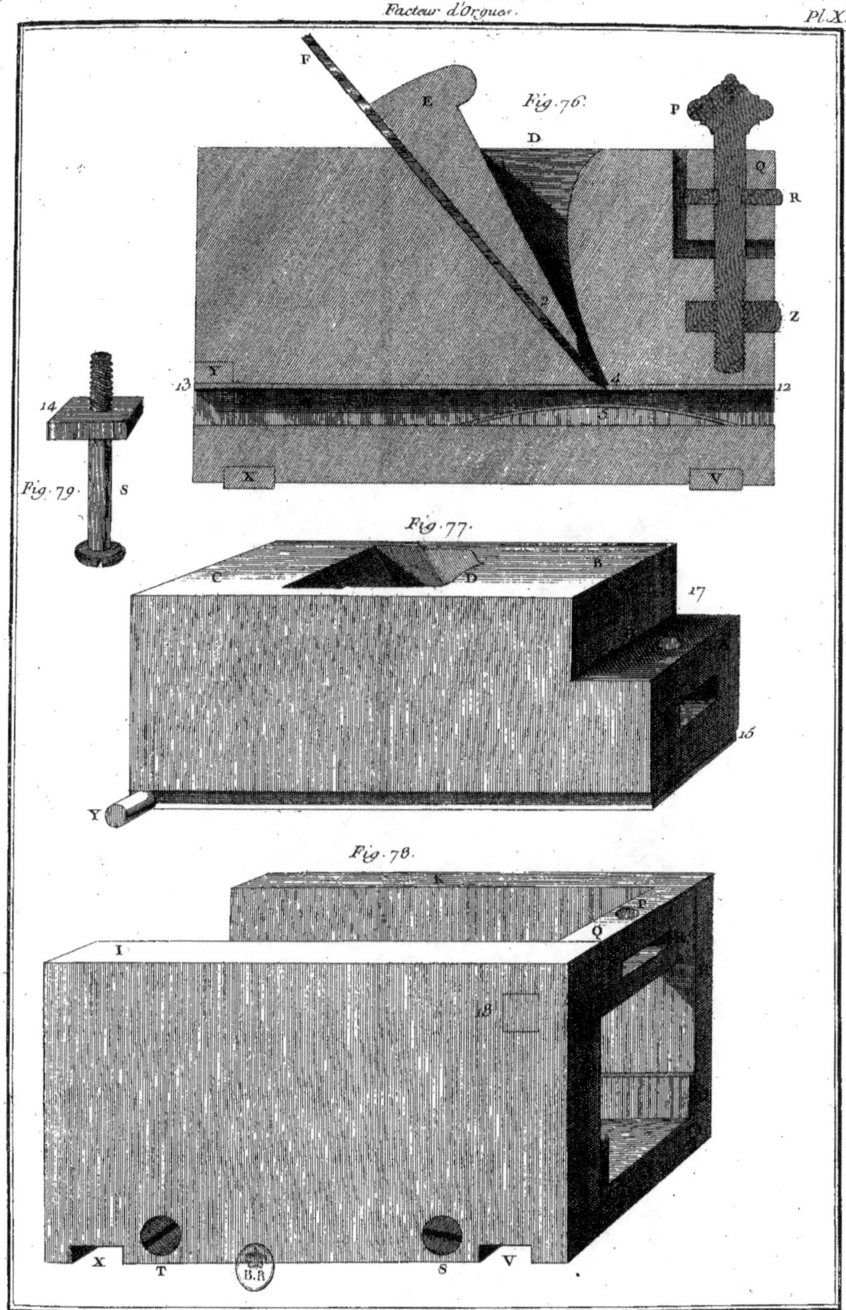

Fig. 76.
Fig. 77.
Fig. 78.
Fig. 79.

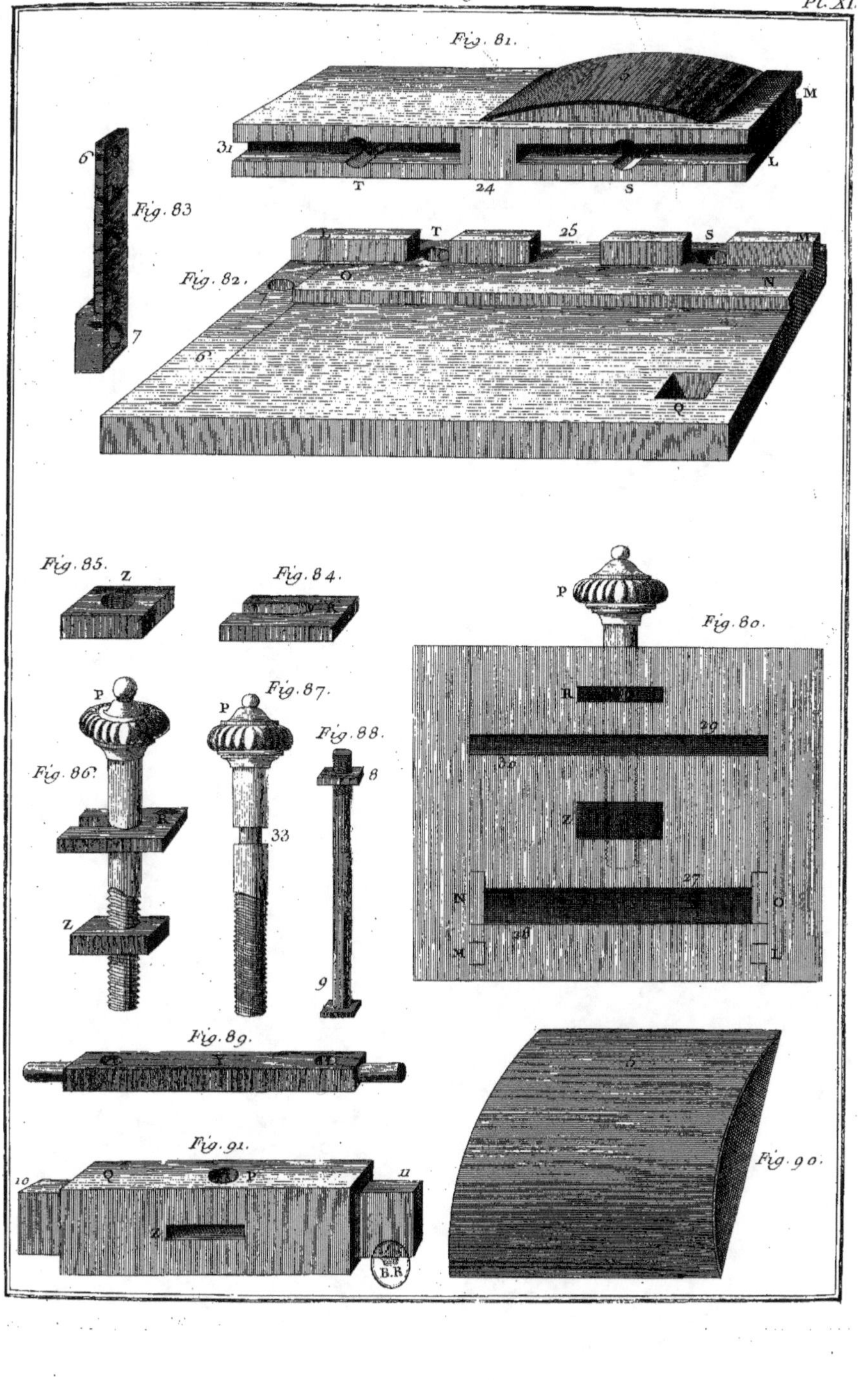

Facteur d'Orgues.
Pl. XI.
Fig. 81.
Fig. 83.
Fig. 82.
Fig. 85.
Fig. 84.
Fig. 86.
Fig. 87.
Fig. 88.
Fig. 89.
Fig. 91.
Fig. 90.
Fig. 80.
B.R.

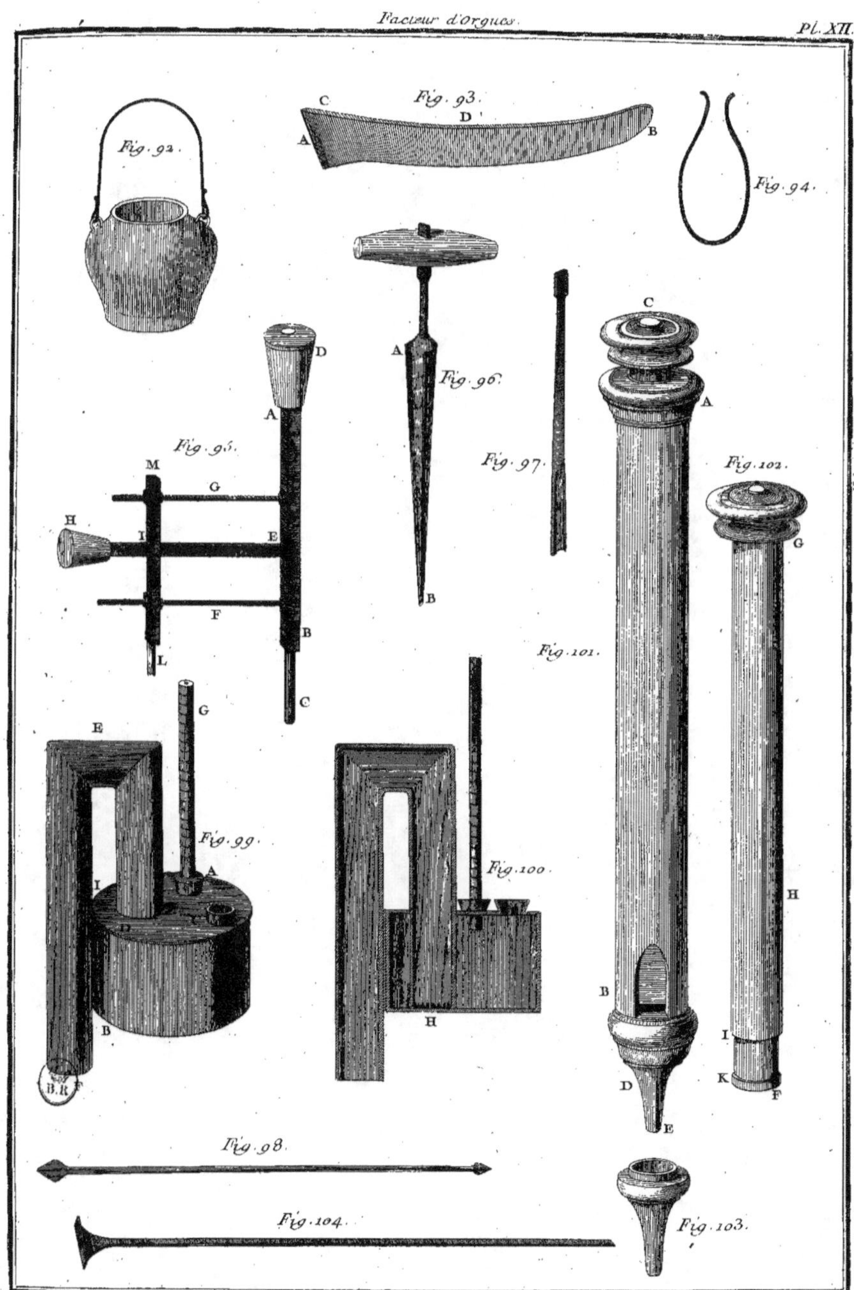
Fig. 92.
Fig. 93.
C
D
A
B
Fig. 94.
Fig. 95.
M
G
H
I
E
F
L
A
D
B
C
Fig. 96.
A
B
Fig. 97.
Fig. 101.
C
A
B
D
E
Fig. 102.
G
H
I
K
F
Fig. 99.
E
G
I
A
D
B
F
Fig. 100.
H
Fig. 98.
Fig. 104.
Fig. 103.

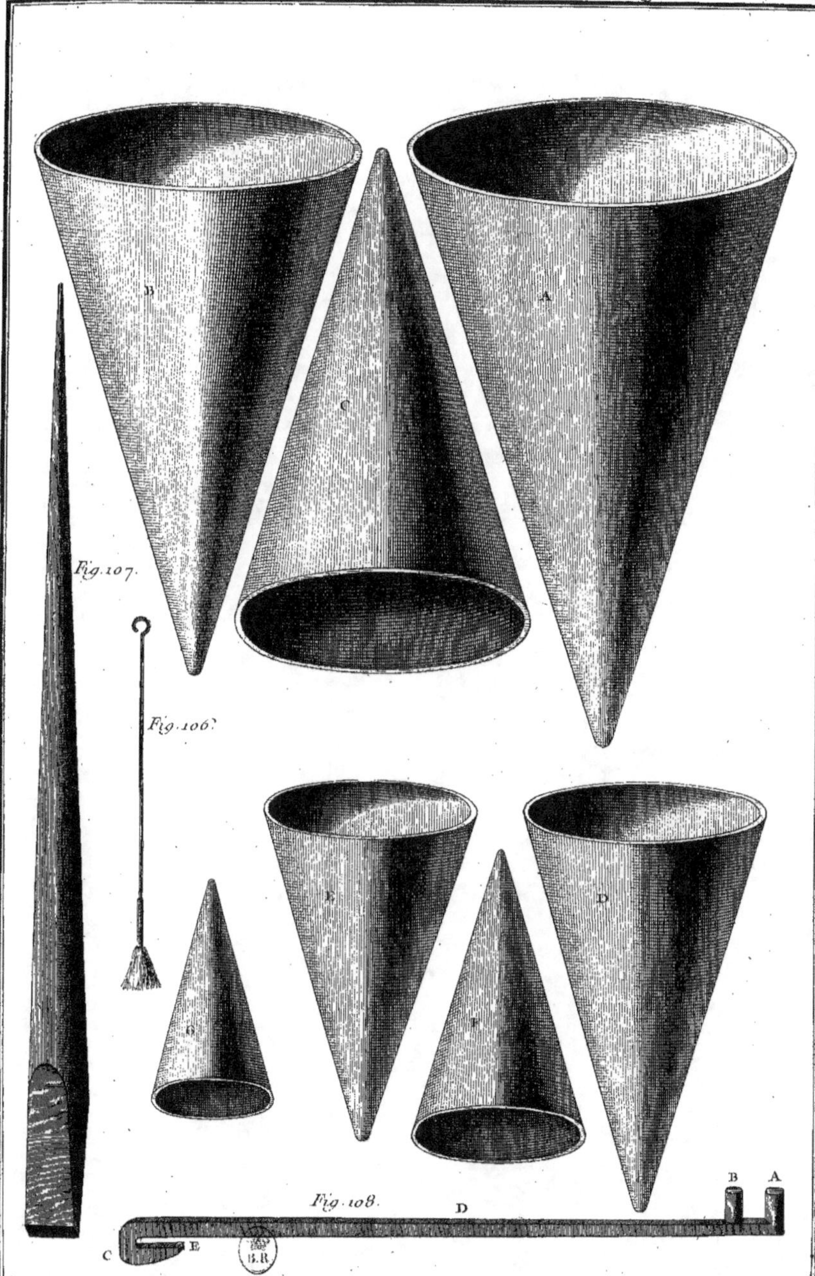
B
A
C
Fig. 107.
Fig. 106.
E
D
F
Fig. 108.
C
E
D
B
A

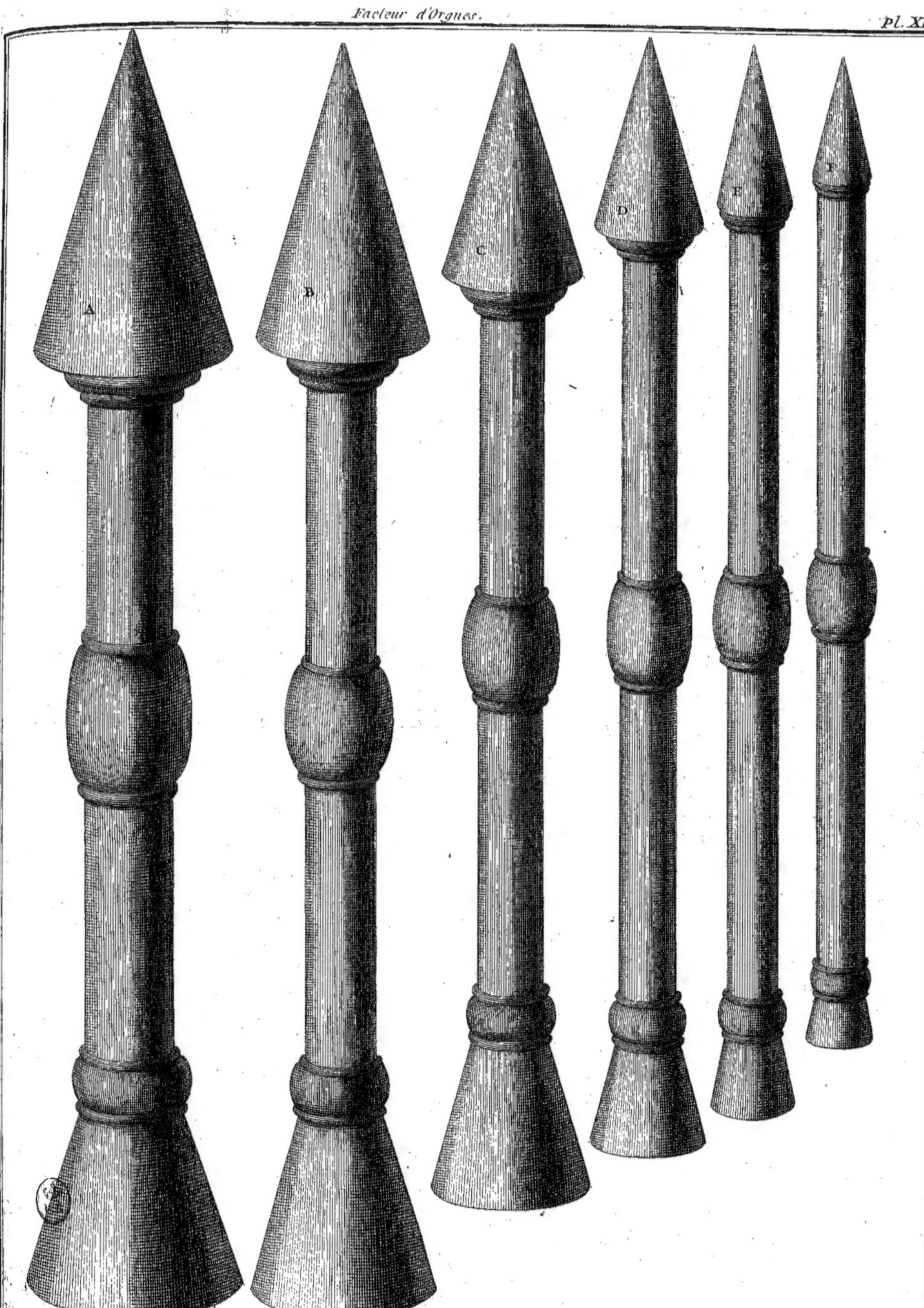

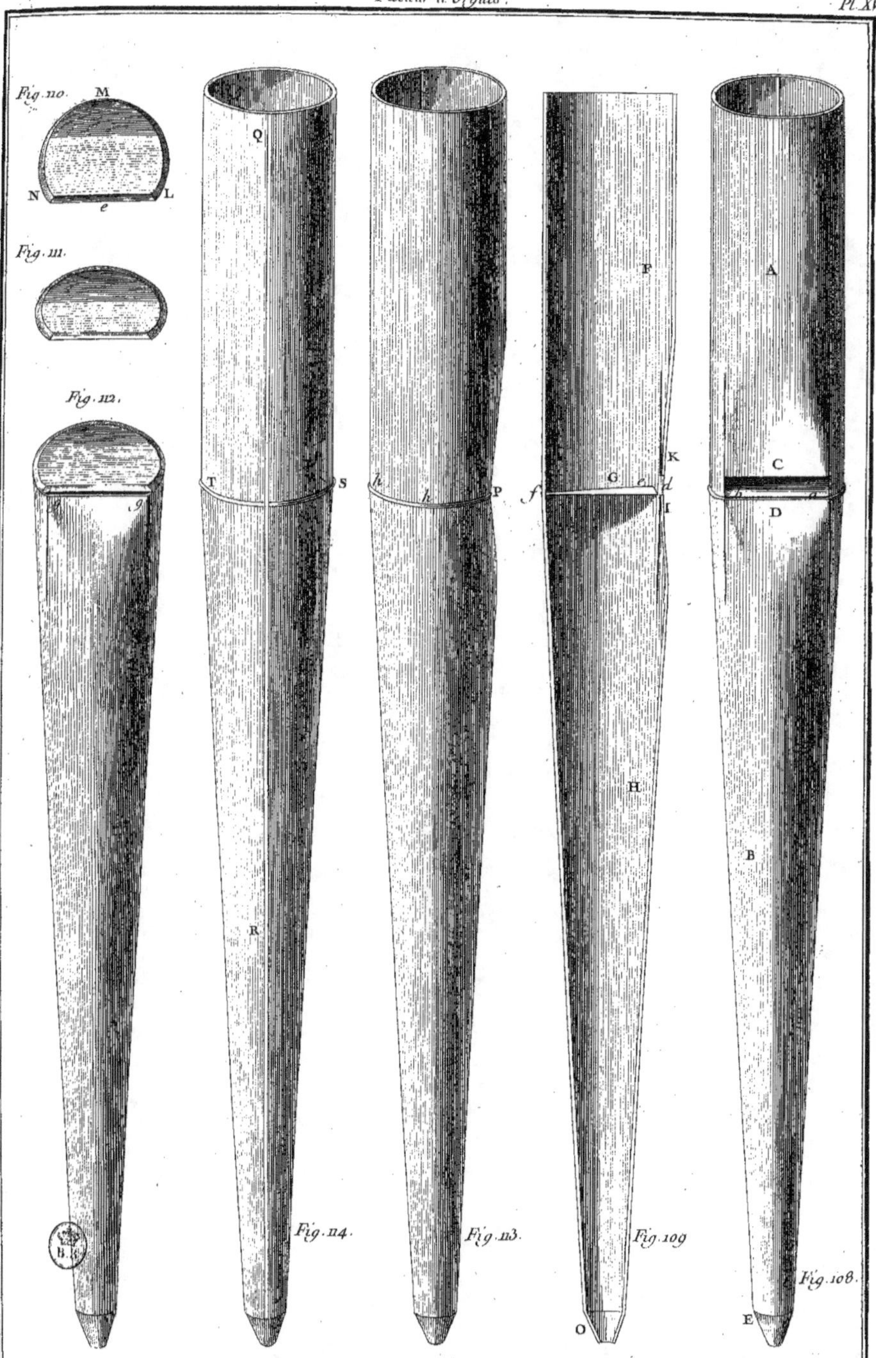
Fig. 110.
M
N   L
e
Fig. 111.
Fig. 112.
g
T   S
h   k   P
f   G   K
e   d
I
Q
F
A
C
D
R
H
B
Fig. 114.
Fig. 113.
Fig. 109.
Fig. 108.
O
E

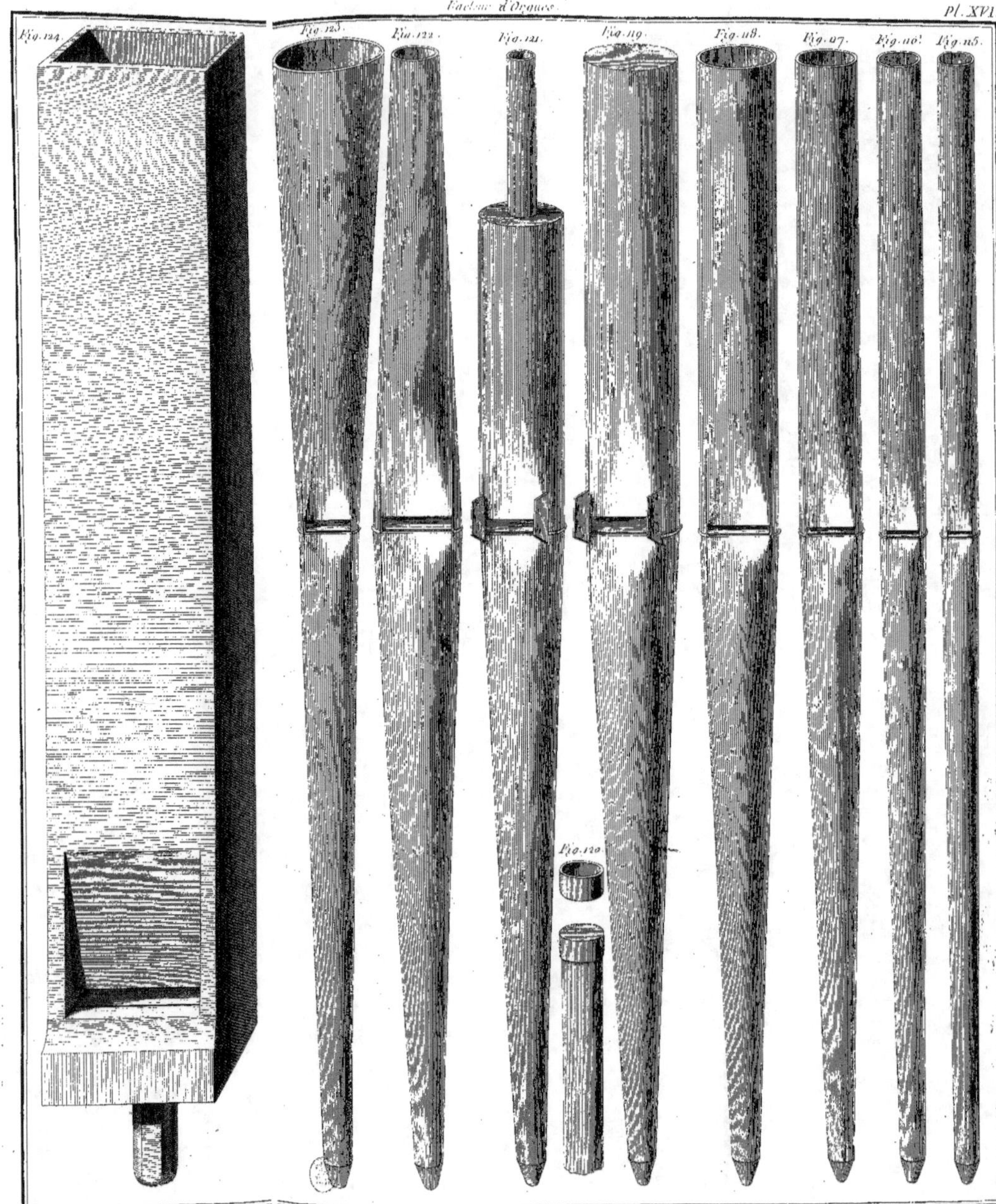

Facteur d'Orgues.
Pl. XVI.
Fig. 124.
Fig. 123.
Fig. 122.
Fig. 121.
Fig. 119.
Fig. 118.
Fig. 117.
Fig. 116.
Fig. 115.
Fig. 120.

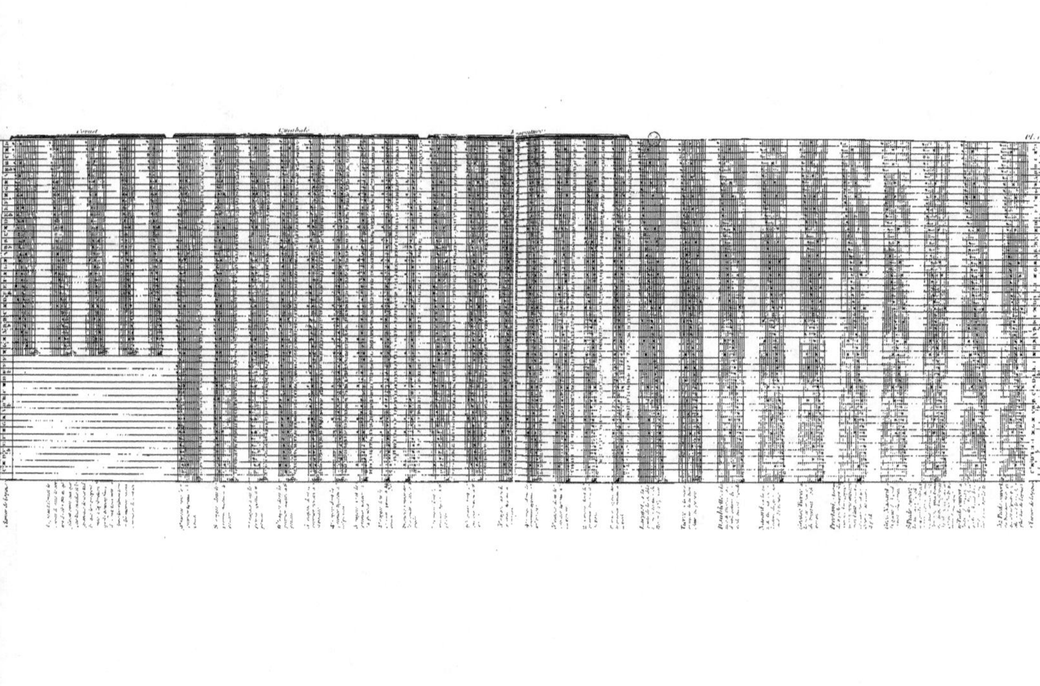

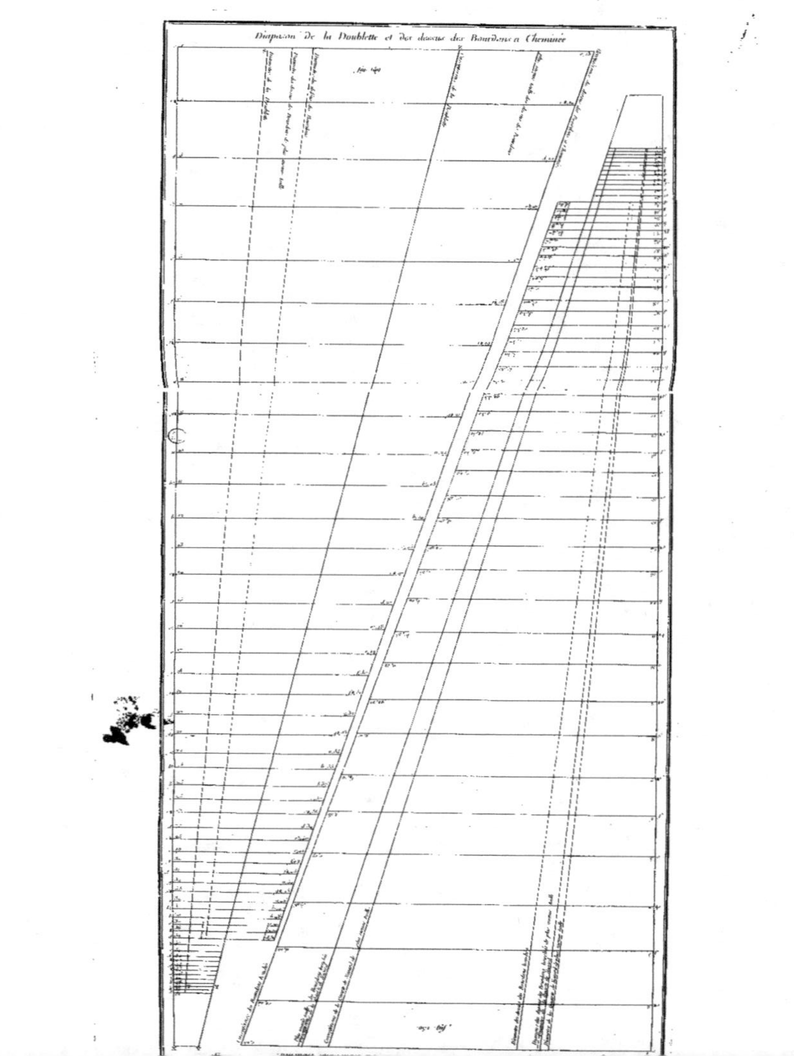

Diapason De la Doublette et des dessus des Bourdons a Cheminée
fig. 150.

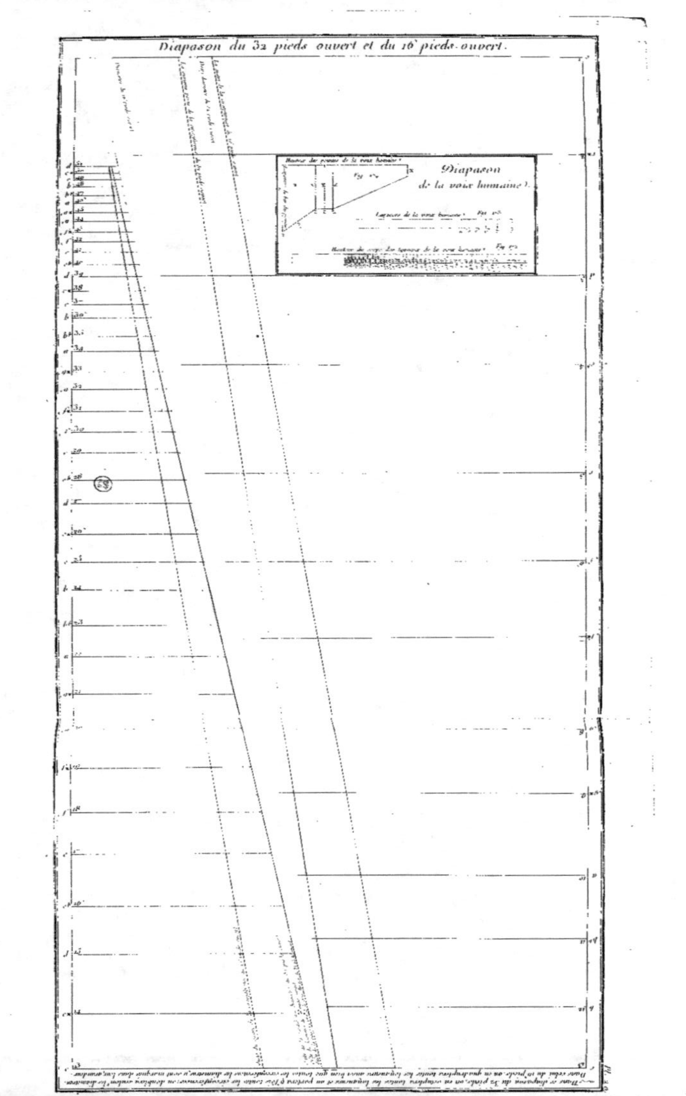
Diapason du 32 pieds ouvert et du 16e pieds ouvert.
Diapason de la voix humaine.

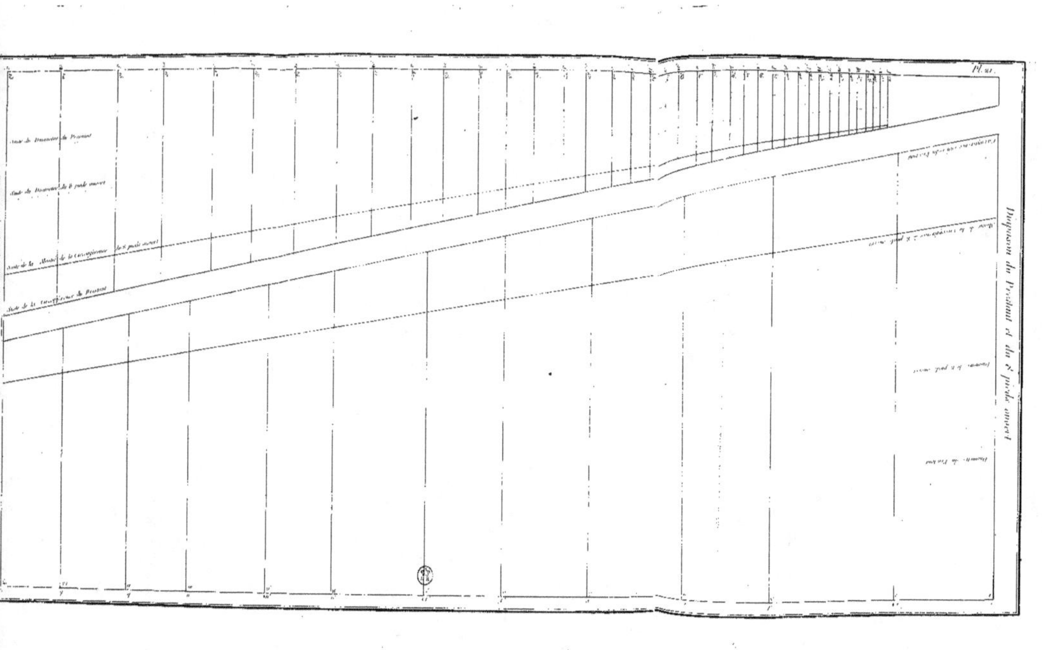
Pl. III.

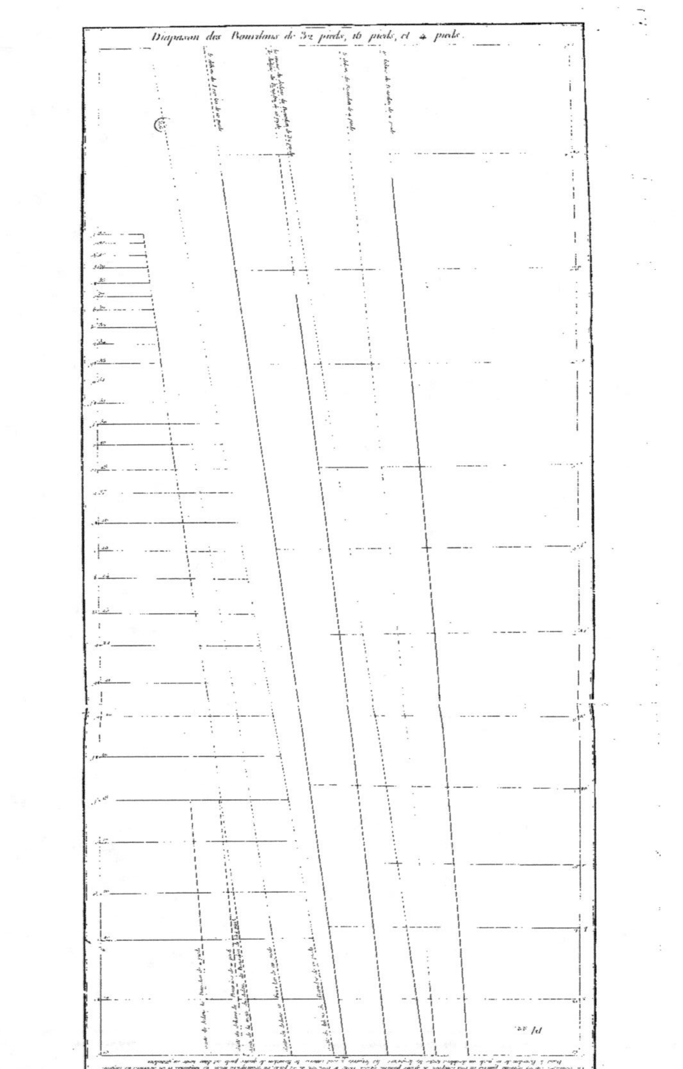

Diapason des Bourdons de 32 pieds, 16 pieds, et 4 pieds.
Pl. 22.

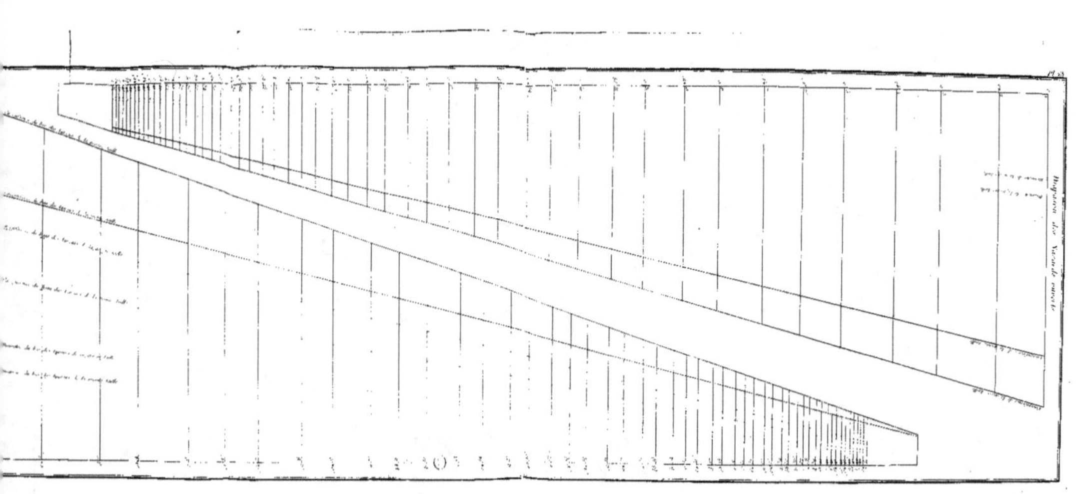

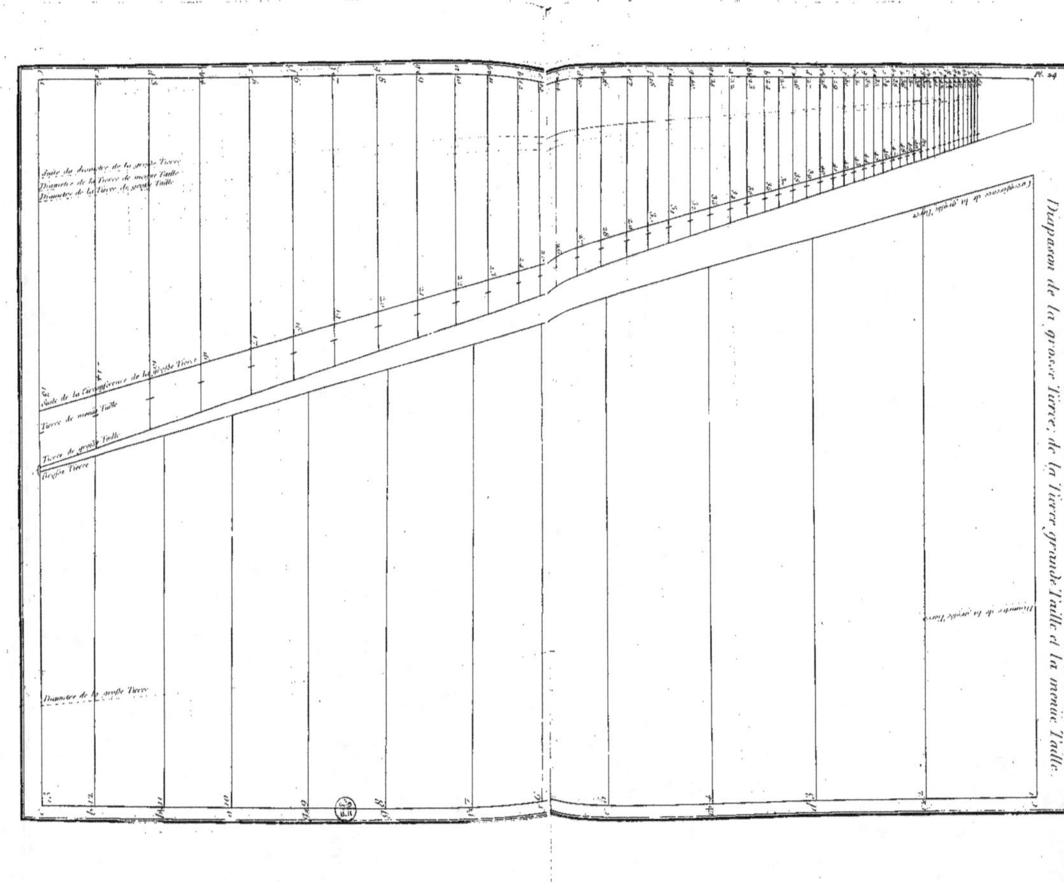

Pl. 24
Diapason de la grosse Tierce, de la Tierce, grande Taille et la menuë Taille.
Suite du diametre de la grosse Tierce
Diametre de la Tierce de menue Taille
Diametre de la Tierce de grande Taille
Suite de la Circonference de la grosse Tierce
Tierce de menue Taille
Tierce de grande Taille
Grosse Tierce
Diametre de la grosse Tierce

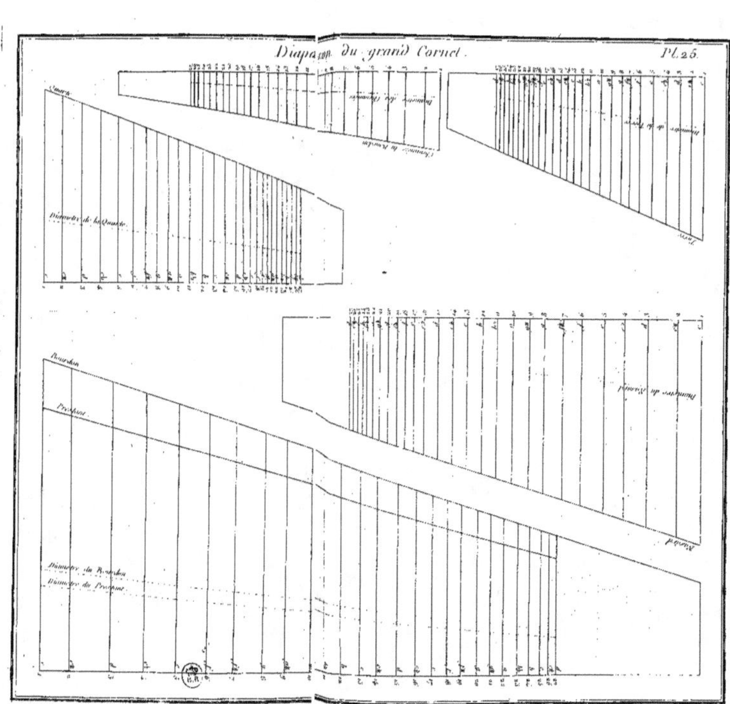

Diapason du grand Cornet.
Pl. 25.

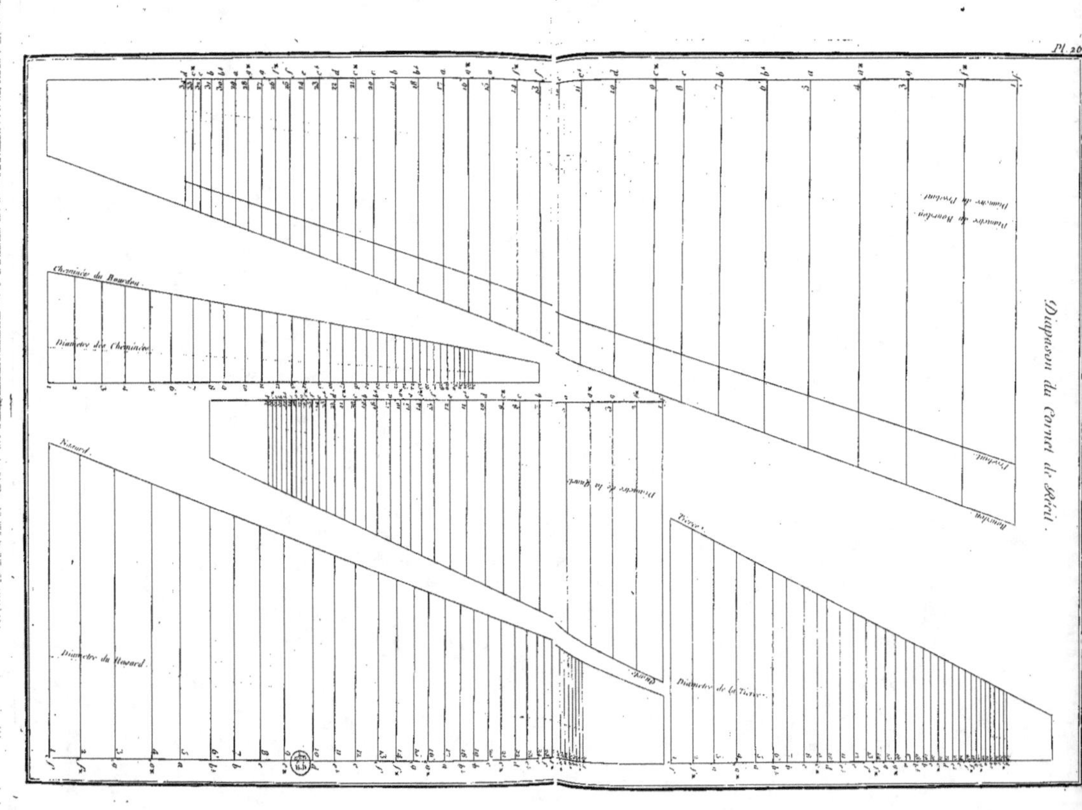

Pl. 20
Diapason du Cornet de Récit.
Diamètre du Bourdon
Hauteur du Prestant
Prestant
Bourdon
Cheminée du Bourdon
Diamètre des Cheminées
Nasard
Diamètre du Nasard
Diamètre de la Quarte
Tierce
Diamètre de la Tierce

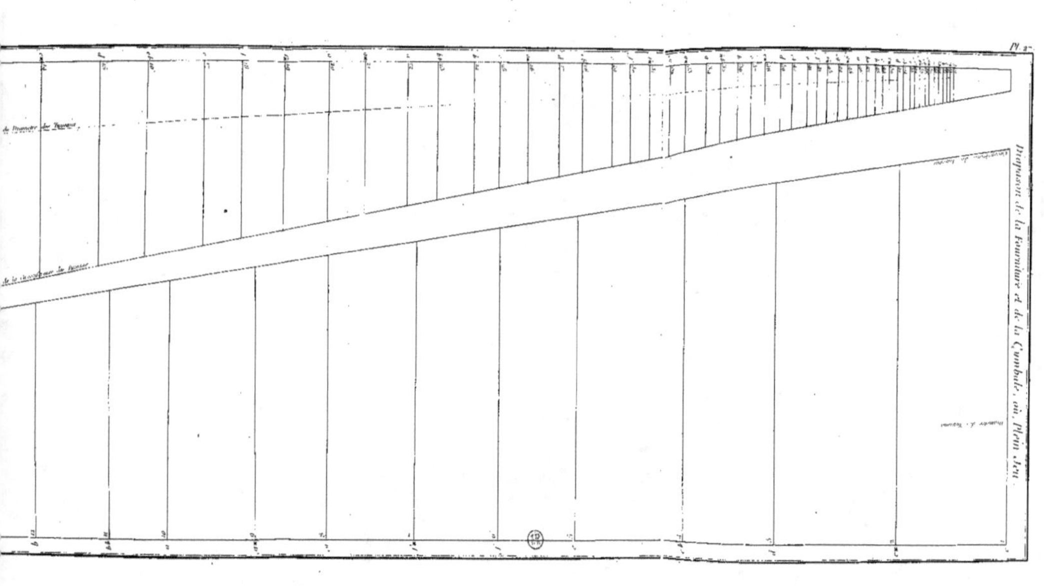

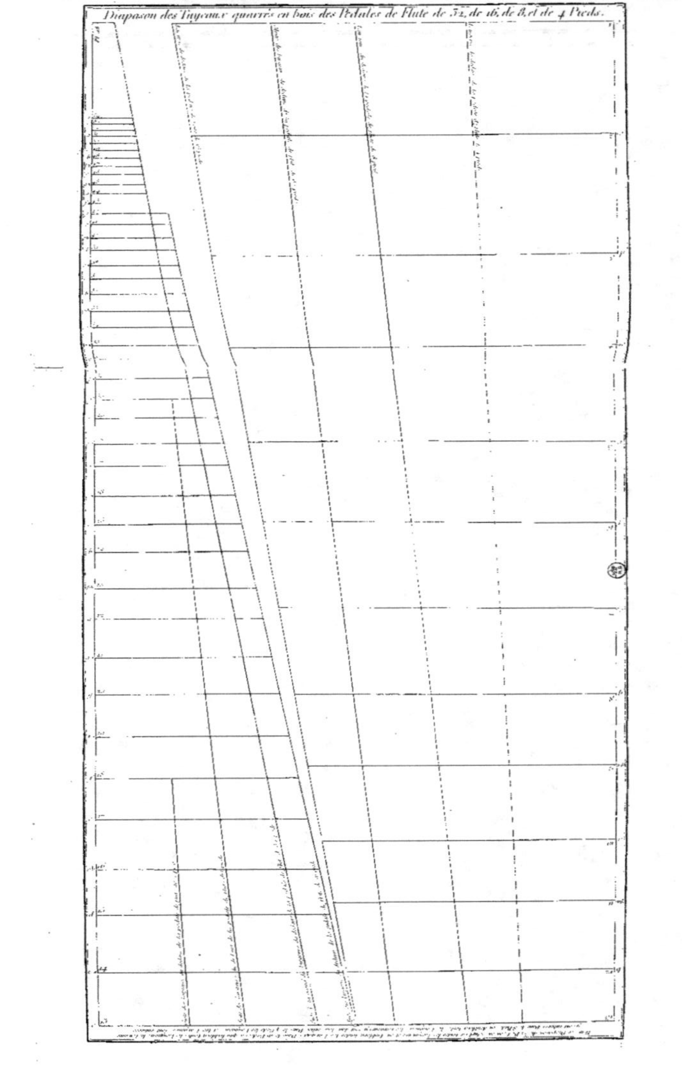

Diapason des Tuyaux quarrés en bois des Pédales de Flute de 32, de 16, de 8, et de 4 Pieds.

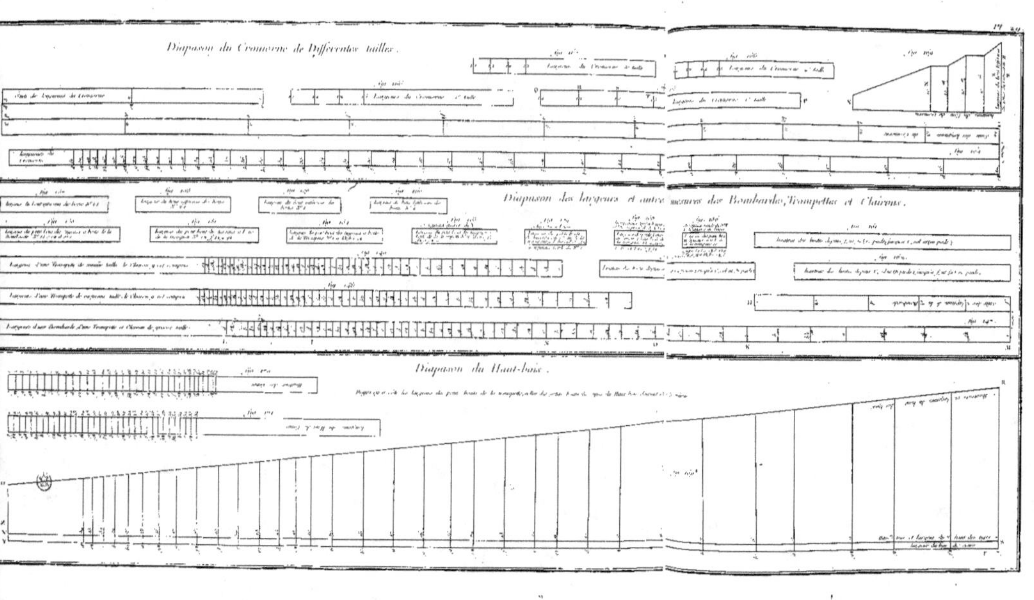

Diapason du Cromorne de Différentes tailles.
Diapason des largeurs et autres mesures des Bombardes, Trompettes et Clairons.
Diapason du Haut-bois.

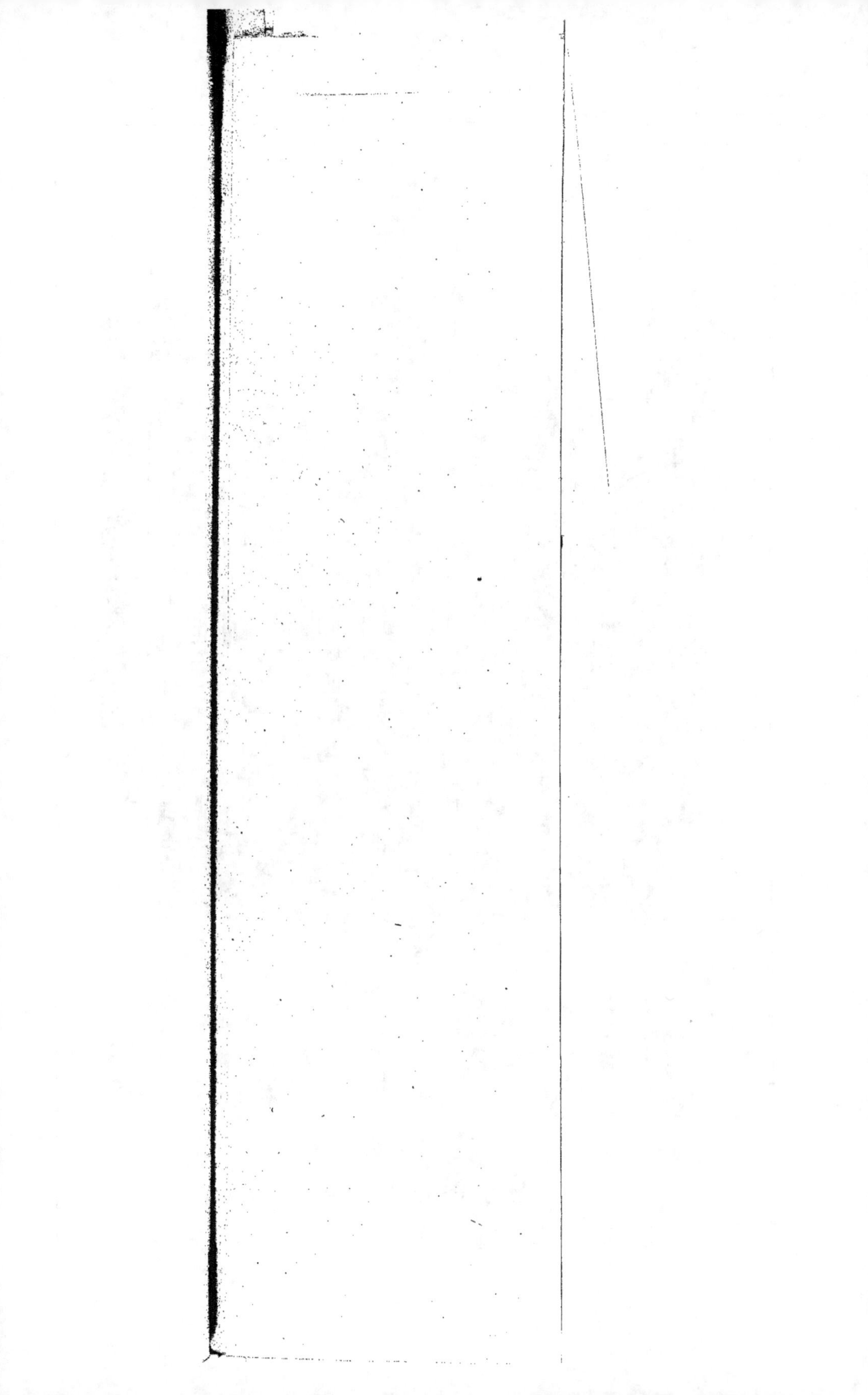

Facteur d'Orgues.

Echelle de 12. Pieds.

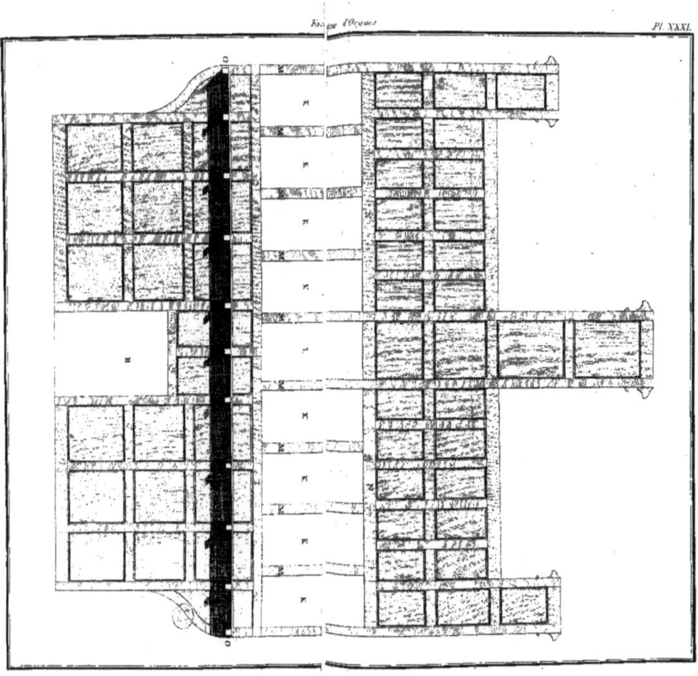

Echelle de 18. pieds
18 Pieds
Facteur d'Orgues.
Pl. XXIII.

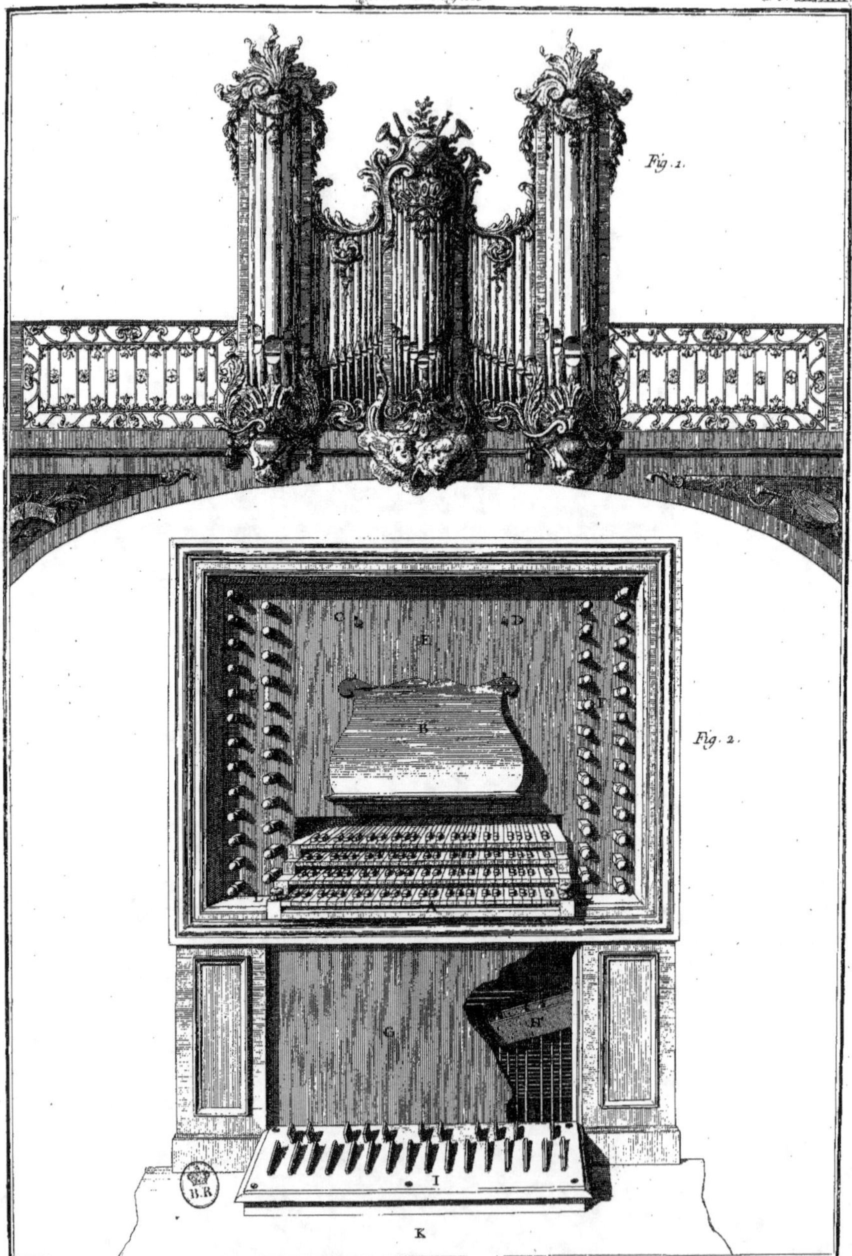
Fig. 1.
Fig. 2.
C
D
E
F
G
H
I
K
B.R

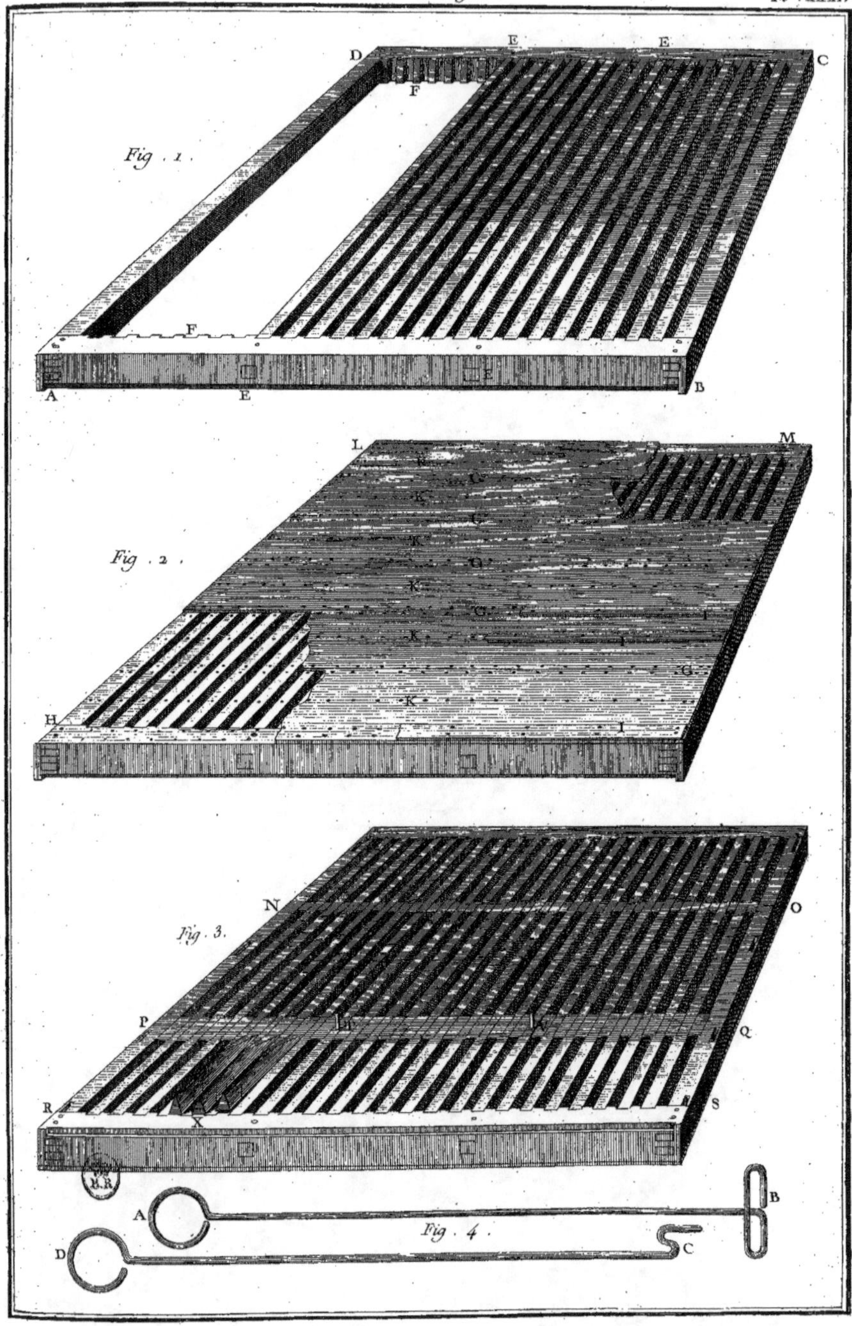

Fig. 1.
Fig. 2.
Fig. 3.
Fig. 4.

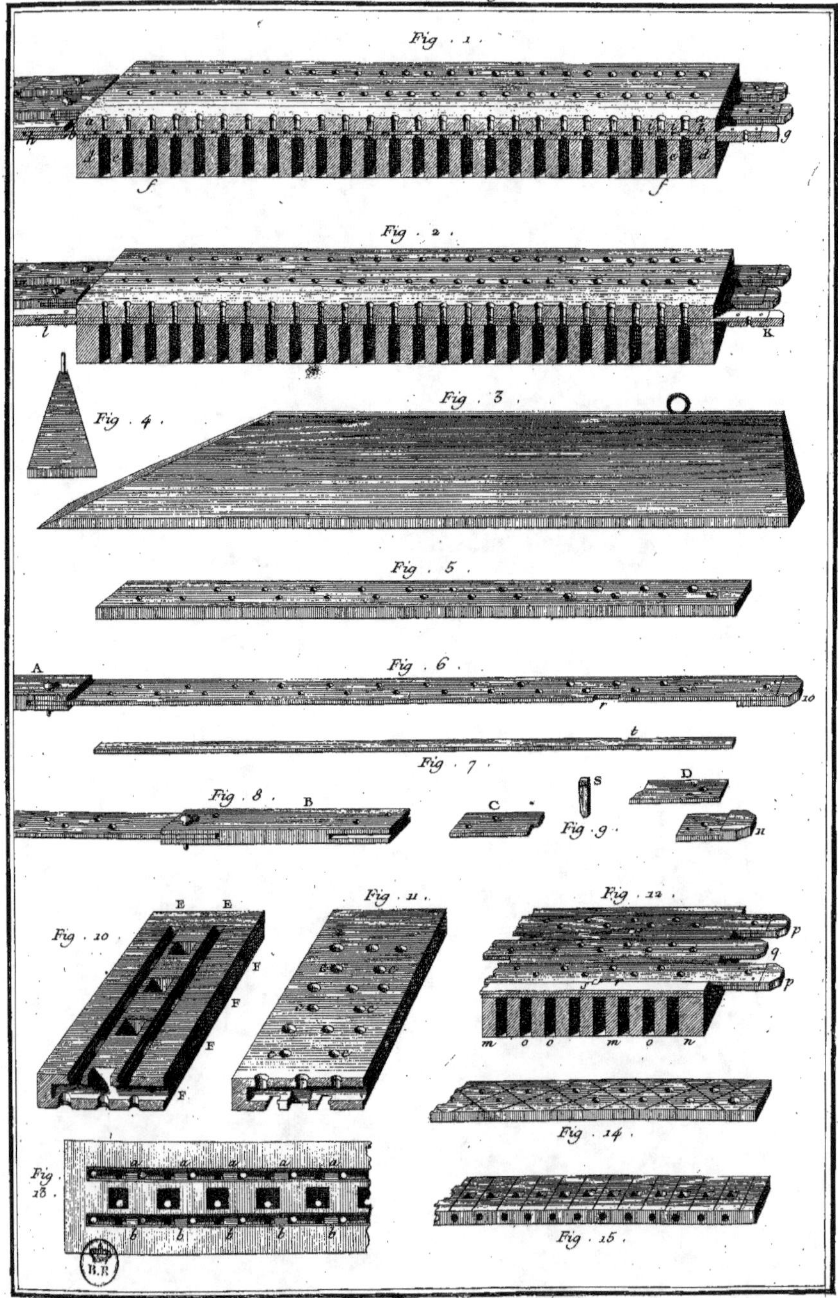

Fig. 1.
Fig. 2.
Fig. 3.
Fig. 4.
Fig. 5.
Fig. 6.
Fig. 7.
Fig. 8.
Fig. 9.
Fig. 10.
Fig. 11.
Fig. 12.
Fig. 13.
Fig. 14.
Fig. 15.
A B C D S
E E F F F E
m o o m o n
p q p
r t

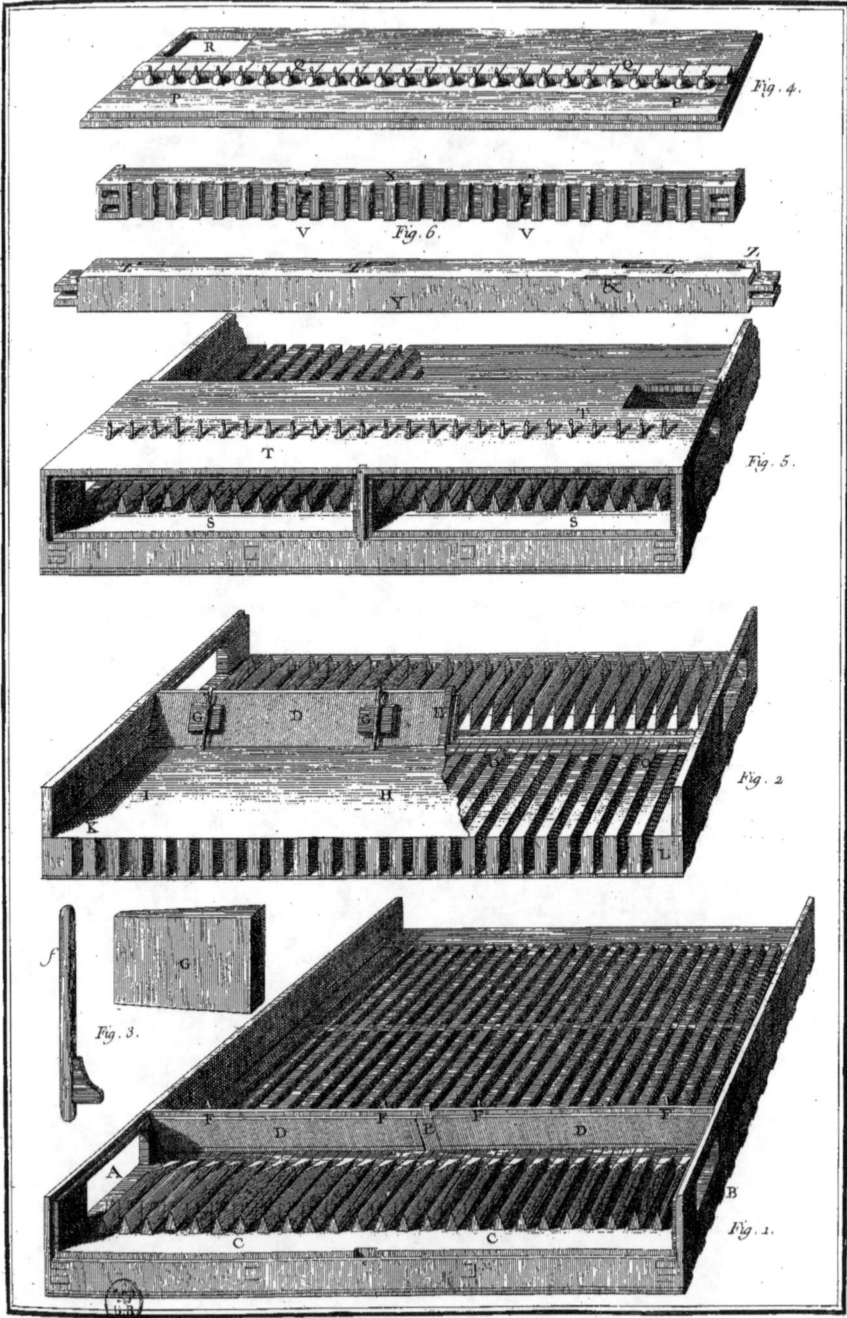
Fig. 4.
R
P
P
Fig. 6.
X
V
V
Y
&
T
T
Fig. 5.
S
S
G
D
G
W
H
I
K
L
Fig. 2.
f
G
Fig. 3.
A
F
D
P
P
P
D
T
B
C
C
Fig. 1.

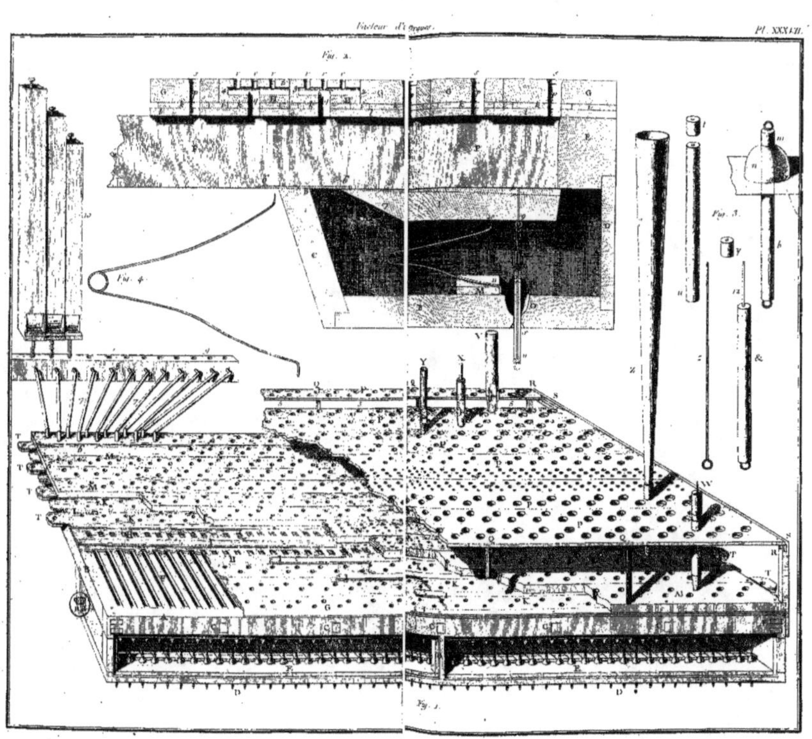

Fig. 2.
Fig. 3.
Fig. 4.
Fig. 1.

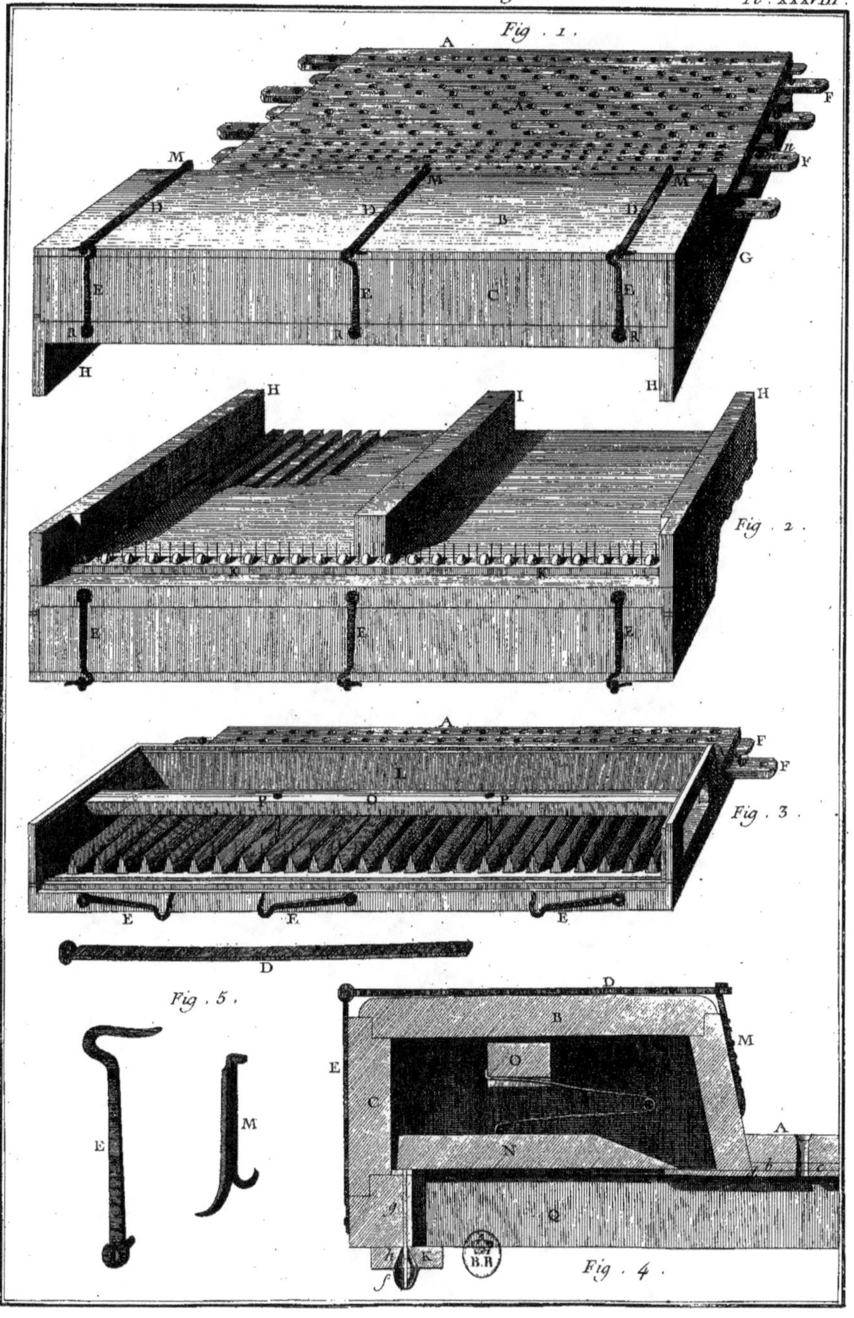
Fig. 1.
Fig. 2.
Fig. 3.
Fig. 5.
Fig. 4.

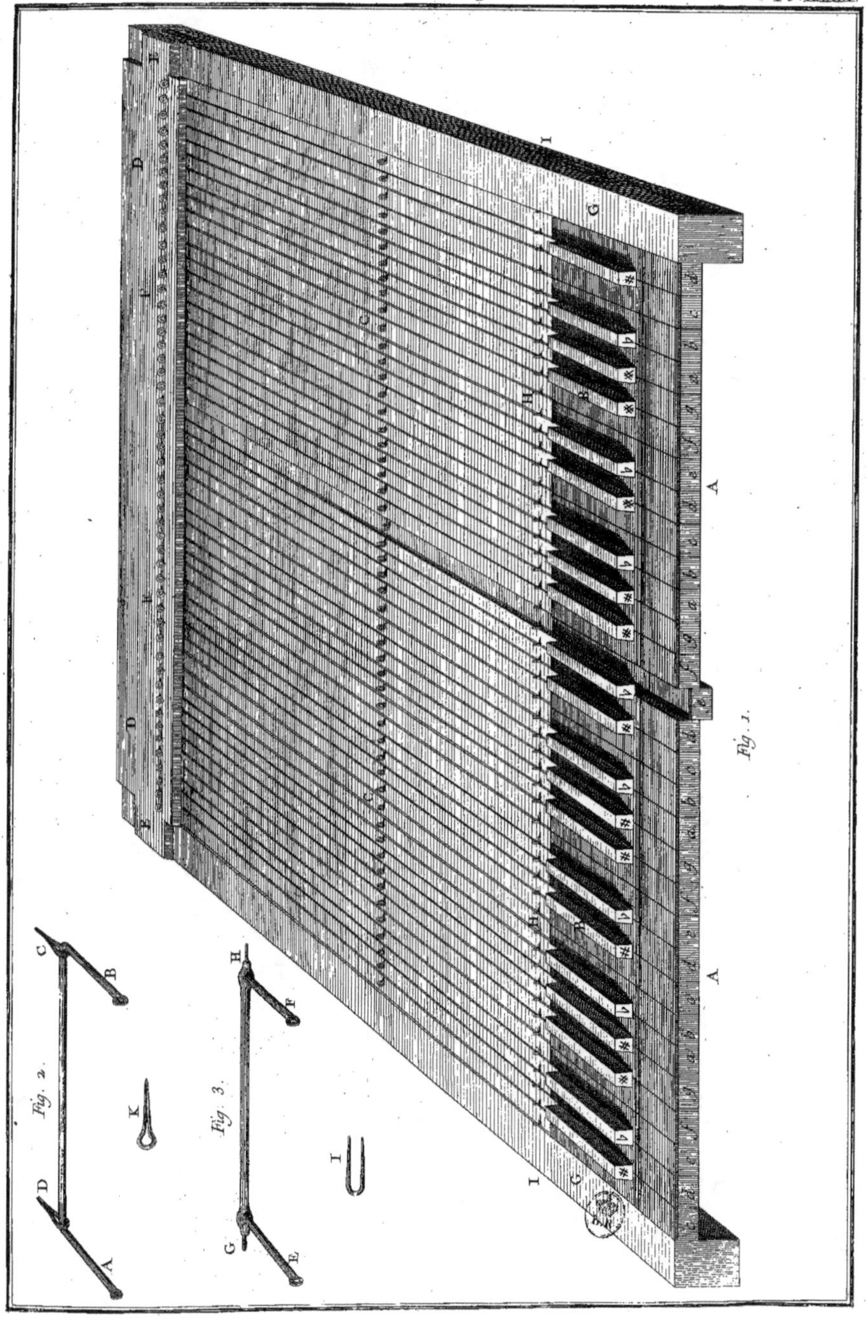

Fig. 1.

Fig. 2.

Fig. 3.

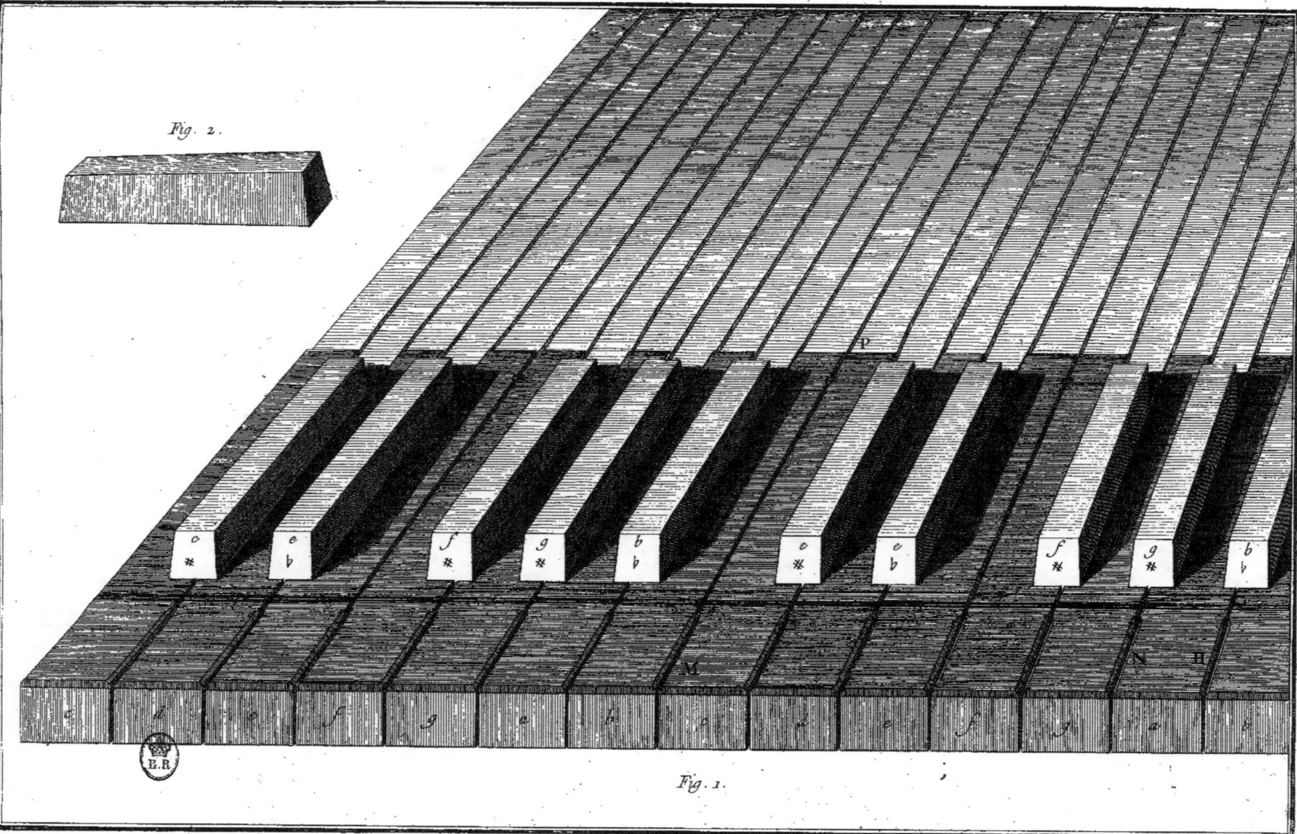
Fig. 2.
Fig. 1.

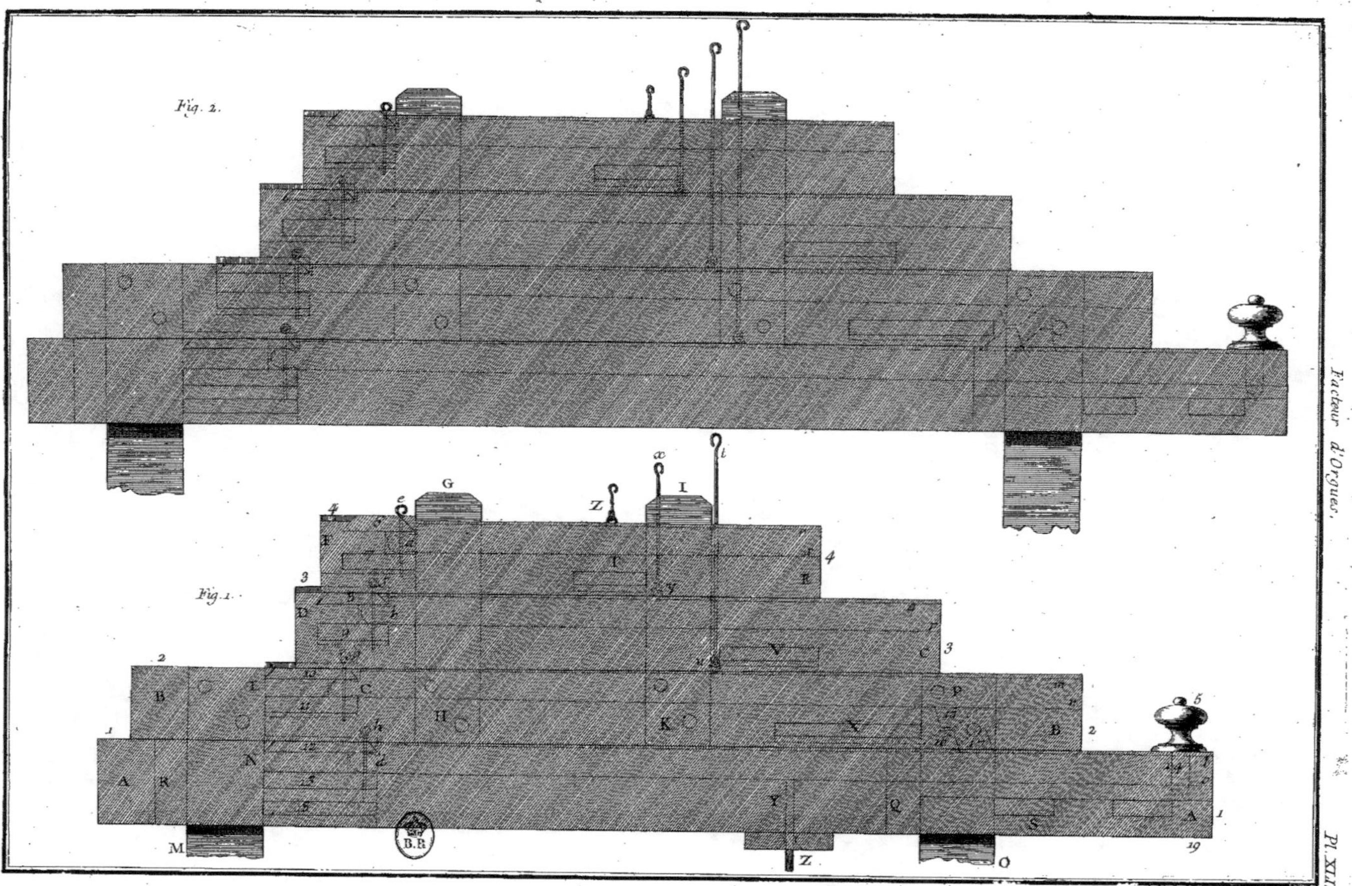
Fig. 2.
Fig. 1.

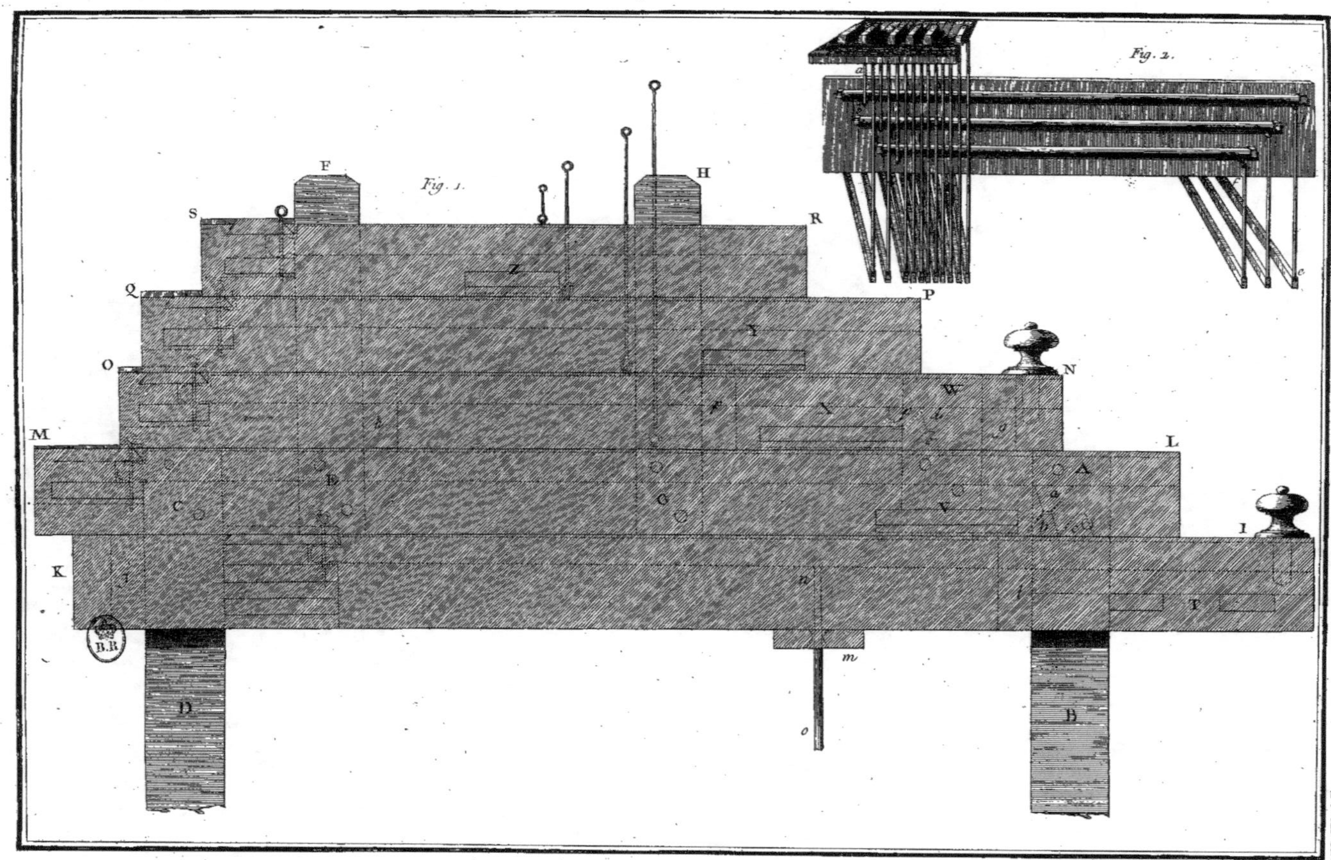
Fig. 2.
Fig. 1.

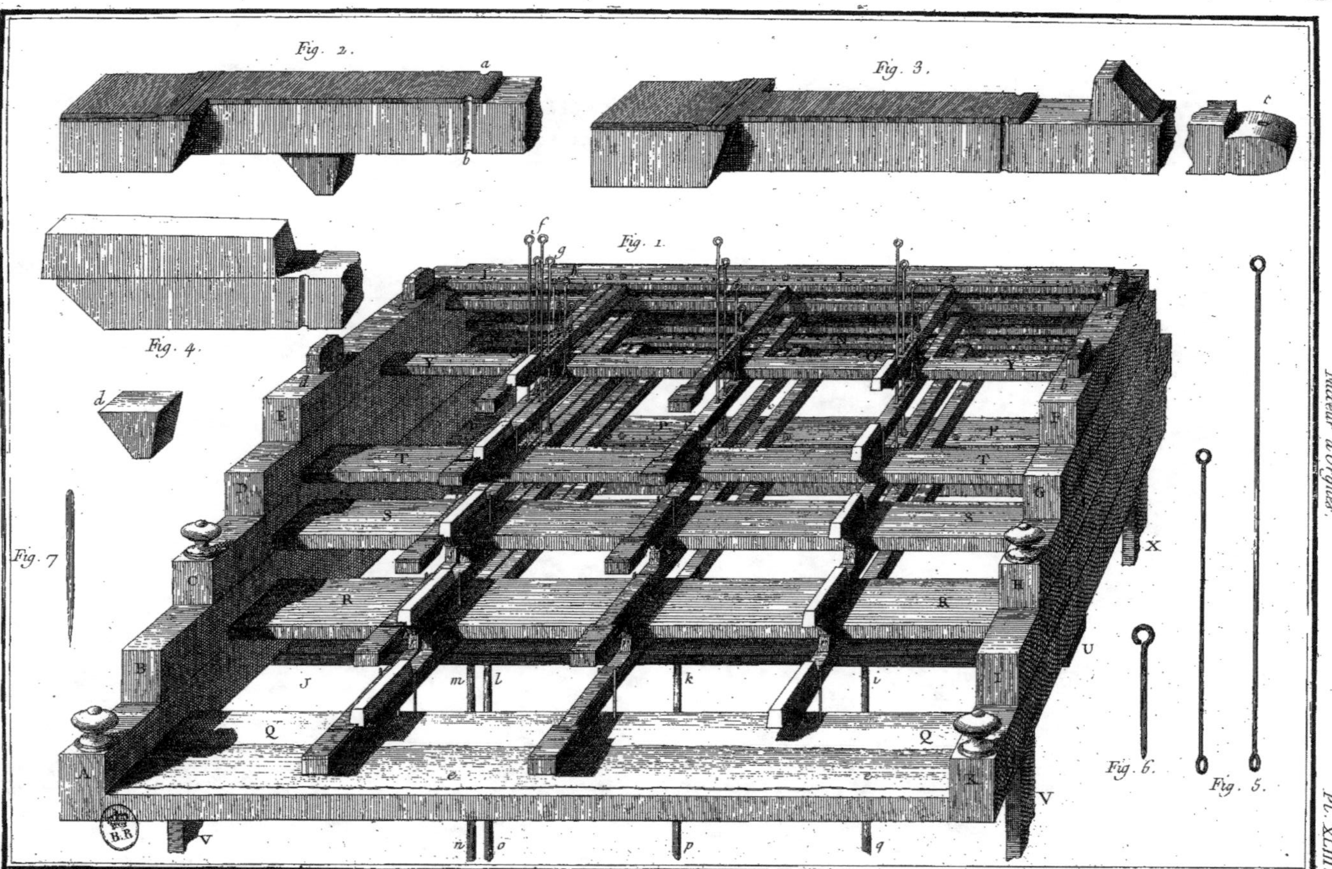

Fig. 2.
Fig. 3.
Fig. 4.
Fig. 1.
Fig. 7.
Fig. 6.
Fig. 5.

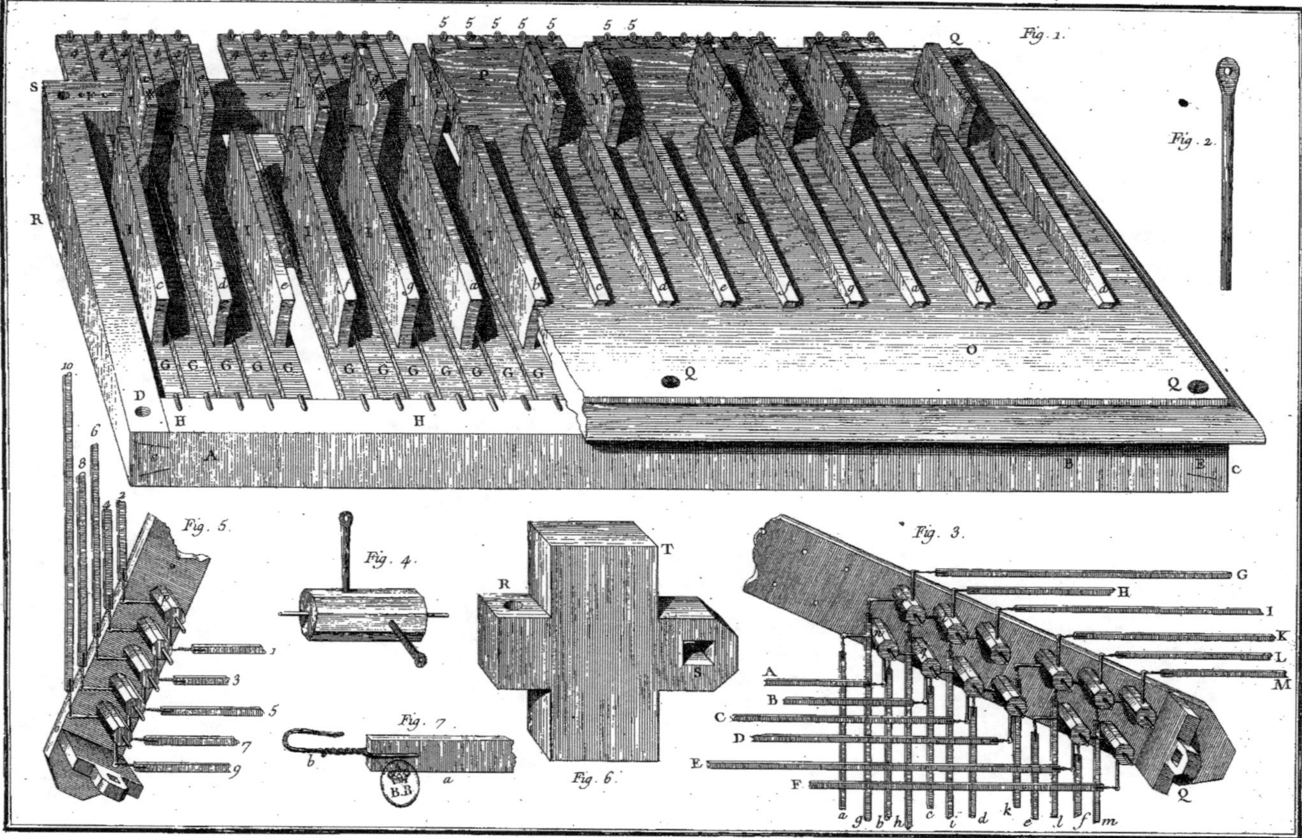
Fig. 1.
Fig. 2.
Fig. 3.
Fig. 4.
Fig. 5.
Fig. 6.
Fig. 7.

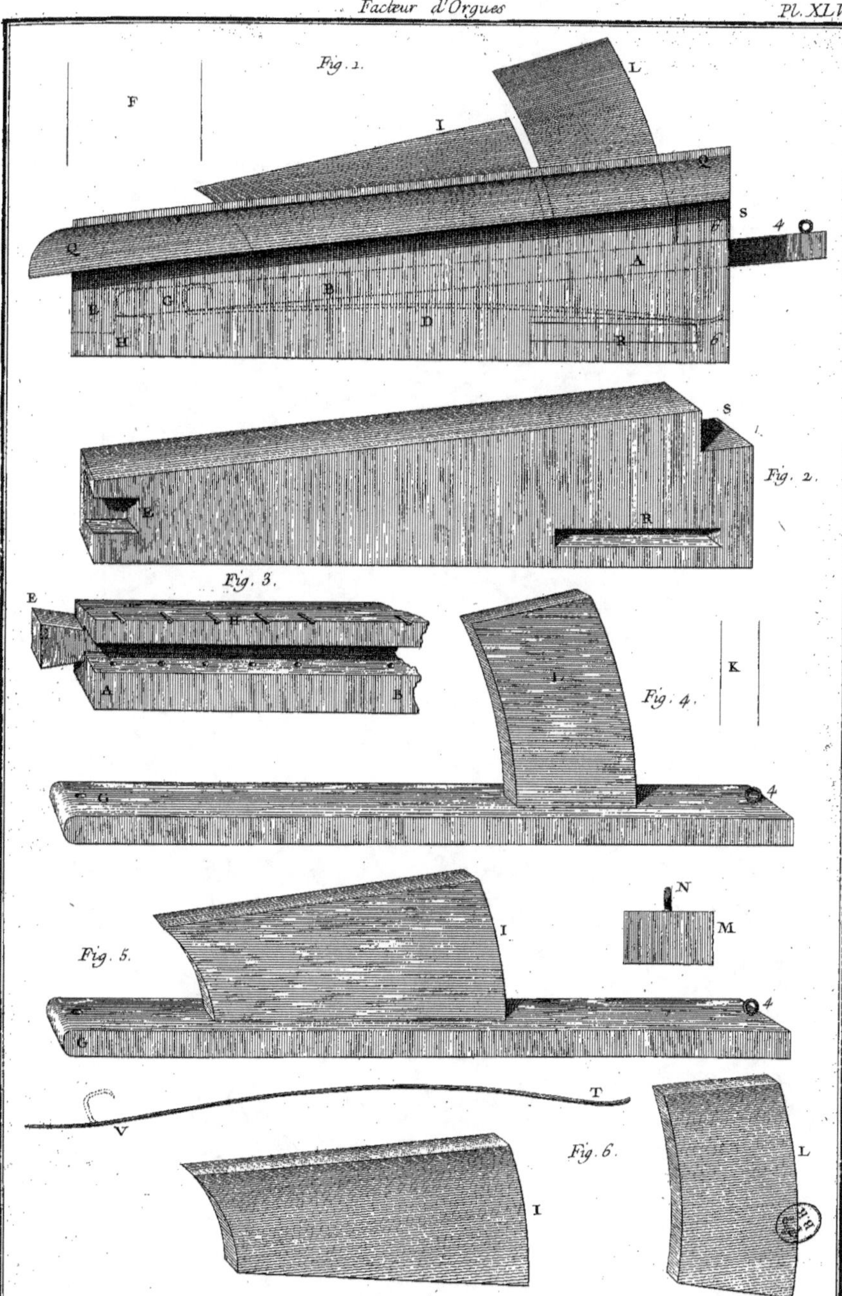
Fig. 1.
F
I
L
Q
S
4
A
B
D
L
G
H
D
R
6
S
Fig. 2.
E
R
Fig. 3.
E
H
A
B
L
Fig. 4.
K
G
4
N
M
Fig. 5.
I
G
G
4
V
T
Fig. 6.
I
I
L

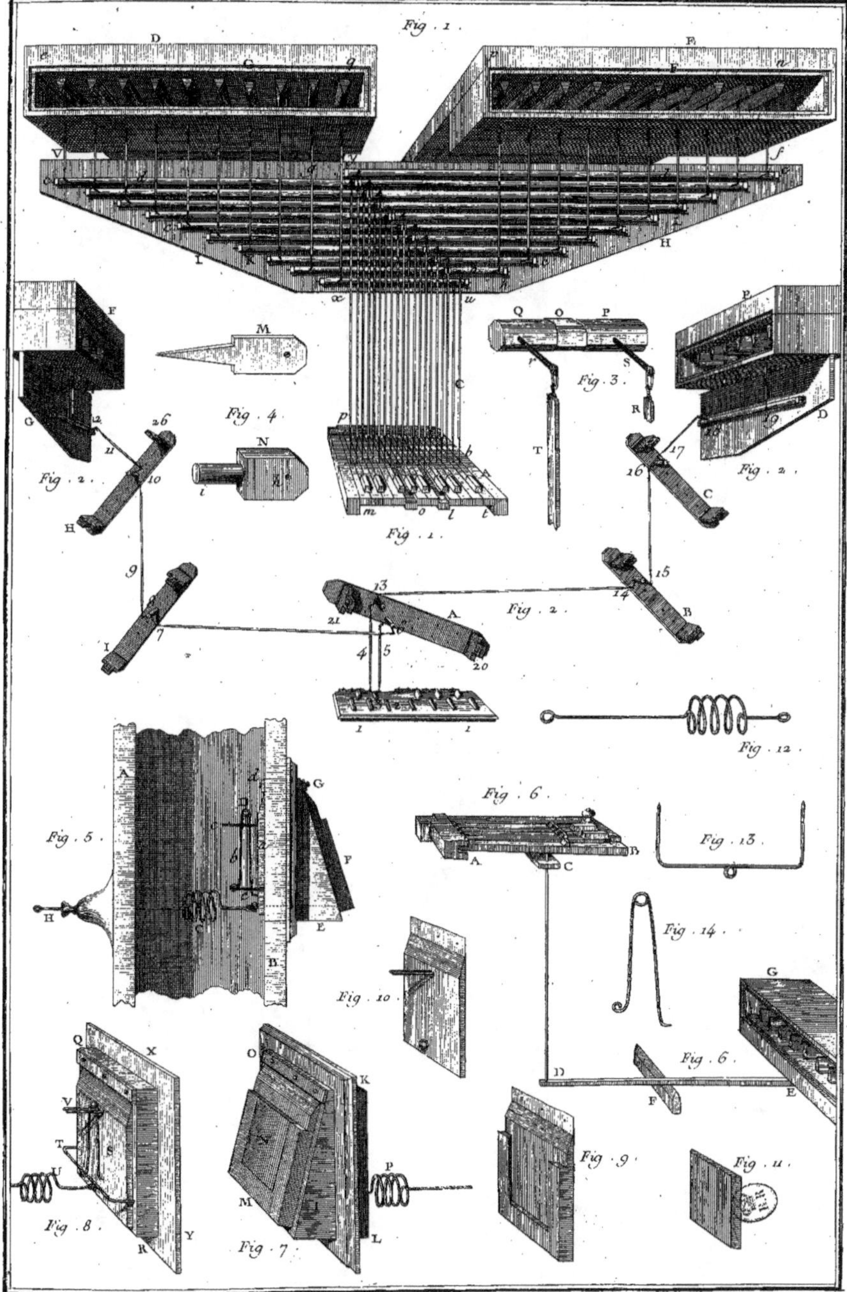

Fig. 1.
Fig. 2.
Fig. 3.
Fig. 4.
Fig. 5.
Fig. 6.
Fig. 7.
Fig. 8.
Fig. 9.
Fig. 10.
Fig. 11.
Fig. 12.
Fig. 13.
Fig. 14.

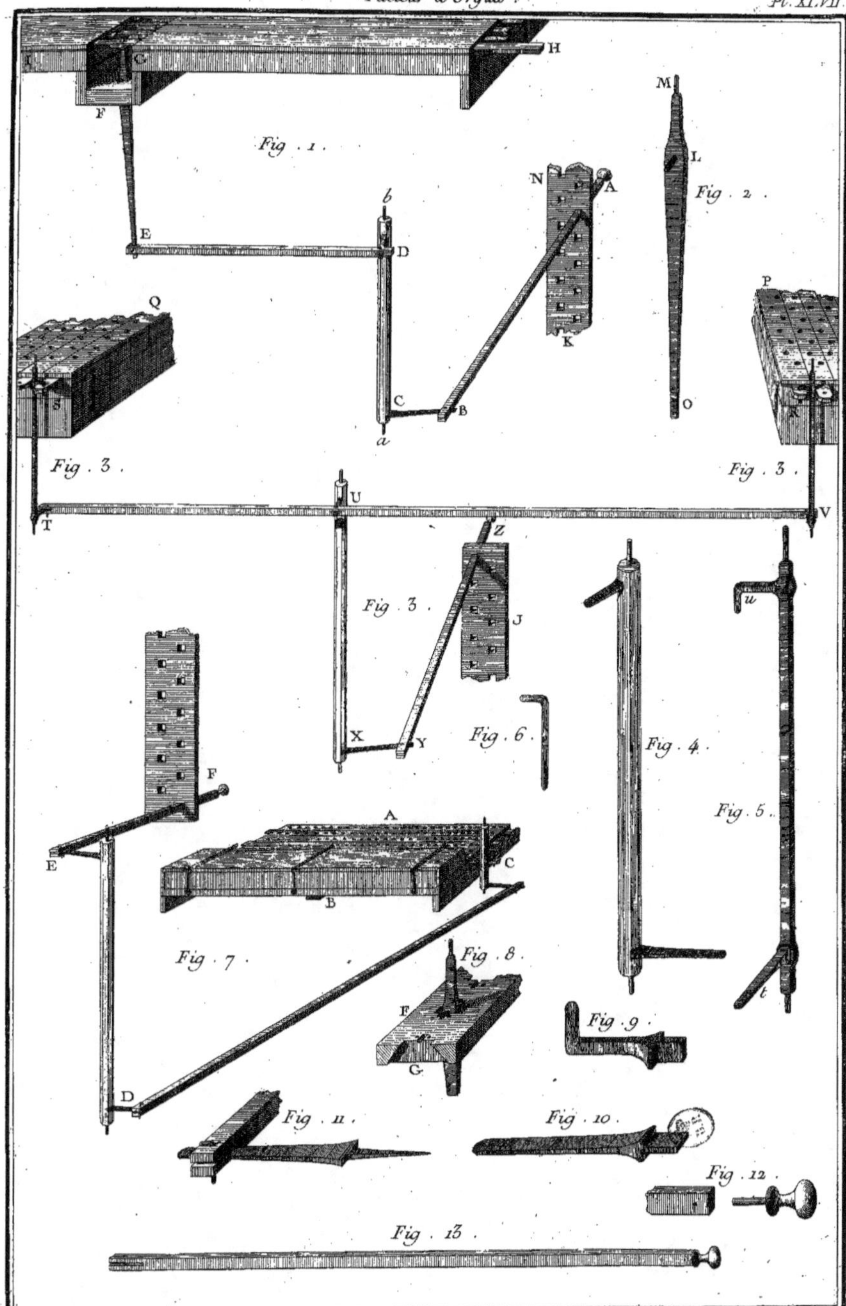
Fig. 1.
Fig. 2.
Fig. 3.
Fig. 3.
Fig. 3.
Fig. 4.
Fig. 5.
Fig. 6.
Fig. 7.
Fig. 8.
Fig. 9.
Fig. 10.
Fig. 11.
Fig. 12.
Fig. 13.

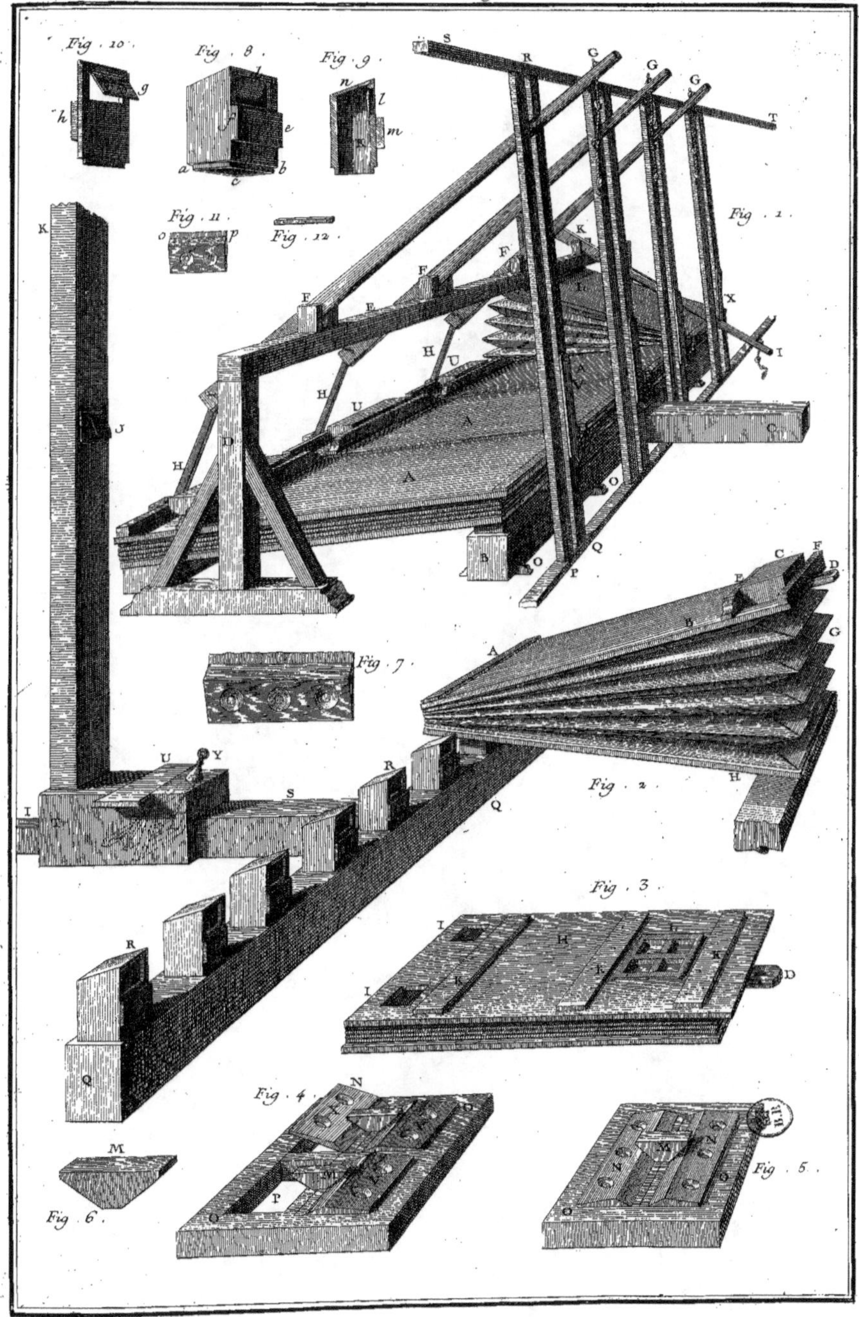
Fig. 10.
Fig. 8.
Fig. 9.
Fig. 11.
Fig. 12.
Fig. 1.
Fig. 7.
Fig. 2.
Fig. 3.
Fig. 4.
Fig. 5.
Fig. 6.

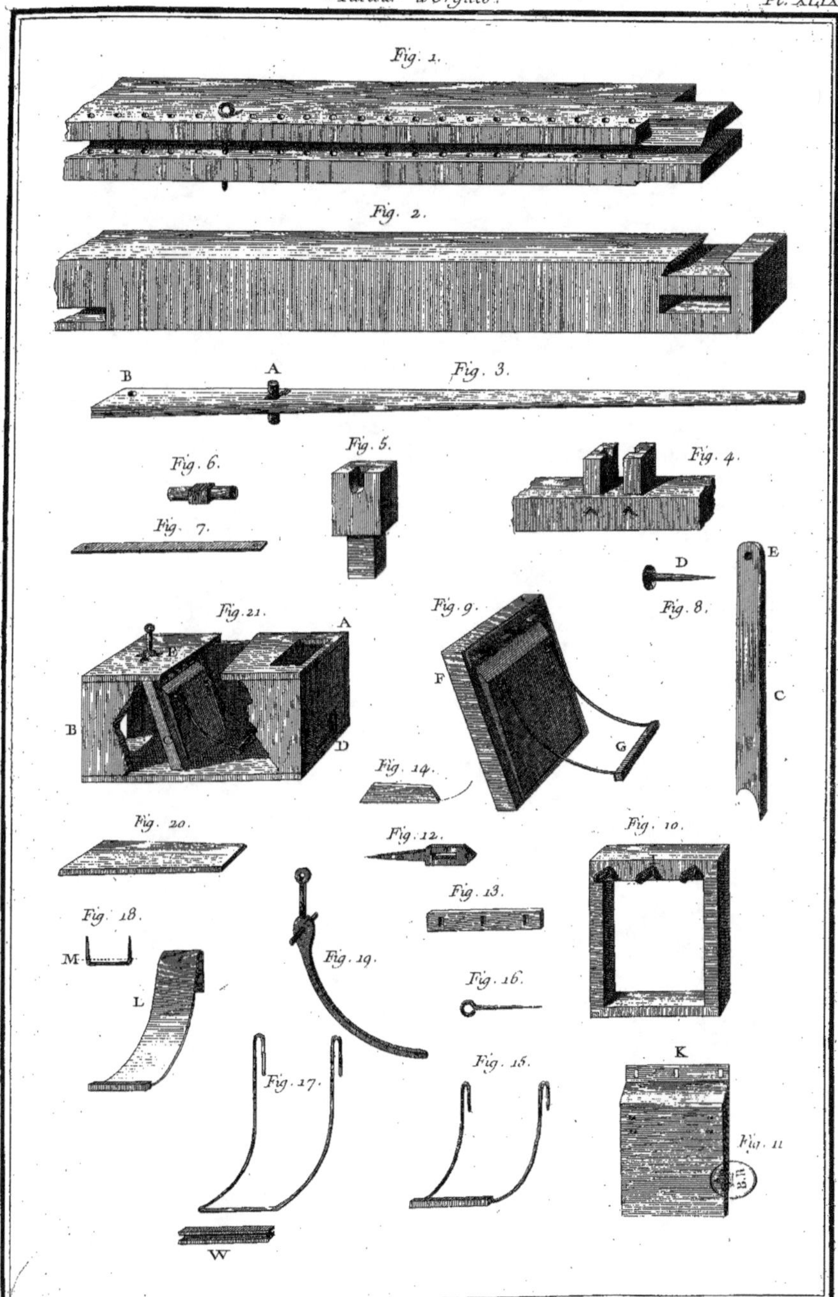
Fig. 1.
Fig. 2.
B   A   Fig. 3.
Fig. 6.
Fig. 5.
Fig. 7.
Fig. 4.
D
Fig. 8.
E
Fig. 21.
A
F   Fig. 9.
G
C
B   D
Fig. 14.
Fig. 20.
Fig. 12.
Fig. 13.
Fig. 10.
Fig. 18.
M
Fig. 19.
Fig. 16.
L
K
Fig. 17.
Fig. 15.
Fig. 11.
W

Vue perspective de l'intérieur
d'une Orgue de 16 pieds.

B
C
A
D
X
E
F
G
J
U
H
P
I
O
R
M
N
Q
K
B.R
L